PERSÖNLICHKEITSBILDUNG UND SOZIALES LERNEN

KLINKHARDTS PÄDAGOGISCHE QUELLENTEXTE

PERSÖNLICHKEITSBILDUNG UND SOZIALES LERNEN

Herausgegeben
von

Prof. Dr. Friedrich W. Kron

KLINKHARDT

1980

VERLAG JULIUS KLINKHARDT · BAD HEILBRUNN/OBB.

CIP-Kurztitelaufnahme der Deutschen Bibliothek

Persönlichkeitsbildung und soziales Lernen /
hrsg. von Friedrich W. Kron. – Bad Heilbrunn/Obb.
: Klinkhardt, 1980.
(Klinkhardts pädagogische Quellentexte)
ISBN 3-7815-0426-3
NE: Kron, Friedrich W. [Hrsg.]

1980. 5. Ii.
Gesamtherstellung: Graphischer Großbetrieb Friedrich Pustet, Regensburg
Printed in Germany 1980
ISBN 3-7815-0426-3

Inhalt

Vorwort des Herausgebers

Das Thema »soziales Lernen« ist seit der Schulreformdiskussion, mitte der sechziger Jahre, im Gespräch, und es hat seitdem mehr und mehr an Bedeutung gewonnen, insbesondere durch die in der jüngsten Zeit thematisierten Probleme des fachlichen Leistungsdrucks einerseits und der sozialerzieherischen Defizite in Schule und Unterricht andererseits. Mit ihm wurde die traditionelle vorwiegend philosophisch-anthropologisch geführte pädagogische Kerndiskussion über den »erziehenden Unterricht« abgelöst und in sozialwissenschaftliche Fragestellungen und Forschungen überführt. Hierbei sind besonders Fragen nach den Bedingungen für soziales Lernen auf der gesellschaftlichen, der institutionellen und der situativen Ebene aufgeworfen worden. Die dabei angesprochenen Dimensionen betreffen u. a. die Ziele und Inhalte, den Beziehungsaspekt, Fragen der Organisation, die ideologiekritischen Implikationen und forschungsstrategische Probleme. Die Veröffentlichungen zu diesem Thema sind zahlreich.

Die Diskussion über das Thema »soziales Lernen« wird auf dem Hintergrund der vielfältigen Forschungsergebnisse und theoretischen Ansätze der Sozialisation geführt und ist auch nur von diesen her zu verstehen. In der neueren Zeit ist eine Bestärkung jenes Theorieansatzes zu beobachten, der mit dem Sammelbegriff »symbolischer Interaktionismus« zu bezeichnen ist und durch den die situative Ebene in das Blickfeld rückt. Damit werden in besonderer Weise die vielfältigen Bedingungen der Interaktion zwischen den Handelnden in ihrer die Persönlichkeit der Interagierenden beeinflussenden und bildenden Funktion thematisch. Desgleichen werden aber auch die Interaktionen selbst sowie der darin sich konstitutierende und ablaufende Prozeß der Persönlichkeitsbildung und die Bewährung der Persönlichkeit der Interagierenden in ihrem sinnhaft-gegenseitigen – d. h. sozialen! – Handeln und Lernen bedeutsam. »Soziales Lernen« kann somit als ein Teilprozeß eines vielfältig strukturierten Interaktionsprozesses verstanden werden, dessen – neben den gesellschaftlichen und sozialen Aspekten – individueller Aspekt als Persönlichkeitsbildung begriffen werden kann. Mit dem Begriff Persönlichkeitsbildung soll der mit dem Lernbegriff apostrophierten Funktionalität der Interagierenden die Sinn- und Wertdimension an die Seite gestellt werden, die notwendigerweise in jeder Interaktion produziert wird, die als sinnhaft aufeinander bezogenes Handeln begriffen wird.

Hier setzt der Quellentext in systematischer Hinsicht an, indem durch ihn der Zusammenhang zwischen sozialem Lernen und Persönlichkeitsbildung herzustellen versucht wird. Im Horizont des vorgenannten sozialisationstheoretischen Ansatzes erscheint dann soziales Lernen als ein Phänomen, das im dialektischen Wechselbezug von gesellschaftlichen und sozialen Aspekten einerseits sowie von personalen und persönlichkeitsbildenden Momenten andererseits zu verstehen ist. Dabei ist der Prozeß der Persönlichkeitsbildung als erzieherisch bedeutsamer und gesellschaftlich relevanter Grundwert vorausgesetzt und zum interesseleitenden Maßstab bei der Auswahl der Texte erhoben worden, wie er z. B. in der »Allgemeinen Erklärung der

Menschenrechte« der Vereinten Nationen zum Ausdruck kommt. Dort heißt es in Artikel 26: »(1) Jeder Mensch hat das Recht auf Bildung. . . . (2) Die Ausbildung soll die volle Entfaltung der menschlichen Persönlichkeit und die Stärkung der Achtung der Menschenrechte und Grundfreiheiten zum Ziele haben.«

Die Aktualisierung des Zusammenhangs von Persönlichkeitsbildung und sozialem Lernen, wie sie im vorliegenden Quellentext versucht wird, erfordert auch den Hinweis auf die deutsche Reformpädagogik. Dort wurde u. a. von Paul Geheb und Peter Petersen die Persönlichkeitsbildung als erzieherischer Wert und Prozeß herausgestellt. Dabei wurde die soziale Dimension der Persönlichkeitsbildung als Gemeinschaftserziehung aufgefaßt. Indem jedoch in diesem Quellentext der theoretische Horizont durch den symbolischen Interaktionismus abgesteckt ist, wird in bildungstheoretischer Hinsicht ein anderer Weg zu beschreiten versucht. Der Beitrag des Herausgebers ist als ein Versuch in dieser Richtung anzusehen.

Die Auswahl der Quellentexte hat sich an dem skizzierten Theorie- und Werthorizont orientiert. Dabei wurde dem für den Schulbereich bedeutsamen Zusammenhang von sozialem und fachlichem Lernen besondere Beachtung geschenkt. Neben grundlegenden theoretischen Erwägungen stehen Ausführungen über Ziele und Inhalte sozialen Lernens und Möglichkeiten der Organisation. Dementsprechend gliedert sich der Quellentext in zwei Teile.

Im ersten, »Reflexionen« genannten Teil werden Darstellungen angeboten, die sich vorwiegend auf der Theorie- und Legitimationsebene bewegen. Im zweiten Teil, der mit der Überschrift »Konkretionen« versehen ist, werden exemplarische Beispiele wiedergegeben, die der praxisbezogenen Diskussion dienen können. Auf eine Wiedergabe von Verhaltensanleitungen ist bewußt verzichtet worden.

Den Autoren und Verlagen sei an dieser Stelle ausdrücklich für die Abdruckgenehmigungen gedankt.

Im einzelnen ist zu den Texten noch zu bemerken: Der erste Teil wird mit einem eigens für diesen Quellentext geschriebenen Beitrag des *Herausgebers* eingeleitet (I,1). In dieser Abhandlung wird der theoretische Rahmen des Themas zu entwickeln versucht.

Die Abhandlung von *Jean Piaget* (I,2) stellt das Postulat oder Ideal von der »vollen Entfaltung der Persönlichkeit« in einem doppelten und daher – typisch für Piagets Denken – höchst fruchtbaren und interessanten Gedankengang vor. Zum einen wird die gesellschaftliche Verpflichtung oder Wertsetzung hervorgehoben, nämlich Menschen die Chance zur vollen Entfaltung ihrer Persönlichkeit nicht in bezug auf eine individualistische Ausformung, sondern im Hinblick auf die Grundwerte der Stärkung und Achtung der Menschenrechte und Grundfreiheiten zu geben, wie sie in der Allgemeinen Erklärung der Menschenrechte der Vereinten Nationen niedergelegt sind. Damit wird ein mundialer Werthorizont markiert, in dem sich die pädagogisch-praktischen Erwägungen Piagets bewegen. Zum anderen expliziert Piaget einen durch seine vielfältigen Forschungen erwiesenen Zusammenhang von Verstandesentwicklung und -schulung und moralischer Entwicklung und Bildung durch soziales Handeln.

Piagets Ausführungen sind auch als ein beredtes Plädoyer für einen humanen Unterricht anzusehen, in dem die »aktive Methode«, das »selfgouvernment«, der gegenseitige Meinungsaustausch und der Drang »hinter die Wahrheit« aller Dinge dieser Welt – im Bereich der Schule hinter die fachliche und soziale Wahrheit – zu kommen, zur Realisierung gelangen soll.

In seinem Beitrag spricht *Heinrich Roth* (I,3) anstelle von »sozialem Lernen« von »sozialen Lernprozessen«. In inhaltlicher und intentionaler Hinsicht geht es dabei um die »Erweckung von Sozialeinsicht, Sozialintelligenz und Sozialkompetenz«. In systematischer Betrachtungsweise kann Roth mit einer weiten Begriffsfassung den genetischen mit dem strukturellen Standpunkt verbinden. Von daher gesehen kommt der Schule die Aufgabe zu, Angebote zu machen, die den Schüler von der – gewiß notwendigen – Identifikation mit Personen allmählich zur Identifikation mit Ideen überleitet, denn erst über den letztgenannten Lernprozeß vermögen die Schüler eine symbolische Repräsentation ihrer Lebenswelt zu erwerben, die es überhaupt erst erlaubt, reflexiv zu denken und zu handeln. An diesem Punkt kann der gleiche Ursprung von fachlichem und sozialem Lernen liegen.

Roths Ausführungen zwingen zu Schlußfolgerungen in bezug auf den motivationalen Bereich, und sie können auf organisatorische, inhaltliche und methodische Fragen von Unterricht hin problematisiert werden.

Der Aufsatz von *Rolf Oerter* (I,4) hat die emotionale Dimension der Persönlichkeitsbildung zum Hauptthema. Mit ihm wird eine dreifache Erkenntnis vermittelt: 1., daß die emotionale Dimension der Persönlichkeitsentwicklung als die grundlegende, weil die genetisch früheste und in sozialen Beziehungen die bestimmende anzusehen ist, 2., daß der gegenwärtige Schulunterricht zu stark auf die kognitive Dimension und eine zu stark an der gesellschaftlichen Norm der Konkurrenz ausgerichtete soziale Dimension abgestellt ist und damit dem genetischen Befund und dem sozialen Grundbedürfnis nach Kooperation und Selbstbestimmung entgegensteht und 3., daß zur Behebung dieses widersprüchlichen Befundes Schule und Unterricht eine Veränderung erfahren müssen. Zum letzten Punkt trägt Oerter eine Reihe von Vorschlägen vor, auf die auch von anderen in diesem Quellentext zu Wort kommenden Autoren hingewiesen wird.

Den Abschluß des ersten Teiles bildet der Beitrag von *Helmut Fend* (I,5). Auf dem Hintergrund der Sozialisationsforschung diskutiert Fend notwendige Forschungsaufgaben. Dabei kommt denjenigen Sozialisationsfaktoren eine besondere Bedeutung zu, die zu einer – für das jeweilige Individuum erfahrbaren, reflektierbaren, aussagbaren – und damit »sinnvollen Organisation (seiner) Biographie« führen bzw. geführt haben und aus denen das betreffende Individuum seine eigene Lebensperspektive entwickeln kann. Damit ist die Persönlichkeitsbildung in den Blick der pädagogischen Forschung und Diskussion gerückt.

Der zweite Teil des Quellentextes, der den »Konkretionen« des sozialen Lernens als Persönlichkeitsbildung vorbehalten ist, wird mit einem Auszug aus *Gerold Bekkers* bekannten Beitrag aus dem gemeinsam mit Walter Schäfer und Wolfgang Edelstein besorgten Buch »Probleme der Schule im gesellschaftlichen Wandel. Das Beispiel Odenwaldschule« eingeleitet (II,6). In dem Auszug werden mögliche Ziele des sozialen Lernens vorgestellt, aus denen dann Aufgaben für das soziale Lernen abgeleitet werden. Beckers Darstellung greift auf Hartmut von Hentigs Problemaufriß »allgemeiner Lernziele für die Gesamtschule« zurück. Seine Ausführungen stehen im Horizont einer demokratisch verstandenen Industriegesellschaft, in der die Personwerdung der dieser Gesellschaft angehörenden Individuen als unaufgebbarer geschichtlicher Wert eingesehen wird. Die Ziel- und Aufgabenformulierungen sind in diesem normativen Kontext zu sehen.

Gerhard Velthaus (II,7) versucht die Gleichursprünglichkeit von sozialem und fachlichem Lernen aus dem Handlungsvollzug heraus zu erklären. Er geht dabei von dem plausiblen Gedanken aus, daß Sozialisation immer schon das Denken behindert, insofern im alltäglichen Lebensgeschehen Meinungen, Denk- und Handlungsschemata sowie Verhaltensmuster ausgeprägt werden, mit deren Hilfe das Individuum sich in allen anderen Individuen seiner Sozietät wiederfinden kann. Tradition und Gesellschaft sind damit im Individuum etabliert. Ganz im Denkhorizont G. H. Meads stehend sieht Velthaus jedoch gerade in den ausgeprägten Stereotypen sozusagen die »Stolpersteine«, über die die Individuen in bestimmten Situationen stolpern oder die Anlässe, Ansätze und Impulse zum Nachdenken und Erkennen, zur Neu- oder Umorientierung, zur Aufklärung der Lebenswelt oder dazu, neue Erfahrungen zu machen, in denen die Stereotypen revidiert werden können. Diese »Aktivität« des Individuums kommt allerdings nur dann zur Geltung, wenn das Individuum sich als ein handelndes erfahren kann und wenn es durch seine Lebens- und Lernumwelt von Situation zu Situation zum Handeln herausgefordert wird. Handeln wird damit für Velthaus auch zur zentralen anthropologischen und didaktischen Kategorie. Das bedeutet: Schüler, die »fachlich« handeln, handeln auch immer schon gleichursprünglich »sozial«. Dies gilt auch in bezug auf den Lehrer. Damit sind Folgen für die Theorie und Praxis von Unterricht verbunden. Velthaus geht diesen am Beispiel der Grundschule exemplarisch nach.

Der Aufsatz von *Roswitha Heinze-Prause* und *Thomas Heinze* (II,8) gibt Beispiele sozialer Interaktion wieder. Dabei gründet sich die theoretische und methodische Position in den Arbeiten von Goffmann. Im Zentrum der Abhandlung stehen Versuche, das konkrete und symbolische Handeln von Schülern und Lehrern in Unterrichtssituationen aus der Sicht der Betroffenen zu beschreiben. Ihre Ausführungen und insbesondere die Beispiele machen auf die institutionellen Bedingungen aufmerksam, unter denen das schulische Handeln steht.

Die Abhandlung von *Bernd Fittkau* und *Friedemann Schulz von Thun* (II,9) fußt auf der Grundannahme, daß »sozialintegrativ« wertorientiertes Verhalten als ein zentraler Faktor symbolischer Interaktion nicht nur unerläßlich für die Beförderung einer demokratischen Gesellschaft und die Entwicklung einer ich-starken Persönlichkeit, sondern auch von allen Beteiligten erlernbar ist. In ihrem Beitrag werden Rolle und Funktion des Lehrers im Unterricht in den Vordergrund der Erörterungen gestellt.

Den Abschluß des Quellentextes bildet der Beitrag von *Hans-Martin Müller-Wolf* (II,10). Hier wird an einem fachinhaltlich strukturierten »offenen« Curriculum »Internationale Erziehung« der Versuch unternommen, die verschiedenen Dimensionen des Lernens unter besonderer thematischer Berücksichtigung des sozialen Lernens in ihrem integrativen Zusammenhang darzustellen. Bei diesem Beispiel ist es interessant, daß es um den Artikel 26 der Menschenrechte kreist, der in dem Beitrag von Jean Piaget (I,2) auf seine persönlichkeitsbildenden theoretischen Implikationen hin erörtert wird. In Müller-Wolfs Beitrag kann eine Reihe von konkreten und literarischen Hinweisen zur Curriculums- und Projektplanung »sozialen Lernens« entnommen werden.

I. Reflexionen

1. *Friedrich W. Kron*

Der Zusammenhang von sozialem Lernen und Persönlichkeitsbildung

I. Vorbemerkungen über das Wissenschaftsverständnis und den methodischen Zugriff zum Thema

Die folgenden Betrachtungen, in denen zwei Begriffe miteinander in theoretische Verbindung gebracht werden, die in der pädagogischen Diskussion auf unterschiedlichste Weise interpretiert und gebraucht werden, unterstehen in einer kritischen Weise der phänomenologischen Denk- und Forschungstradition. Ohne des näheren auf den Denkhorizont des Begründers der Phänomenologie *Edmund Husserl* einzugehen[1], muß angedeutet werden, daß von den vier Formen der Phänomenologie[2] an die zweite, die sogenannte eidetische Phänomenologie angeknüpft wird[3]. Phänomenologie in dieser Form ist bereits durch *O. F. Bollnow, M. J. Langeveld, W. Loch* und *St. Strasser* in der pädagogischen Forschung bekannt gemacht worden. Sie geht von der Lebens- und Erziehungswirklichkeit aus und macht diese ausdrücklich zum Thema wissenschaftlicher Untersuchung[4]. Die Erkenntnisintention zielt dabei auf die Aufdeckung der in den konkreten Sachverhalten selbst liegenden Struktur- und Wesenszusammenhänge ab[5]. Dabei muß eine folgenreiche wissenschaftstheoretische Unterstellung hingenommen werden, daß nämlich soziale und damit menschliche Wirklichkeit nicht nur in einer empirischen Weise objektivierbar und als »faktisch« gegeben konstatierbar gemacht werden kann, sondern daß diese auch auf der Grundlage eines mit logischen Mitteln kontrollierbaren Auslegungsprozesses, also der Hermeneutik, strukturell oder wesensmäßig zu erfassen ist. Ganz in diesem Sinne kann man *Langeveld* verstehen, wenn er davon spricht, daß »Phänomenologie Beziehung des Menschen zu seiner Welt sichtbar macht (Anm.: auch der sozialen!)« und daß sie damit Sinnbezüge innerhalb der menschlichen Welt und des sozialen Handelns aufdeckt, »in denen sich das menschliche Dasein faktisch vollzieht«[6]. In bezug auf die pädagogische Forschung heißt dies, daß – wie *W. Loch* es richtig gesehen hat – die

---

[1] Vgl. hierzu: Husserliana (1950 ff.), Fink (1933), Diemer (1965), Philosophie (1974), Geschichte der Philosophie (1975).

[2] Vgl. hierzu: Philosophie (1974) S. 241 f.

[3] Vgl. hierzu auch Linke (1966) Kap. V.

[4] Vgl. u. a. die von O. F. Bollnow beschriebenen Phänomene des Raumes, der Geborgenheit, der unsteten Formen in der Erziehung u. a. m.

[5] Vgl. Kiel (1966) S. 529.

[6] Langeveld (1965 a) S. 745.

Phänomenologie eine Mittelstellung zwischen der empirischen Dimension und der theoretischen Ebene einnimmt[7] und damit für beide Hinsichten eine erkenntnis- und methodenkritische Funktion besitzen kann. Im Zusammenhang damit gewinnt auch die Situation als Forschungseinheit an Bedeutung[8]. Ebenso wird die Alltagswirklichkeit zum Ausgang und zur möglichen kritischen »Rückmeldung« phänomenologischer Forschung. Als kritische Momente in einer phänomenologischen Betrachtung müssen dabei Untersuchungen über sozio-ökologische, -ökonomische und -kulturelle Bedingungen ebenso eingebracht werden wie die Diskussion von Leitwerten und -moralen einschließlich der institutionalisierten Formen ihrer Durchsetzung und Kontrolle sowie von Erfahrungen des Individuums mit diesen.

Gerade an letzteren setzt das besondere pädagogische Interesse an, insofern in einem phänomenologischen Denkhorizont eine weitere folgenreiche, nämlich eine anthropologische Unterstellung wirksam wird. Es wird die Entwicklung des Menschen als einer Person unterstellt, d. h. die Personenwerdung wird nicht als ein mechanischer Prozeß, sondern als ein Prozeß betrachtet, der »auf einer selbstkreativen Basis« aufruht und in dem die Person und ihre Welt . . . sich aneinander in einem dialogischen Prozeß (bilden)«[9]. Eine kritische Erörterung dieses Sinn- und Weltbezugs wird auch dessen Verhinderungen und Behinderungen vortragen und Ansätze und Möglichkeiten für neue Formen eruieren müssen. Nicht zuletzt wird es dabei erforderlich, die impliziten eigenen Wertvorstellungen ausdrücklich zu machen. Dabei ist stets das erkenntnisleitende pädagogische Interesse im Auge zu behalten, nämlich die Bedingungen, Ziele und Medien zu erforschen und an deren Verbesserung mitzuarbeiten, aufgrund derer junge Menschen in einem reflektierten Prozeß ihrer Sozialisation zu sich selbst als einer Persönlichkeit gelangen können. Um es mit Langeveld zu sagen: »Wir beabsichtigen also ein Wissen um den Menschen als einmaliges Wesen, das *sich selber* interpretiert.«[10]

II. Soziales Lernen

Bei der Betrachtung des Zusammenhangs von sozialem Lernen und Persönlichkeitsbildung muß zunächst ein systematischer Rahmen in bezug auf das Phänomen soziales Lernen entfaltet werden. Dabei ist davon auszugehen, daß im Unterricht fachliches und soziales Lernen gleichursprünglich sind. Schulisches Lernen kann als sinnhaft aufeinander bezogenes soziales Handeln[11] verstanden werden. Das Lernen von fachlichen Inhalten, etwa von Mathematik, vollzieht sich stets im Medium sozialer Aktivitäten: z. B. unter der Kontrolle des Lehrers, im Zusammenspiel zwischen

---

[7] Vgl. Loch (1962).
[8] Vgl. hierzu grundlegend: Schütz (1974); desweiteren: Mollenhauer (1972), Friedrichs (1974).
[9] Langeveld (1965 b) S. 24.
[10] Langeveld a.a.O., S. 24.
[11] Vgl. hierzu: Weber (1972) und Schütz (1974).

den Schülern, in Konkurrenz und Kooperation im Rahmen gegebener Organisationsformen. Soziales Lernen spielt sich also im Unterricht stets und ständig ab. Begrifflich kann es daher mit dem Vorgang der Sozialisation gleichgesetzt werden. In diesem Sinne wird in der Literatur von »latentem sozialen Lernen«[12] gesprochen.

Es erscheint jedoch in keiner Weise zweckmäßig, die beiden Begriffe promiscue zu gebrauchen. Daher wird neuerdings vorgeschlagen, den Begriff soziales Lernen zur Kennzeichnung intentionaler oder formeller Lernprozesse zu verwenden[13].

Mit dem Begriff soziales Lernen können damit zielgerichtete Lernprozesse verstanden werden, in denen unter institutionellen Bedingungen sozial bedeutsame Inhalte (Werte, Normen, Verhaltensweisen, Bewußtseinsformen) erkundet, reflektiert, geordnet und verbindlich gemacht werden.

Mit einer solchen Begriffsbestimmung wird der Blick auf die Situations- bzw. Mikroebene gelenkt. Der Begriff Sozialisation mag dann der Beschreibung von Prozessen auf der Makro- oder der Gesellschafts- und Institutionsebene vorbehalten bleiben. Auch kann in diesem Zusammenhang auf den Begriff der Erziehung im Sinne einer Gleichsetzung von sozialem Lernen mit Sozialerziehung verzichtet werden.

Unter dem vorgegebenen Begriffsverständnis von sozialem Lernen kommt es nun in besonderer Weise darauf an, was unter Lernen verstanden werden muß; denn in der Art und Weise des Lernprozesses und seiner Begründung sowie in der Möglichkeit zu seiner Reflexion ist bereits ein jeweiliges Verständnis vom Verhältnis des Menschen zur Welt und dessen Bestimmung, also ein anthropologisches Vorverständnis eingeschlossen. Aus der Reihe vorliegender Lerntheorien, die zur Erklärung des sozialen Lernens herangezogen werden können, scheinen die assoziationistisch orientierten Theorien am wenigsten geeignet[14]. In ihnen kommt Lernen als sozial bedeutsames, d. h. sinngesteuertes Handeln nicht in den Blick. Hingegen scheinen die Modellvorstellungen vom Lernen als Imitation und Identifikation eher zur Erklärung sozialen Lernens im hier verstandenen Sinn geeignet, weil in ihnen – wie Kohlberg formuliert – »eine primäre Motivation zur Kompetenz und Selbstverwirklichung an(genommen wird), die durch ein Ego oder Ich von sozialer oder gemeinschaftlicher Struktur organisiert ist«[15]. Damit wird die sozial bedeutsame Umwelt und die Interaktion in und mit dieser zur Grundlage von Lernprozessen, bilden Personen, Ideen, Handlungen und Situationen die »Modelle«, an denen sich die Lernenden orientieren können. Daher können auch sowohl die kognitiven und affektiven als auch die sozialen und psychomotorischen Bedürfnisse und Interessen eines Individuums angesprochen werden. So kann z. B. eine Unterrichtsstunde oder -situation zu einem Modell werden, in dem und durch das die Schüler und der Lehrer soziales und fachliches Lernen als positiv, beeindruckend, bereichernd erfahren und erleben. Hieraus ergibt sich ein Hinweis auf die Persönlichkeitsbildung.

---

12 Vgl. Rolff (1974).
13 Vgl. Rolff (1974), Prior (1976).
14 Vgl. hierzu und zum folgenden u. a. Handbuch der Psychologie (1964) und Kohlberg (1974).
15 Kohlberg (1974) S. 135.

III. Bildung

Es führt nun keine Gedankenführung an der phänomenologisch bedeutsamen Tatsache vorbei, daß der Lernprozeß ein Medium ist, in dem Schüler und Lehrer sozusagen situativ eingespannt sind. So lernen Schüler auf ein bestimmtes Ziel, z. B. eine Leistung oder Note hin. Auch der Lehrer hat seine fachlichen und sozialen Ziele im Auge: Erreichen des gesteckten Pensums, Ruhe, Ordnung und aktive Mitarbeit, wann er es wünscht. Die Unterschiedlichkeit in den Wert-, Norm- und Zielvorstellungen sollen hier nicht erörtert werden. Es soll vielmehr auf die Situativität hingewiesen werden, der alle Lernprozesse verhaftet sind. Dadurch können Lehrer und Schüler nur bedingt oder überhaupt keine Distanz zum Lernvorgang herstellen, die eine Besinnung und Reflexion des Lernprozesses, seiner Ziele und des Gelernten ermöglicht. Situativität verhindert durch ihren prozessualen Charakter und die damit verbundene Inanspruchnahme der unmittelbar Handelnden eine notwendige Reflexivität. Dabei wird unterstellt, daß ein Reflexivmachen von Lernprozessen eine entscheidende Dimension in der Persönlichkeitsentwicklung und -bildung eines Menschen in unserer Gesellschaft und Kultur ist und daß diese Dimension auch als ein gesellschaftlich bedeutsamer Wert angesehen wird. Diese Dimension sei mit dem Begriff der Bildung belegt.

An dieser Stelle wird auf den Begriff der Bildung abgehoben, weil mit ihm in systematischer und historischer Hinsicht ein unseren Zusammenhang treffender Sachverhalt bezeichnet wird. Bereits bei Wilhelm von Humboldt wird die Bildung als jene Aktivität individueller Bewußtseinstätigkeit bezeichnet, in der jedweder Prozeß menschlicher Tätigkeit – und somit auch der des Lernens oder des sozialen Lernens – auf seine Zwecksetzungen, Bedingungen, Ziele, Formen, Mittel und Medien hin reflektiert und in bezug auf die individuelle Situation oder Lebensgeschichte hin ausgelegt und angewendet wird.

Durch Bildungsprozesse können überhaupt erst Sinn ermittelt und sinnfälliges, sinngesteuertes d. h. »autonomes« Handeln im moralischen Sinn realisiert werden.

In Ergänzung zu einer neuhumanistischen Fassung des Bildungsbegriffs muß jedoch in der Gegenwart jener von Adorno[16] herausgestellte Ansatz mitgedacht werden, daß nämlich Bildung einer geschichtlich-gesellschaftlich bedingten Dialektik unterliegt, in der sie sich ins Äsoterische verlieren oder in Herrschaft und Unterdrückung jener umschlagen kann, die nicht an der Bildung als einem gesellschaftlich vermittelten Prozeß teilhaben. Die Dialektik offenbart aber auch in der Umkehrung, daß Lernen ohne Bildung ebenso in Herrschaft und Unterdrückung umschlagen – die gegenwärtige Leistungsdiskussion mag als ein Indiz hierfür angesehen werden – oder in vordergründigen Pragmatismus aufgehen kann. Wenn Lernen jedoch als eine unerläßliche Grundlage schulischen Tuns betrachtet wird, dann muß Bildung als ein notwendiges Korrellat von Lernprozessen angesehen werden; denn Lernprozesse ohne ihre Reflexion verlieren ihren Bezug zum Individuum.

---

[16] Vgl. Adorno (1962).

IV. Persönlichkeitsbildung

Zweck allen Lernens ist es daher, Bildungsprozesse auszulösen. Wo dies geschieht, erfährt das Individuum sich und seine Beziehungen zur Welt – auch zur sozialen! – in einer reflexiven Distanz, d. h. es wird als Person reflexions- und handlungsfähig. In dieser Erfahrung der Bildung erfährt der Lernende sich selbst als er-selbst und er wird für andere als dieser erkannt und ansprechbar. Er erkennt aber auch die Verhinderungen von Bildungs- und Lernprozessen und die Gefährdung.

Bildung ist mithin als Persönlichkeitsbildung zu verstehen, die aus fachlichen und sozialen Lernprozessen erwächst, wenn diese nur reflextiv gemacht werden. Sie eröffnet dem Individuum erst jene Identität seines Ichs, die es ihm ermöglicht, als »Ganzer Mensch«, d. h. verantwortungsbewußt oder moralisch zu handeln. Als Prozeß und als gesellschaftlicher Wert sollte Persönlichkeitsbildung Konstituens von Schulen und Curricula, Horizont pädagogischen Planens und Handelns und der oberste Zweck allen schulischen Lernens sein. In diesem Sinn kann Lernen nicht Selbstzweck sein.

Mit der Persönlichkeitsbildung als dem obersten Zweck des Lernens entfallen freilich nicht andere Zwecksetzungen, wie z. B. das Erbringen von Leistungen, Selbstverwirklichung, Emanzipation. Diese werden jedoch aus ihrer vereinseitigenden Allmacht herausgenommen und relativiert, indem unter der Zwecksetzung der Persönlichkeitsbildung der Schüler in seine Denk- und Handlungsfähigkeit entlassen und von dem Druck der von außen gesetzten Lernziele jedweder Art entlastet wird. Persönlichkeitsbildung in diesem Sinn kann daher auch nicht – wie in der Tradition des Neuhumanismus – zur Entfremdung des Individuums von Welt und Gesellschaft oder zu Selbstzweck und Bildungsherrschaft einer Gruppe werden. Im Gegenteil: Distanzierung vom eigenen Lernen und Reflexion desselben zwingen das Individuum zu einem stärkeren Realitätsbezug in selbstverantworteter Bestimmung und Bestimmtheit. Erst dadurch gewinnt das Individuum seine Handlungs- und Bestimmungsfreiheit, verliert es die Angst vor den Aufgaben, vermag es Gefühle darzustellen, kurzum es können auch Werte wie Selbstbestimmung und Emanzipation ansatzweise oder auch Leistung als Wert in neuen Formen realisiert werden.

In diesem Zusammenhang muß noch einmal die Wertfrage thematisiert werden. Persönlichkeitsbildung ist nicht nur als Prozeß, sondern auch als Wert anzusehen. Als dieser hat er eine Geschichte, auf die bereits hingewiesen worden ist und die wieder in die gegenwärtige Diskussion einzuholen ist. Dabei darf aber nicht der Fehler gemacht werden, Persönlichkeitsbildung als Wert sozusagen naiv aus der Geschichte des 19. Jahrhunderts herauszubrechen und in der Gegenwart aufzuhängen. Mit dem Hinweis auf die von Adorno aufgewiesene geschichtlich-gesellschaftlich vermittelte Dialektik der Bildung ist ein naiver Transfer bereits abzuwehren versucht worden. Hier sei noch auf eine weitere gesellschaftliche bedeutsame Wertentwicklung hingewiesen: auf die Geschichte der Emanzipation. Wie immer der vom 18. Jahrhundert aus die europäische Geschichte bestimmende Gedanke auch ausgelegt wird, er gehört neben den Werten wie Chancengleichheit, Toleranz, Achtung des anderen und seiner persönlichen Würde, Nächstenliebe und Geschichtsbewußtsein – um nur einige zu nennen – zu jenem Kranz positiv konkurrierender Werte, in denen sich unsere Moral und nicht zuletzt das Recht auf Bildung – wie es von der UNESCO formuliert worden ist – gründen. Auf sie wird eine zeitgemäße Bildungs- und Schulpolitik zurückgreifen müssen, um einen Horizont zu markieren, in dem Schule als gesellschaftliche Institution ihren Zweck erfüllen kann, nämlich Stätte der Aufklärung von Lebenswelt für jüngere Menschen im Medium von Lern- und Bildungsprozessen zu sein.

V. Moralische Entwicklung

Die Wertproblematik wird in pädagogischer Hinsicht auch in der genetischen Betrachtungsweise bedeutsam. Es ist dann von dem Phänomen der moralischen Entwicklung[17] zu sprechen. Auf dem Hintergrund eines interaktionistischen systematischen Zusammenhangs von sozialem Lernen und moralischer- bzw. Persönlichkeitsentwicklung hat Kohlberg ein sinnfälliges Stufenmodell entwickelt und empirisch gesichert. Danach gibt es sechs Entwicklungsstufen des moralischen Urteils[18].

Auf der Stufe 1 wird das moralische Urteil – also die Beurteilung sozialer Sachverhalte nach ihrer Werthaftigkeit oder nach »gut und böse« – an »Bestrafung und Gehorsam« als Wert- und Handlungsgesichtspunkten »orientiert«. Es herrscht beim Urteilenden ein »egozentrischer Respekt vor überlegener Macht oder Prestigestellung bzw. Vermeidung von Schwierigkeiten« vor. Kohlberg nennt dies »objektive Verantwortlichkeit«. Die Stufe 2 ist gekennzeichnet durch »naiv egoistische Orientierung. Richtiges (Anm. soziales) Handeln ist jenes, das die Bedürfnisse des Ich und gelegentlich die der anderen instrumentell befriedigt. Bewußtsein für die Relativität des Wertes der Bedürfnisse und der Perspektive aller Beteiligten. Naiver Egalitarismus und Orientierung an Austausch und Reziprozität.« Die beiden ersten Stufen zeigen, daß soziales Handeln und die damit verbundenen Lernprozesse sowie deren Inhalte bereits auf einem Wertkonzept und -urteil der handelnden Individuen beruht, daß das Wertkonzept aber – wie später zu zeigen sein wird – gemessen an den Stufen 5 und 6 noch wenig differenziert ist. Kohlberg sagt von den beiden ersten Stufen denn auch: Die »moralische Wertung beruht auf äußeren, quasi-physischen Geschehnissen, schlechten Handlungen oder auf quasi-physischen Bedürfnissen statt auf Personen und Normen«.

Die Stufen 3 und 4 zeigen bereits einen höheren Grad an Integration und Differenzierung[19]. Auf Stufe 3 herrschen folgende moralische Handlungskonzepte vor, die im einzelnen Fall und von Situation zu Situation das Verhalten und Urteilen bestimmen: »Orientierung am Ideal des ›guten Jungen‹. Bemüht, Beifall zu erhalten und anderen zu gefallen und ihnen zu helfen. Konformität mit stereotypen Vorstellungen vom natürlichen oder Mehrheits-Verhalten, Beurteilung auf Grund von Intentionen.« Für

---

[17] Vgl. hierzu und zum folgenden u. a.: Piaget (1954), Oerter (1970), Kohlberg (1974), insbesondere seine Studie: Stufe und Sequenz: Sozialisation unter dem Aspekt der kognitiven Entwicklung sowie Portele (1978).

[18] Vgl. zum folgenden Kohlberg (1974) S. 60/61.

[19] Vgl. Kohlberg (1974) S. 19.

die Stufe 4 gilt: »Orientierung an Aufrechterhaltung von Autorität und sozialer Ordnung. Bestrebt, ›seine Pflicht zu tun‹, Respekt vor der Autorität zu zeigen und die soziale Ordnung um ihrer selbst willen einzuhalten. Rücksicht auf die Erwartungen anderer«. Auf beiden Stufen beruht die moralische Wertung »auf der Übernahme guter und richtiger (Anm. also erwünschter und erwarteter) Rollen, der Einhaltung der konventionellen Ordnung und den Erwartungen anderer«.

Es wird bereits hier erkennbar, daß sich die moralische Entwicklung aus der Heteronomie, d. h. aus der Bildung des sozialen Urteilens und Handelns an von außen gesetzte und verantwortete Maßstäbe und Normen allmählich ablöst und in das Stadium der Autonomie[20], d. h. der Verpflichtung an selbstgesetzte und -verantwortete sittliche Gesetze übergeht. In bezug auf das soziale Lernen kann nun präzisiert werden, daß soziales Lernen auf allen Stufen der moralischen Entwicklung und Urteilsbildung sowie des darauf aufruhenden Handelns realisiert wird, daß aber unter der genannten Zwecksetzung der Persönlichkeitsbildung die höchsten Stufen anzuvisieren sind. Die Reflexion der Lernprozesse wird aus diesem Grund zwingend notwendig, denn die Stufen der Autonomie werden nur erreicht durch eine Differenzierung der kognitiven Strukturen und damit in eins der moralischen Konzeptbildung eines Individuums. Erst auf der Grundlage eines so unterstellten kognitiven Integrations- und Differenzierungsvorgangs kann auch soziales Handeln oder soziales Lernen als Prozeß und in inhaltlicher und intentionaler Hinsicht den an der interaktionistisch gefilterten Literatur gestellten Ansprüchen genügen.

Die Stufe 5 ist charakterisiert durch »legalistische Vertrags-Orientierung. Anerkennung einer willkürlichen (Anm.: i. S. vom Willen gesteuerten) Komponente oder Basis von Regeln und Erwartungen als Ausgangspunkt der Übereinstimmung. Pflicht definiert als Vertrag, allgemein Vermeidung der Verletzung von Absichten oder Rechten anderer sowie Wille und Wohl der Mehrheit.«

Auf der Stufe 6 schließlich ist von Bedeutung: »Orientierung an Gewissen oder Prinzipien. Orientierung nicht nur an zugewiesenen sozialen Rollen, sondern auch an Prinzipien der Entscheidung, die an logische Universalität und Konsistenz appellieren. Orientierung am Gewissen als leitendes Agens und an gegenseitigen Respekt und Vertrauen.« Auf beiden Seiten beruht die »moralische Wertung . . . auf Konformität des Ich mit gemeinsamen (oder potentiell gemeinsamen) Normen, Rechten oder Pflichten.«

Aus der Kurzdarstellung der Stufen der moralischen Entwicklung mag deutlich geworden sein, daß der Entwicklungsprozeß durch gezielte schulische Lern- und Bildungsprozesse zu ergänzen und zu verstärken ist, wenn die höchsten Stufen als individuell und gesellschaftlich akzeptierte und erstrebenswerte Werte angesehen werden. Danach müssen die organisierten Lernprozesse durch Bildungsprozesse dahingehend »gebrochen« werden, daß die Lernenden sich selbst nicht ausschließlich als Reagierende, sondern auch als Agierende erfahren können. Das bedeutet, daß nicht nur das soziale Verhalten der einzelnen oder die Komplexität einer sozial bedeutsamen Situa-

---

[20] Zu der moralischen Entwicklung von der Heteronomie zur Autonomie vgl. Piaget (1954).

tion oder die individuellen Wertkonzepte für soziales Urteilen und Handeln zum Thema gemacht werden. Eine entsprechende Entscheidung hat auch zur Folge, daß Schüler einen größeren Verantwortungs-, Mitbestimmungs- und Handlungsbereich in fachlicher Hinsicht eingeräumt bekommen, um soziale Aktivitäten entfalten zu können, die auf Autonomie abzielen. Unter einer solchen möglichen Zwecksetzung könnten in der Schule dann nicht nur lediglich verbal am moralischen Konzept der Autonomie ausgerichtete Werte wie z. B. die Ideen der Gerechtigkeit, der Freiheit und Verantwortung »behandelt« oder »sozialintegrative« Normen, Einstellungen und Verhaltensweisen eingeübt werden, sondern es könnten darüber hinaus auch Lern- und Bildungschancen ermöglicht werden, Schüler bei der Differenzierung ihres moralischen oder Wertbewußtseins gezielt zu unterstützen. In solchen Prozessen wäre es möglich, daß Schüler sich selbst als ein sozial bedeutsames und daher unverwechselbares »Ich« erfahren und erleben können. Dabei ist die wirkliche Erfahrung z. B. in konkreten Handlungs- oder Diskussionszusammenhängen von höchster Bedeutung, denn in ihr kommt auch die emotionale Seite der sonst rational begründeten Lern- und Bildungsprozesse ins Spiel. Dies ist deshalb so bedeutsam, weil in ihr die Einsichten und Erkenntnisse des einzelnen über »sich selbst« für diesen unmittelbar und damit glaubhaft im autonomen Sinne werden.

Im sozialen Lernen im vorbeschriebenen Sinn kann damit durchaus ein schulischer Prozeß gesehen werden, der zur Aufklärung von Alltags- und gesellschaftlicher Wirklichkeit beiträgt, in der der Schüler sozial zu handeln gezwungen ist. Soziales Lernen kann damit zum Erwerb von sozialem Bewußtsein der Schüler beitragen. In diesem Sinne geht es daher wohl nicht in erster Linie um das Verstärken herrschender normativer Codes oder naiver Autoritätsgläubigkeit durch moralischen Appell und fachliche Belehrung, sondern um die gezielte pädagogische Arbeit an der Elaboration eines moralischen oder sozialen Bewußtseins. Wenn dieses humanistisch-aufklärerische Ziel von Schule auch zugleich ihre Zwecksetzung ist, so betreibt Schule dann Persönlichkeitsbildung, wenn sie die Schüler dazu anleitet und anhält, ihre Lebenswelt im moralischen Sinn zu strukturieren und unter der Antizipation autonomer Stufen Werturteile fällen sowie handeln zu lernen. Dann muß es in der Schule allerdings in einem anderen Sinne um Gefühle und Emotionen gehen als in außerschulischen Bereichen, z. B. der Familie und der Peergroup. Schule hat dann nicht in erster Linie Gefühle und Emotionen zu stiften, sondern über Gefühle und Emotionen aufzuklären.

VI. Identität

Zum Abschluß muß noch auf den Begriff der Persönlichkeit eingegangen werden. Als eine mögliche Erklärung bietet sich das Konzept der Identität an, wie es von *G. H. Mead*[21] entwickelt worden ist.

---

[21] Vgl. grundlegend: Mead (1975) desweiteren: Habermas (1968); Levita (1971); Erikson (1973); Krappmann (1975); Döbert u. a. (1977).

Mead gebraucht den Begriff Identität im gleichen Sinn wie den der Persönlichkeit[22]. Davon ist in dieser Abhandlung ausgegangen worden. In bezug auf eine inhaltliche Bestimmung der Identität oder Persönlichkeit sagt *Mead*, daß diese ein Prozeß sei[23] und bestimmt sie des näheren folgendermaßen: »Die organisierte Identität ist die Organisation der Haltungen, die einer Gruppe gemeinsam sind. Ein Mensch hat eine Persönlichkeit, weil er einer Gemeinschaft angehört, weil er die Institutionen dieser Gemeinschaft in sein eigenes Verhalten hereinnimmt. Er nimmt ihre Sprache als Medium, mit dessen Hilfe er seine Persönlichkeit entwickelt, und kommt dann dadurch, daß er die verschiedenen Rollen der anderen Mitglieder einnimmt, zur Haltung der Mitglieder dieser Gemeinschaft. Das macht im gewissen Sinn die Struktur der menschlichen Persönlichkeit aus. . . . Die Struktur der Identität ist also eine allen gemeinsame Reaktion . . . Wir sagen von einer Person, die eine solche organisierte Gruppe von Reaktionen in sich hat, sie habe einen Charakter im moralischen Sinne. . . . Eine Struktur von Haltungen bildet also eine Identität im Gegensatz zu einer Reihe von Gewohnheiten.«[24]

Identität formiert sich um zwei Prozesse, die *Mead* das »ICH« und das »Ich« nennt. Über das erste werden die Normen und Werte der Gruppe, Gesellschaft und Kultur sozusagen im Individuum etabliert. Durch diesen notwendigen Prozeß der Sozialisation wird der einzelne in bezug auf seine soziale und moralische Welt und seine individuellen Möglichkeiten zunächst wie alle anderen. Die Träger der gesellschaftlichen Mächte können dadurch auch ihre Kontrolle über das Individuum ausüben. Dieser Prozeß ist als notwendige Grundlage für alle individuelle Lebenstätigkeit anzusehen. Mit ihm kann soziales Lernen i. S. von Sozialisation erklärt werden.

Das »Ich« oder Ego[25] hingegen ist als eine Reaktion oder Aktion des Individuums anzusehen, die nicht primär der gegebenen gesellschaftlichen Konvention unterliegen, sondern die aus dem freien oder spontanen oder künstlerischen Willen – im moralischen Sinn – des Individuums erwächst. Es drückt sich im Horizont der moralischen Entwicklung als Autonomie i. S. selbstverantworteter Freiheit aus. »Beide Aspekte, ›Ich‹ und ›ICH‹, sind für den vollen Ausdruck der Identität absolut notwendig.«[26]

In bezug auf die moralische Entwicklung drückt das Individuum im Prozeß des »Ich« die Prinzipien seiner Gesellschaft, Gemeinschaft oder Gruppe »vollständiger« aus als die anderen[27]. Im Prozeß des »Ich« sind nämlich Erfahrung und Reflexionsspielraum und -spannung erweitert. *Mead* bezeichnet ein Individuum, das in dieser Weise die Moralität der Gruppe versammelt oder repräsentiert als Individualität[28]. Diese kann jedoch nicht isoliert von ihren sozialen Beziehungen agieren oder betrachtet werden. Darum ist sie – vom gesellschaftlichen oder situativen oder interaktioni-

---

22 Vgl. Mead (1975) S. 266.
23 Vgl. a.a.O. S. 222.
24 a.a.O. S. 204/205.
25 Vgl. a.a.O. S. 243 und 247.
26 a.a.O. S. 243.
27 Vgl. a.a.O. S. 262.
28 Vgl. a.a.O. S. 265.

stischen Standpunkt her gesehen – stets eine Persönlichkeit, wenn der Prozeß des »ICH« mit in Rechnung gestellt wird.

Die Spannung, Konkurrenz und Balance zwischen »ICH« und »Ich« machen also Identität oder Persönlichkeit aus. Und im Hinblick auf die moralische Entwicklung entspringt ihre Aktivität in bezug auf Autonomie nach *Kohlberg* einer biologischen Grundlegung, die jedoch eine strukturell-formale und inhaltliche Ausformung erst in kultur- und gesellschaftsspezifischen Lernprozessen erhält. Der vorbeschriebene Bildungsprozeß ist dabei als ein notwendiger, die Autonomie antizipierender, korrelativer Prozeß zum sozialen Lernen anzusehen.

Zum Schluß muß noch einmal auf die moralische Entwicklung eingegangen werden. Kohlberg nennt neben einer Reihe von Annahmen, die für den Zusammenhang von kognitiver und moralischer Entwicklung und der Grundlegung der ersteren von Bedeutung sind[29] u. a. auch zwei Annahmen, die für den vorliegenden Zusammenhang eine große Relevanz besitzen:

1. »Es gibt eine fundamentale Einheit der Persönlichkeitsorganisation und -entwicklung, die wir als Ego oder Ich bezeichnen. Zwar gibt es vielfältige Bahnen der sozialen Entwicklung (psychosexuelle Entwicklung, moralische Entwicklung usw.), doch diese Bahnen sind durch ihren gemeinsamen Bezug auf ein *einziges Konzept des Ich in einer einzigen sozialen Welt geeint*. Die soziale Entwicklung ist im wesentlichen die Restrukturierung (1) des Konzepts des Ich, (2) in Beziehung zu Konzepten anderer Menschen, (3) begriffen als in einer gemeinsamen sozialen Welt mit sozialen Standards existierend. Die Einheit des Niveaus der sozialen Entwicklung, bedingt durch die kognitive Entwicklung (der g – Faktor bei Tests der geistigen Reife) wird ergänzt durch eine weitere Einheit der Entwicklung, bedingt durch einen gemeinsamen Faktor der Ich-Reife.«

2. »Die soziale oder Ich-Entwicklung ist immer auf ein Gleichgewicht oder eine *Reziprozität* zwischen den Handlungen des Ich und den auf das Ich bezogenen Handlungen des anderen gerichtet. In verallgemeinerter Form ist dieses Gleichgewicht der Endpunkt oder die Bestimmung der Moralität, begriffen als Prinzip der Gerechtigkeit, d. h. der Reziprozität oder Gleichheit. In individualisierter Form definiert es Beziehungen der ›Liebe‹, d. h. der Gegenseitigkeit und reziproken Intimität. Die soziale Analogie zur logischen und physischen Erhaltung ist die Aufrechterhaltung einer *Ich-Identität* über die Transformationen der verschiedenen Rollenbeziehungen (Ein konkretes Beispiel aus der frühen Entwicklung . . . ist der Glaube des Kindes an seine eigene unveränderliche Geschlechtsidentität . . .).«[30]

Mit diesen Ausführungen sind sozialisationstheoretische Erklärungsmodelle für den Zusammenhang von sozialem Lernen und Persönlichkeitsbildung, wie sie in assoziationistischen und rollenfunktionalistischen Theorieansätzen vorgestellt werden, überwunden. Die Einlassung auf den theoretischen Standort des symbolischen Interaktionismus[31] hebt das Phänomen einer stets in Interaktion befindlichen Person her-

---

29 Vgl. Kohlberg (1974) S. 8–11.

30 Kohlberg (1974) S. 10/11.

31 Vgl. hierzu in erster Linie Mead (1975).

vor, die sich nur aus dieser Interaktion heraus »verstehen« kann und deren kognitive Strukturen die Grundlage dafür bieten, daß sie ihre soziale Lebenswelt und die in ihr geltenden Regeln sich nicht nur interpretativ aneignen kann, sondern diese auch im Horizont autonomer Fragestellungen reflexiv machen kann. Diese Fähigkeit, in der Literatur auch als Rollendistanz, Ambiguitätstoleranz und Frustrationstoleranz beschrieben[32] bedeutet die strukturelle Annäherung der Ich-Identität an die Stufen 5 und 6 der von *Kohlberg* beschriebenen moralischen Entwicklung oder an die Autonomie im Sinne *Piagets*. Wird unterstellt, daß ein jedes Individuum seine Ich-Identität im Spiegel seiner und seiner Mithandelnden und im Horizont einer jeweiligen Kultur und Gesellschaft im wahrsten Sinn des Wortes »ausarbeitet« oder elaboriert, dann interessiert den Pädagogen der Grad der Differenzierung und Integration des moralischen Bewußtseins und Handelns als das Wertkonzept der betreffenden Person und mithin auch die jeweilige Stufe der moralischen Entwicklung. Wenn den Stufen 5 und 6 nach *Kohlberg* noch kulturell und gesellschaftlich eine allgemeine Anerkennung gezollt werden kann, dann muß ihnen – auch im Bereich der Schule – eine Realisierungschance eingeräumt werden.

Literatur

Adorno, Th. W.: Theorie der Halbbildung. In: Sociologica II. Frankfurt/M. 1962. Wieder abgedruckt in: Pleines, J.-E.; (Hrsg.): Bildungstheorien. Probleme und Positionen. Freiburg/Basel/Wien 1978, S. 89–99.

Der heimliche Lehrplan. Was wirklich gelernt wird. In: betrifft: erziehung. 6 (1973) 5.

Döbert, R./Habermas, J./Nunner-Winkler, G. (Hrsg.): Entwicklung des Ichs. Köln 1977.

Diemer, A.: Edmund Husserl. Versuch einer systematischen Darstellung seiner Phänomenologie. Meisenheim 1965.

Erikson, E. H.: Identität und Lebenszyklus. Frankfurt/M. 1973 = suhrkamps taschenbuch wissenschaft 16.

Fink, E.: Die phänomenologische Philosophie Husserls in der gegenwärtigen Kritik. Mit einem Vorwort von Edmund Husserl. In: Kantstudien XXXVIII (1939) 3/4.

Friedrichs, J.: Situation als soziologische Erhebungseinheit. In: Zsch. f. Soziologie 3 (1974) 1, S. 44–51.

Geschichte der Philosophie. Hrsg. v. F. Châtelet. Bd. VI. Die Philosophie im Zeitalter von Industrie und Wissenschaft (1860–1940) Frankfurt/M./Berlin/Wien 1975 = Ullstein Buch 3112.

Habermas, J.: Stichworte zur Theorie der Sozialisation (1968). In: Habermas, J.: Kultur und Kritik. Verstreute Aufsätze. Frankfurt/M. 1973 = suhrkamp taschenbuch 125.

Handbuch der Psychologie. Allgemeine Psychologie. I. Der Aufbau des Erkennens. 2. Halbband: Lernen und Denken. Hrsg. R. Bergius. Göttingen 1964.

Husserliana. Edmund Husserl. Gesammelte Werke. 12 Bde. Den Haag 1950 ff.

Kiel, G.: Phänomenologie und Pädagogik. In: Päd. Rundschau 20 (1966) S. 525–538.

Kohlberg, L.: Zur kognitiven Entwicklung des Kindes. 3 Aufsätze. Frankfurt/M. 1974.

Krappmann, L.: Soziologische Dimensionen der Identität. Strukturelle Bedingungen für die Teilnahme an Interaktionsprozessen. 4. Aufl. Stuttgart 1975.

---

[32] Vgl. Habermas (1968)

Langeveld, M. J.: Anthropologie und Psychologie des Erziehers. – Anlauf und erster Sprung. In: Päd. Rundschau 19 (1965 a), 11. S. 745–753.
Langeveld, M. J.: Einführung in die theoretische Pädagogik. 5. Aufl. Stuttgart 1965 b.
Levita, D. J. de: Der Begriff der Identität. Frankfurt/M. 1971.
Linke, W.: Aussage und Deutung in der Pädagogik. Dialektische, hermeneutische und phänomenologische Methodenprobleme. Heidelberg 1966.
Loch, W.: Beiträge zu einer Phänomenologie von Gespräch und Lehren. In: Bildung und Erziehung 15 (1962) S. 641–661.
Mead, G. H.: Geist, Identität und Gesellschaft aus der Sicht des Sozialbehaviorismus. 2. Aufl. Frankfurt/M. 1975 = suhrkamp taschenbuch wissenschaft 28.
Mollenhauer, K.: Theorien zum Erziehungsprozeß. Zur Einführung in erziehungswissenschaftliche Fragestellungen. München 1972.
Oerter, R.: Struktur und Wandlung von Werthaltungen. München 1970.
Pädagogik. Hrsg. v. H. H. Groothoff. Neuausgabe. Frankfurt/M. 1975 = Fischerlexikon A – Z (FL. 36).
Philosophie. Hrsg. v. A. Diemer und J. Frenzel. Frankfurt/M. 1974 = Fischerlexikon A – Z (FL 11).
Piaget, J.: Das moralische Urteil beim Kinde. Zürich 1954.
Prior, H. (Hrsg.): Soziales Lernen. Düsseldorf 1976.
Portele, G. (Hrsg.): Sozialisation und Moral. Neuere Ansätze zur moralischen Entwicklung und Erziehung. Weinheim und Basel 1978.
Rolff, H.-G. u. a.: Strategisches Lernen in der Gesamtschule. Gesellschaftliche Perspektiven und Schulreform. Hamburg 1974 = rororo 6854.
Schütz, A.: Der sinnhafte Aufbau der sozialen Welt. Eine Einleitung in die verstehende Soziologie. Frankfurt/M. 1974 = suhrkamp taschenbuch wissenschaft 92.
Weber, M.: Wirtschaft und Gesellschaft. 5. rev. Aufl. Studienausgabe. Tübingen 1972.

2. *Jean Piaget*

Die Ausbildung soll die volle Entfaltung der menschlichen Persönlichkeit und die Stärkung der Achtung der Menschenrechte und Grundfreiheiten zum Ziele haben

Artikel 26 der Allgemeinen Erklärung der Menschenrechte begnügt sich nicht mit der Zusicherung des Rechtes auf Bildung, sondern umreißt in seinem Kommentar, der ebenso wichtig ist wie die Zusicherung selbst, worin das Hauptziel der Bildung bestehen soll. Diese Definition aber schließt offenkundig eine Entscheidung zwischen den zwei möglichen Aufgabenstellungen ein, die man jedem – öffentlichen wie privaten – Bildungsorgan zuschreiben kann, eine Wahl oder doch zumindest ein Einheitlichkeitspostulat. Tatsächlich scheint vom Blickwinkel der Gesellschaft aus die Vorfrage berechtigt, ob die Funktion der Bildung notwendig in der Entfaltung der Persönlichkeit besteht oder ob es nicht vielmehr in erster Linie darum geht, den einzelnen nach einem seit Generationen überlieferten Muster, das die Bewahrung der für die Gemeinschaft ausschlaggebenden Werte ermöglicht, zu erziehen. Wenn der Jugendliche in primitiven Stammesgesellschaften einem feierlichen Initiationsritual unterzogen wird und dabei in einer monatelang anhaltenden Atmosphäre emotionaler Spannung und mystischen Respektes in die geheiligten Geheimnisse eingeweiht wird, die seine bis dahin ungebundene kindliche Mentalität umformen und ihn in den Clan der Erwachsenen eingliedern, so besteht der Hauptzweck dieser Bildung natürlich nicht in der vollen Entfaltung der Persönlichkeit, sondern ganz im Gegenteil in ihrer Unterwerfung unter die allgemein gültigen Regeln der Gemeinschaft und in der vollständigen Übernahme der kollektiv verbindlichen Anschauungen. Man kann sich nun fragen, ob die für die Schule alten Stils kennzeichnende Unterordnung der Schüler unter die moralische und geistige Autorität des Lehrers im Verein mit dem an die Jugendlichen gestellten Ansinnen, sich alle zum Bestehen der Abschlußprüfung erforderlichen Wissensinhalte einzuprägen, nicht eine den Initiationsriten funktionell eng verwandte soziale Situation herbeiführen, die dasselbe allgemeine Ziel verfolgt: nämlich, der jungen Generation das gesamte Gefüge der von der Gemeinschaft bejahten Wahrheiten, d. h. kollektiven Vorstellungen aufzunötigen, die bereits den Zusammenhalt früherer Generationen gewährleisteten. Proklamiert man demnach also die volle Entfaltung der Persönlichkeit als Ausbildungsziel, so bringt man damit gleichzeitig zum Ausdruck, daß sich die Schule von diesem klassischen Modell freimachen und eine Synthese zwischen der Bildung der Persönlichkeit und ihrer für die Gesellschaft wünschenswerten Eingliederung in den Rahmen des Gemeinschaftslebens anstreben muß.

Doch was bedeutet Entfaltung der Persönlichkeit und vor allem, mit welchen Methoden soll die Erziehung diese »volle Entfaltung« verwirklichen, die von keiner der bislang bekannten Bildungsformen erstrebt wurde, ja sogar im Widerspruch zu den gewohnten Zielen der konformistischen Erziehung steht, kurzum eine Forderung und ein Ideal darstellt, das es mit den gemeinschaftsbezogenen Zielen der Bildung zu vereinbaren gilt?

Im Text des Artikels 26 wird Persönlichkeit zwar nicht näher definiert, aber doch darauf verwiesen, daß ihre Entfaltung mit der Achtung der Rechte und Freiheiten der anderen Persönlichkeiten Hand in Hand zu gehen hat. Diese Aussage mag auf den ersten Blick wie eine Tautologie erscheinen, ist aber in Wirklichkeit äußerst folgenschwer, da sich aus ihr eine ganze Persönlichkeitstheorie ableiten ließe, wobei man Persönlichkeit als Träger einer Gegenseitigkeitsbeziehung definieren müßte. Tatsächlich besteht zwischen Individuum und Persönlichkeit psychologisch wie soziologisch gesehen ein wesentlicher Unterschied: Während der Begriff Individuum das auf sich selber zentrierte Ich bezeichnet, das durch seine moralische und intellektuelle Egozentrik die Wechselbeziehungen, ohne die ein höher entwickeltes Gemeinschaftsleben nicht denkbar wäre, behindert, versteht man unter Persönlichkeit das Individuum, das sich in Freiheit einer bestimmten Disziplin unterwirft oder an ihrem Aufbau mitwirkt und sich damit freiwillig einem Gefüge wechselseitig verbindlicher Normen beugt, d. h. die Achtung vor dem Mitmenschen über die eigene Freiheit stellt. Persönlichkeit setzt somit eine bestimmte Ausformung des intellektuellen und moralischen Bewußtseins voraus, die von der Gesetzlosigkeit der Egozentrik ebenso weit entfernt ist wie von der Heteronomie äußerer Zwänge, da sich ihre Autonomie in der Unterordnung unter die Gegenseitigkeit verwirklicht. Oder einfacher gesagt, die Persönlichkeit verträgt sich mit Anarchie so wenig wie mit Zwang, da Persönlichkeiten als autonome Wesen nur auf Gegenseitigkeit beruhende Beziehungen zueinander unterhalten können. Insgesamt kann man also sagen, daß sich das Ziel der »vollen Entfaltung der menschlichen Persönlichkeit« und der »Stärkung der Achtung der Menschenrechte und Grundfreiheiten« nur durch Heranbildung zu geistiger und moralischer Autonomie befähigter Individuen verwirklichen läßt, die diese Autonomie beim anderen kraft desselben Grundsatzes der Gegenseitigkeit achten, der auch ihre eigene Autonomie legitimiert.[a]

Das von diesem Bildungsziel aufgeworfene pädagogische Problem nun läuft auf die von den Verfechtern der sog. »aktiven« Unterrichtsmethoden gestellte Kernfrage hinaus, ob es mittels Techniken, die stets einen gewissen geistigen und moralischen Zwang beinhalten, überhaupt gelingen kann, autonome Persönlichkeit heranzubilden oder ob das nicht vielmehr ein Widerspruch in sich ist, da Bildung der Persönlichkeit spontane und freie Aktivität innerhalb einer auf Zusammenarbeit und nicht auf Unterordnung aufgebauten sozialen Umwelt voraussetzt. Dieses zentrale Problem der Bildung müssen wir im folgenden allein schon deshalb genauer unter die Lupe nehmen, um Bedeutung und Tragweite des Artikels 26 ermessen zu können: Schließlich beschränkt sich das Recht auf Bildung, das er so nachdrücklich herausstellt, nicht auf das Recht des Schulbesuchs, sondern umfaßt, da Bildung auf die volle Entfaltung der Persönlichkeit abzielt, gleichzeitig das Recht, auf der Schule alle zur Ausbildung eines tätigen Verstandes und eines lebendigen moralischen Bewußtseins erforderlichen Voraussetzungen vorzufinden.

A. Verstandesschulung

Inwieweit nun sind unter dem Blickwinkel der freien Entfaltung der Persönlichkeit die Methoden der traditionellen Schule geeignet, beim Kind und Jugendlichen einen aktiven und autonomen Verstand heranzubilden?

Indem die Schule alten Stils dem Schüler umfangreiche Kenntnisse vermittelt und ihm Gelegenheit bietet, dieses Wissen in unterschiedlichen Aufgaben und Übungen anzuwenden, »bereichert« sie sein Denken und unterzieht es, wie man so sagt, einer »geistigen Gymnastik«, die es angeblich festigen und entfalten soll. Und ist von all dieser Schulweisheit fünf, zehn oder zwanzig Jahre nach dem Oberschulabgang auch gewöhnlich nicht mehr viel übrig, kann die Schule doch zumindest das Verdienst für sich verbuchen, den Verstand geschliffen zu haben. Was macht es schon aus, daß jegliche Erinnerung an die Definition des Kosinus, die Regeln der vierten lateinischen Konjugation oder die Jahreszahlen historischer Schlachten entschwunden ist, Hauptsache, man hat sie einmal gewußt. Die Anhänger des Arbeitsunterrichts sind da allerdings anderer Ansicht. Wenn, so ihr Argument, von den auf Befehl auswendiggelernten Kenntnissen ohnehin nur so wenig hängenbleibt, kommt es doch wohl weniger auf den Umfang des Lehrstoffs als auf die Qualität der geleisteten Arbeit an: Denn was man sich in freiem und spontanem Forschen selbständig aneignet, kann man sich auch leichter merken; vor allem aber macht sich der Schüler auf diese Weise eine Methode zu eigen, die ihm sein ganzes Leben lang zustatten kommt, da sie seine Wißbegier wachhält und ihn damit ständig anregt, seine Kenntnisse zu erweitern oder ihn doch zumindest dazu erzieht, selbständig seine eigenen Begriffe und Vorstellungen zu bilden, statt sein Gedächtnis über seine Intelligenz zu stellen und diese nur in von außen aufgezwungenen Übungen zu betätigen.

Da mir die Pädagogik keine Sache von »autorisierten Lehrmeinungen« scheint, glaube ich auch nicht, daß sich diese Auseinandersetzung durch schlichtes Diskutieren beilegen läßt. Die Kunst der Erziehung gleicht der des Arztes, d. h. setzt einerseits eine besondere »Begabung«, andererseits aber auch ein exaktes, experimentell fundiertes Wissen um die Menschen, an denen sie praktiziert werden soll, voraus, nur daß es im einen Fall anatomischer und physiologischer und im anderen psychologischer Art ist. Nur aufgrund dieses Wissens lassen sich die Frage nach Sinn und Wert der aktiven Unterrichtsmethoden und die Probleme der Verstandesschulung wirklich lösen. Die Ergebnisse der psychologischen Untersuchung über die Entwicklung der Verstandesoperationen und den Erwerb oder Aufbau der Grundbegriffe aber sprechen eindeutig zugunsten des Arbeitsunterrichtes, ja sogar für eine weitaus radikalere Reform der intellektuellen Bildung als sich selbst viele Anhänger der aktiven Schule träumen lassen.

Denn mag das Vermögen, logische Operationen zu vollziehen, auch vom Reifungsprozeß des Nervensystems abhängen (die jüngsten Partien des menschlichen Gehirns nehmen ihre Funktion bekanntlich erst gegen Ende der Kindheit auf), so ist andererseits doch eine gewisse Übung nötig, die dieses Vermögen schrittweise aufbaut und in seiner Gesamtstruktur ausbildet – eine Übung, die sich nicht auf den sprachlichen Sektor beschränkt, sondern im wesentlichen auch in der Aktion, d. h. im tätigen Umgang mit den Dingen und im Experimentieren besteht: Schließlich ist eine Operation ja eine Aktion im eigentlichen Sinn des Wortes, wenn auch eine interiorisierte,[b] nach präzisen Aufbaustrukturen mit anderen, gleichartigen Aktionen koordinierte Aktion. Zu solchen Operationen aber ist der einzelne ohne Austausch und Zusammenarbeit mit seinesgleichen nicht fähig, und deshalb bezweifelt man mit Fug und Recht, daß es zur Entfaltung der Logik beim Kind und Jugendlichen genügt, die Schüler jahrelang (und wäre es auch noch so geschickt) mit Wissensstoff vollzustopfen, den sie über sich ergehen lassen wie der Erwachsene einen Vortrag. Die wirkliche Ausbildung der Verstandeswerkzeuge erfordert doch vielmehr eine gemeinschaftliche Atmosphäre aktiven Forschens, Experimentierens und miteinander Diskutierens.

Besonders anschaulich lassen sich diese pädagogischen Grundprobleme am Beispiel des mathematischen Elementarunterrichts (auf der Primar- und Sekundarstufe) aufzeigen, einem Fach, das den Lehrern besonders viel Kopfzerbrechen bereitet, da bei den gewöhnlich vorgeschriebenen nicht aktiven Lehrmethoden selbst die durchdachteste Darbietung des Stoffs nicht viel bewirkt. Es ist eine bekannte Tatsache, daß in sonst völlig normalen Klassen nur ein Bruchteil der Schüler mit der Mathematik zu Rande kommt, wobei dieser Bruchteil nicht einmal unbedingt sämtliche in anderen Fächern besonders Begabte umfaßt. Daraus nun wird gelegentlich der Schluß gezogen, das Verständnis für die elementaren mathematischen Vorgänge hänge von einer besonderen Fähigkeit, einer »mathematischen Begabung« ab, mit der man sich Erfolge und Mißerfolge erklärt, statt sich zu fragen, ob die Fehlschläge nicht vielleicht eher auf die klassischen Unterrichtsmethoden zurückgehen. Da nämlich die Mathematik nichts weiter als eine Form der Logik ist, die die gängige Alltagslogik auf ganz natürliche Weise fortsetzt und den logischen Unterbau für alle fortgeschritteneren Formen des wissenschaftlichen Denkens liefert, müßte ein Versagen in diesem Fach letztlich auf eine mangelhafte Verstandesentwicklung hindeuten. Ehe man indessen über die Mehrzahl der heutigen und die große Mehrzahl der ehemaligen Schüler (denn was ist bei den meisten Erwachsenen, sofern sie nicht einen naturwissenschaftlich-mathematischen Beruf ergriffen haben, vom Mathematikunterricht hängengeblieben?) ein derart strenges Urteil fällt, muß man sich doch mit aller Entschiedenheit fragen, ob die Schuld nicht bei den angewandten Methoden liegt.

Es ist in der Tat höchst erstaunlich, daß alle Welt (aufgrund einer Tradition, die schwer auf dem Schulwesen lastet, obwohl sie weder die derzeitigen Schulbehörden noch die heutigen Lehrer erfunden haben) die Überzeugung hegt, hinlängliche mathematische Kenntnisse reichten aus, um einen korrekten Mathematikunterricht zu erteilen, daß man es also für überflüssig hält, sich um die mathematische Begriffsbildung beim Kind zu kümmern. Natürlich versucht man konkret und »anschaulich« vorzugehen und sogar auf die Geschichte der Mathematik Bezug zu nehmen, gerade, als entspräche die Abfolge der Entdeckungen von Euklid bis in unsere Tage den einzelnen psychologischen Phasen, in denen das Kind die mathematischen Operationen aufbaut. Wie dieser Aufbau selbst indessen erfolgt, wird völlig außer acht gelassen.

Nun gewinnt man aber beim psychologischen Studium der Entwicklung der spontanen mathematischen Intelligenz beim Kind und Jugendlichen eine Reihe für den Unterricht wichtige Erkenntnisse. Erstens die, daß die Schüler, wenn sie nicht merken, daß es sich um mathematische Aufgaben handelt, bestimmte Probleme (z. B. im Verlauf konkreter Experimente gestellte Fragen nach Verhältnissen, Regeln, Vorzeichen in Form aufeinanderfolgender Umkehrungsoperationen, absoluten und sogar relativen Geschwindigkeiten usw.[1]) kraft ihrer allgemeinen Intelligenz und nicht dank besonderer individueller Begabungen (die zwar nicht auszuschließen sind, aber doch keinesfalls so stark ins Gewicht fallen wie man gemeinhin vermutet) ohne weiteres zu lösen vermögen. Gerade im Rechenunterricht legen mittelmäßige Schüler, sowie die Aufgaben mit irgendeiner für sie interessanten Aktivität in Zusammenhang gebracht werden, oft ein ganz erstaunliches Begriffsvermögen, ja sogar Phantasie an den Tag. Und selbst schlechte Rechner, die im herkömmlichen Unterricht, in dem die Aufgaben abstrakt (d.h. ohne Bezug auf ein konkretes Bedürfnis) gestellt werden, passiv und oft sogar gehemmt scheinen, da sie, von ihrer eigenen Unzulänglichkeit zutiefst überzeugt, von vornherein die Flinte ins Korn werfen, sind wie ausgewechselt, sobald die Aufgabe aus einer sie beschäftigenden konkreten Situation abgeleitet

---

1 Vgl. Piaget: Les Notions du mouvement et de vitesse chez l'enfant. Paris, Presses universitaires de France.

wird: Das Kind löst das Problem in diesem Fall wie irgendeine beliebige Intelligenzfrage kraft seiner persönlichen Intelligenz. Damit aber haben wir eine erste wichtige Einsicht gewonnen: Jeder normale Schüler kann mathematisch richtig denken, sofern es gelingt, seine Aktivität zu wecken und die so häufig vorhandenen seelischen Hemmungen samt dem daraus erwachsenden Minderwertigkeitskomplex abzubauen. Kurzum, der ganze Unterschied liegt darin, daß der Schüler in einer von selbständiger Aktivität getragenen Unterrichtssituation nicht mehr, wie im Mathematikunterricht alten Stils, eine fertig vorgegebene Verstandesdisziplin übernehmen soll (die er begreift oder auch nicht begreift), sondern gehalten ist, Beziehungen und Begriffe selbst zu entdecken und so aufs neue zu schaffen, bis er von sich aus das Bedürfnis nach Anleitung und Information entwickelt.

Der zweite wichtige Gesichtspunkt, der sich aus den Experimenten zur mathematischen und physikalischen Begriffsentwicklung ableiten läßt, ist die Erkenntnis, daß die Passivität der Kinder in diesen Fächern (die doch eigentlich zur freien Entfaltung der geistigen Aktivität anregen sollten) vor allem auf die mangelhafte Scheidung zwischen den logischen Fragen und den numerischen oder metrischen[c] Überlegungen zurückzuführen ist. So soll der Schüler z. B. bei einer Geschwindigkeitsaufgabe zum einen über die zurückgelegten Strecken und die dazu benötigte Zeit nachdenken und zum anderen mit den Zahlen, die diese Größen ausdrücken, Berechnungen anstellen. Obwohl das Operieren mit Zahlen keinen Sinn hat, solange das logische Gerüst der Aufgabe noch nicht klar ist, da die Zahlen in diesem Fall die Zusammenhänge bloß verschleiern, muß die Aufgabe rechnerisch gelöst werden, und so probiert das Kind oft aufs Geratewohl alle möglichen ihm bekannten Rechenarten aus, was seine Denkfähigkeit nur behindert, – ein weiteres Beispiel für die Schnitzer derer, die die Logik für angeboren halten, während sie vom Kind in Wirklichkeit erst durch eigene Aktivität Schritt um Schritt aufgebaut wird. Trennt man hingegen die beiden Arten von Faktoren, kommt man nicht nur besser voran, sondern erreicht vor allem das wahre Ziel des Mathematikunterrichts: die Entfaltung der deduktiven Fähigkeiten. So kann man beispielsweise Zehn- bis Zwölfjährigen ohne weiteres schwierige Geschwindigkeitsaufgaben zumuten (Kombination der Geschwindigkeit zweier bewegter Objekte, von denen sich das eine auf dem anderen oder im Verhältnis zum anderen fortbewegt, Beschleunigung auf einer schiefen Ebene usw.), wenn man auf Zahlen verzichtet und die Kinder lediglich über die logischen Beziehungen, d. h. über das Mehr und Weniger und nicht über das Wieviel nachdenken läßt, kurzum auf dieselbe Weise verfährt wie noch Aristoteles bei seinen Überlegungen zur Geschwindigkeit. Vom Zwang, rechnen zu sollen, befreit, spürt das Kind mit großem Eifer sämtlichen hereinspielenden logischen Beziehungen nach und erarbeitet sich aktiv ebenso flexible wie präzise und oft sogar erstaunlich kluge Operationsmöglichkeiten: Sind sie vorhanden, kann man zu den Zahlenzusammenhängen übergehen, die, nachträglich eingeführt, ein ganz anderes Gewicht erlangen. So zeitraubend diese Methode auf den ersten Blick auch scheinen mag, sie hilft in Wirklichkeit Zeit sparen und spornt, wichtiger noch, die persönliche Aktivität an.

Drittens hat die psychologische Untersuchung gezeigt, daß das Kind seine logischen und mathematischen Begriffe tatsächlich spontan entwickelt und zum Teil unabhängig von den im Elternhaus oder auf der Schule erworbenen Kenntnissen (wenn auch natürlich nicht unabhängig von dem als Denkstimulans unerläßlichen Austausch mit seiner sozialen Umwelt) weiter ausbaut. So glaubt, um ein einfaches Beispiel zu nennen, das Kind bis zu einem gewissen Alter, daß ein Objekt (etwa ein Plastilinkügelchen) durch eine Veränderung der Form gleichzeitig auch eine Veränderung der Masse, des Gewichtes oder des Volumens erfährt: Von diesen ursprünglichen Vorstellungen (die den Erwachsenen im allgemeinen verborgen bleiben) ausgehend, erkennt es dann nach und nach durch selbständige logische Koordination die Notwendigkeit der Erhaltung der Menge (mit sieben bis acht Jahren), des Gewichts (mit neun bis zehn) und des physikalischen Volumens (mit elf bis zwölf). Und in ganz ähnlicher Weise (wiederum, ohne daß seine Umgebung merkt, welche logischen und mathematischen Umformungen in seinem Verstand vor sich gehen) baut es mit eigenen Mitteln seine geometrischen Grundbegriffe auf[2] (Gleichbleiben von Entfernungen, Parallelen und Winkeln, Perspektive, Ableitung von Bezugssystemen aus der körperhaften Orientierung, Proportionen usf.). Diese spontanen Denkkonstruktionen aber sind nicht nur weitaus mannigfältiger als man sich gewöhnlich träumen läßt, sondern zeigen auch klar und deutlich ein Entwicklungsgesetz auf: nämlich daß die mathematischen Begriffe samt und sonders mit einer qualitativen Konstruktion beginnen und erst anschließend metrischen Charakter annehmen. So ist namentlich die räumliche Vorstellung des Kindes zunächst kaum von den bei der Wahrnehmung hereinspielenden Maßverhältnissen beeinflußt; sie geht vielmehr von »topologischen« Beziehungen (wie die Mathematiker sagen würden) aus, um sich erst wesentlich später auf den Standpunkt der euklidischen Geometrie zu stellen (ein für die moderne Mathematik außerordentlich wichtiger Sachverhalt)[d]. Das alles aber beweist, daß wir unsere didaktischen Methoden den psychologischen Gegebenheiten der konkreten Entwicklung anpassen müssen – eine Berichtigung, von der wir uns eine beträchtliche Ankurbelung der selbständigen Aktivität des Kindes erwarten dürfen.

Viertens – und dieser Punkt faßt alles bisher Gesagte zusammen – lehrt man die Mathematik so, als handelte es sich dabei um nur mittels einer abstrakten Sprache, genauer, der Fachsprache der mathematischen Symbole zugängliche Wahrheiten, während Mathematik in Wirklichkeit vor allem ein Agieren mit den Dingen ist und auch die Operationen immer noch Aktionen darstellen, wenngleich diese nicht mehr materiell ausgeführt, sondern nur noch vorgestellt und in eine bestimmte Ordnung gebracht werden. Gewiß ist es unerläßlich, schließlich zur Abstraktion vorzustoßen (ein Prozeß, der sich im Laufe der geistigen Entwicklung des Jugendlichen ja auf allen Gebieten von selber vollzieht), doch wo die Abstraktion nicht den krönenden Abschluß einer ununterbrochenen Folge konkreter Aktionen bildet, artet sie in Spiegelfechterei und geistigen Selbstbetrug aus. Hier liegt auch der eigentliche Grund für das Versagen des offiziellen Mathematikunterrichts: Statt mit der konkreten, materiellen Aktion, beginnt man mit der Sprache (d. h. mit fiktiven, bloß erzählten Aktionen, die

---

2 Vgl. Piaget und Inhelder: La Représentation de l'espace chez l'enfant, sowie: Piaget, Inhelder und Szeminska: La Geométrie spontanée de l'enfant, Paris, Presses universitaires de France.

man mittels Zeichnungen veranschaulicht), obwohl das mathematische Denken bereits im Kindergarten durch eine Reihe von Manipulationen mit logischen und numerischen Komplexen, Längen und Oberflächen etc. vorbereitet werden könnte, konkreten Aktivitäten, die sich auf der gesamten Primarstufe systematisch weiterentwickeln und unablässig ausbauen und auf der Unterstufe der höheren Schule schließlich nach und nach in elementare physikalische und mechanische Experimente überführen ließen. Bliebe der eigentliche Mathematikunterricht so in sein natürliches Umfeld eingebettet, d. h. nähme auf die Dinge Bezug, statt sich auf die sprachliche oder graphische Darstellung zu beschränken, würde er den Geist zweifellos ganz anders beflügeln.

Jeder weiß, um das Gesagte an einem einzigen Beispiel zu erläutern, wie schwer es Oberschülern (und selbst noch vielen Hochschulstudenten) fällt, die algebraische Regel von den Vorzeichen »minus mal minus ergibt plus« zu verstehen. Diese nämliche Regel aber können bereits Sieben- bis Achtjährige mit Hilfe bestimmter Aktionen qualitativ auf unterschiedliche Weise entdecken: Wird ein dünner Metalldraht mit drei aufgefädelten Perlen ABC hinter einem kleinen Bildschirm umgedreht (so daß wohl die Bewegungen des Drahtes, nicht aber die der Perlen sichtbar sind), begreift das Kind, daß sich die Reihenfolge ABC in CBA umkehrt, wie ihm auch auf Anhieb aufgeht, daß zwei Umdrehungen die ursprüngliche Reihenfolge ABC wiederherstellen, drei erneut zu CBA führen usf. D. h. es entdeckt auf diese Weise beiläufig die Regel, daß sich zwei Richtungsumkehrungen aufheben, mit anderen Worten, daß »minus mal minus plus ergibt«. Werden ihm dagegen ohne solche Vorübungen mit 15 oder 16 Jahren schlicht die algebraischen Operationen vorgesetzt, kommt es begreiflicherweise nicht mehr mit.

Ich behandle das Beispiel der Mathematik hier deshalb so ausführlich, weil sich, von den ungeeigneten Methoden der herkömmlichen Unterrichtspraxis einmal abgesehen, die »volle Entfaltung der Persönlichkeit« und die Aneignung des logischen oder rationalen Rüstzeugs, das die intellektuelle Autonomie gewährleistet, in keinem anderen Bereich so leicht und mühelos verwirklichen ließe. Nichts scheint dem Erwachsenen jedoch so schwer zu fallen wie beim Kind und Jugendlichen eine echte spontane Aktivität zu wecken, und doch kann der Schüler einzig und allein durch diese Aktivität, die der Lehrer zwar lenken und rege halten soll, der er aber im übrigen bei ihren tastenden Versuchen selbst auf die Gefahr des Irrtums freies Spiel lassen muß, geistige Selbständigkeit erlangen. Nicht durch Auswendiglernen des pythagoreischen Lehrsatzes betätigt man ja in Freiheit seinen persönlichen Verstand, sondern indem man diesen Satz aufs neue entdeckt und die Beweisführung nachvollzieht. Das Ziel der Verstandesschulung besteht demnach nicht darin, verbürgte Wahrheiten aufzusagen oder sich zu merken (denn eine bloß nachgeplapperte Wahrheit ist bestenfalls eine Halbwahrheit), sondern vielmehr darin, selbst hinter die Wahrheit zu kommen, auch wenn echte Aktivität Zeit beansprucht und manchen Umweg erfordert.

Was hier von der mathematischen Methodik gesagt wurde, gilt in erhöhtem Maß auch für den Sprachen-, Geographie-, Geschichts- und Naturkundeunterricht usw., kurzum für all die Fächer, in denen faktische Kenntnisse nur insoweit taugen, als sie von den Schülern durch eigene Aktivität erworben und vertieft werden.

Nun mag es manchen Leser befremdet haben, daß ich den Begriff der freien persönlichen Entfaltung ausgerechnet am Beispiel der Logik und der Mathematik erläutert habe. Aber hier läßt sich am besten zeigen, daß die volle Entfaltung der Persönlichkeit selbst auf dem rein intellektuellen Sektor unauflöslich mit dem Gefüge der für das schulische Leben so grundlegenden Gefühlsbindung, sozialen und moralischen Beziehungen verknüpft ist (Beweis ist die bereits erwähnte Blockierung der Urteilskraft durch seelische Hemmungen infolge mathematischen Versagens), ja, auf den ersten Blick sogar vornehmlich von solchen seelischen Faktoren abzuhängen scheint. Zum andern zeigt sich, daß man die Menschen, da Bildung ein unauflösliches Ganzes darstellt, nicht zu moralisch selbständigen Persönlichkeiten erziehen kann, wenn man sie gleichzeitig einem geistigen Zwang unterwirft, sie also beispielsweise nötigt, nur das zu lernen, was man ihnen vorschreibt, ohne ihnen Gelegenheit zu geben, selbst hinter die Wahrheit zu kommen: Wer geistig passiv ist, kann moralisch nicht frei sein, wie umgekehrt derjenige, dessen Moral ausschließlich in der Unterordnung unter die Autorität der Erwachsenen besteht und der auf der Schule keine anderen sozialen Beziehungen kennenlernt als die zwischen dem einzelnen Schüler und dem mit allen Vollmachten ausgestatteten Lehrer, keine echte geistige Aktivität zu entfalten vermag.

Das aber besagt, daß die sog. »aktiven« Methoden, ohne die die geistige Entfaltung der Persönlichkeit nicht denkbar ist, notwendig ein Gemeinschaftsmilieu voraussetzen, das die moralische Persönlichkeit formt und gleichzeitig den geregelten intellektuellen Austausch fördert. Ohne freie Zusammenarbeit (in diesem Fall zwischen den Schülern und nicht nur zwischen Lehrer und Schüler) kann sich keine echte intellektuelle Aktivität in Form spontaner Experimente und Untersuchungen entfalten. Denn geistige Aktivität erfordert nicht nur die fortgesetzte gegenseitige Anregung, sondern vor allem auch die gegenseitige Überprüfung unter Einsatz des kritischen Denkens – Voraussetzungen, ohne die der einzelne weder zu objektiven Sichten gelangen noch das Bedürfnis nach strikter Beweisführung entwickeln kann. Tatsächlich beruhen die logischen Operationen stets auf Kooperation, d. h. setzen ein ganzes Gefüge auf intellektueller Gegenseitigkeit und moralischer und rationaler Zusammenarbeit aufbauender Beziehungen voraus. Die Schule alten Stils aber kennt keine andere soziale Beziehung als die zwischen dem Lehrer, der sich als eine Art absoluter Herrscher im Besitz der intellektuellen und moralischen Wahrheit befindet, und dem Einzelschüler: D. h., zwischen den Schülern findet weder im Unterricht noch bei den Hausaufgaben eine Zusammenarbeit oder auch nur ein direkter Meinungsaustausch statt (denn schließlich muß man ja »Noten« geben und Prüfungen abhalten). Der aktive Unterricht dagegen setzt die Arbeitsgemeinschaft mit dem Wechsel von selbständigem Tun und Gruppenarbeit voraus, die Technik des Teamworks[3], die heute schon viele Länder unter diversen Bezeichnungen aus der Erkenntnis heraus praktizieren, daß das Gemeinschaftsleben selbst für die rein intellektuelle Entfaltung der Persönlichkeit unerläßlich ist. Um es an einem einzigen kleinen Beispiel zu erläutern: Als ich vor Jahren mit Decroly[e] eine seiner Schulen besuchte, stießen wir in einem entlegenen Raum zufällig auf eine Gruppe von Oberschülern, die sich teils gemeinsam und teils für sich mit einer Aufgabe aus der analytischen Geometrie beschäftigten: Als ich die jungen

3 Vgl. Le Travail par équipes à l'école. Bureau international d'Education.

Leute so diskutieren hörte, mußte ich unwillkürlich an meine eigene Schulzeit zurückdenken und mir fiel wieder ein, daß meine spärlichen Kenntnisse in diesem Fach (das mich damals mit Horror erfüllte) nicht auf die Erklärungen eines Kameraden zurückgingen, sondern mir außerhalb des schulischen Lebens, gewissermaßen unter der Hand, erteilt wurden, während für die Gruppe da vor mir Gemeinschaftsarbeit offensichtlich das Selbstverständlichste von der Welt war!

B. Moralerziehung

Was die moralische Erziehung betrifft, so wirft sie dasselbe Problem auf wie die logische und mathematische Schulung: Will man Individuen heranbilden, die sich dem Zwang der Traditionen und den Sitten früherer Generationen beugen, so genügen die Autorität des Lehrers und gegebenenfalls ein paar »Morallektionen« samt dem für diese Gehorsamsmoral kennzeichnenden System von Ermunterungen und Bestrafungen. Will man dagegen Menschen mit freiem Gewissen erziehen, die die Rechte und Freiheiten des anderen achten, ist es weder mit der Autorität des Lehrers noch mit einschlägigen Lektionen (und wären diese auch noch so vortrefflich) getan, gilt es in diesem Fall doch lebendige, gleichermaßen auf Selbständigkeit wie auf Gegenseitigkeit aufbauende Beziehungen zu schaffen. Denn nur das soziale Leben der Schüler untereinander, ein (in Entsprechung zur intellektuellen Gemeinschaftsarbeit) möglichst umfassendes Selfgovernment[f] vermag Persönlichkeiten heranzubilden, die ebenso zur Selbstbestimmung wie zur gegenseitigen Achtung befähigt sind.

Welche Ergebnisse das Selfgovernment zeitigen kann, wenn es keine künstlich aufgepfropfte, im Widerspruch zu den sonstigen Praktiken stehende Einführung bleibt, sondern dem ganzen Geist der Schule entspricht, haben zahlreiche pädagogische Experimente gezeigt, während andererseits eine Reihe psychologischer Untersuchungen den jeweiligen Einfluß der verschiedenen Autoritäts- und Gegenseitigkeitsbeziehungen zwischen Erwachsenen und Kindern sowie der Kinder untereinander ins Licht gerückt haben. Diese bereits vor dem letzten Krieg mit viel Energie vorangetriebenen pädagogischen und psychologischen Experimente haben in der Nachkriegszeit in den vielen unter tragischen Umständen gegründeten »Kinderdörfern«[g] eine wirklich tröstliche Fortsetzung erfahren. Ja, vielleicht geben diese kleinen Gesellschaften der durch gemeinsames Unglück zusammengeführten Kinder heute den berechtigten Anlaß, auf eine bessere Zukunft der Menschheit zu hoffen, zeigen sie doch deutlich, welche Erneuerungsmöglichkeiten sich dem einzelnen in einer von Zuneigung und Freiheit getragenen sozialen Atmosphäre bieten, welche an die Stelle des Gehorsams die in Freiheit übernommene Verantwortung setzt.

Wie schon bemerkt, stehen die beiden charakteristischen Merkmale der Persönlichkeit, Selbständigkeit und Gegenseitigkeit, in einer Wechselbeziehung zueinander. Im Gegensatz zu dem noch nicht zur Persönlichkeit herangereiften Individuum, das sich über alle Regeln hinwegsetzt und in den Beziehungen zu seiner physischen und sozialen Umwelt ganz auf sich selbst zentriert bleibt, ist die Persönlichkeit ein Individuum, das sein Ich in die rechte Perspektive zu dem der anderen rückt, d. h. sich in ein Gefüge wechselseitiger Beziehungen einordnet, was selbständig geübte Disziplin und zugleich eine grundlegende Dezentrierung der eigenen Aktivität voraussetzt. Die beiden Kernprobleme der moralischen Bildung bestehen demnach also darin, diese Dezentrierung herbeizuführen und diese Disziplin aufzubauen. Welche Mittel aber bieten sich dem Erzieher bei der Verfolgung dieses zweifachen Ziels an – Mittel, die entweder in der psychischen Natur des Kindes oder in seinen Beziehungen zu den verschiedenen Mitgliedern seiner Umgebung liegen?

Was den ersten Punkt betrifft, so kann die moralische Erziehung an drei im Kind angelegte Gefühle oder affektive Tendenzen anknüpfen: erstens das Liebesbedürfnis, das in seinen verschiedenen Ausformungen von der Wiege bis zur Adoleszenz eine entscheidende Rolle spielt; zweitens ein Gefühl der Furcht vor dem Größeren und Stärkeren, das ein von Gehorsam und Konformismus geprägtes Verhalten bewirkt und von verschiedenen Systemen der Moralerziehung in unterschiedlichem Grade genutzt wird; und drittens ein Gefühl, in dem sich Liebe und Furcht mischen, – nämlich der Respekt, dessen ungewöhnliche Bedeutung für die Ausbildung und Einübung des Moralbewußtseins alle Moralisten betonen.[h] Manche sehen in ihm sogar ein Gefühl ganz eigener Art, das sich nicht wie Liebe oder Furcht auf andere Individuen, sondern unmittelbar auf die von diesen verkörperten moralischen Werte oder das Moralgesetz richtet: Respekt vor einer Person bedeutet dieser Auffassung zufolge Achtung vor dem moralischen Gesetz in ihr (Kant)[i] oder vor der Disziplin, die sie verkörpert und walten läßt (Durkheim)[k]. Andere Autoren, denen auch ich mich anschließen möchte, halten solch erhabene Formen des Respektes zwar für möglich, fassen ihn aber in erster Linie als ein Gefühl von Individuum zu Individuum wie die beiden anderen auf, das mit jener Mischung aus Liebe und Furcht beginnt, die das Kleinkind gegenüber seinen Eltern und den Erwachsenen insgesamt hegt (ehe sich diese ursprünglichen Verhaltensweisen durch Konflikte und Enttäuschungen abschleifen).

Die Beziehungen zwischen dem Kind und den verschiedenen Personen seiner Umgebung spielen demnach für die Herausbildung des Moralempfindens eine grundlegende Rolle, wobei es entscheidend darauf ankommt, auf welche der drei eben charakterisierten affektiven Tendenzen der Hauptakzent gelegt wird. Es ist in der Tat äußerst wichtig zu begreifen, daß das Kind die zum Aufbau des moralischen Bewußtseins oder der »praktischen Vernunft« erforderlichen Elemente zwar ebenso in sich trägt wie die Voraussetzungen des intellektuellen Bewußtseins, d. h. der Vernunft schlechthin, daß aber beide zu Beginn der geistig-seelischen Entwicklung nicht fertig vorgegeben sind, sondern sich erst in enger Verbindung mit dem sozialen Milieu herauskristallisieren: Die Beziehungen des Kindes zu den Menschen, von denen es abhängt, sind also im eigentlichen Sinne bildend, d. h. sie beschränken sich nicht, wie gemeinhin angenommen, auf einen zwar mehr oder minder tiefgreifenden, aber für den eigentlichen Aufbau der moralischen Grundwirklichkeiten doch gewissermaßen nebensächlichen Einfluß.

Wenden wir uns zuerst derjenigen Kategorie von Beziehungen zu, die das Pflichtgefühl wachrufen und bereits das Kleinkind veranlassen, gewisse Verpflichtungen zu akzeptieren und als verbindlich zu betrachten. Ist es nicht erstaunlich, daß das Baby, kaum ist es der ersten Worte seiner Muttersprache mächtig, also in einem Alter, in dem alles noch Spontaneität und Spiel ist, bereits Gebote anerkennt und sich durch sie gebunden fühlt (gleichgültig, ob es sie nun befolgt oder übertritt und damit dem Erwachsenen gegenüber ein Schuldgefühl oder doch jedenfalls ein Unbehagen verspürt)? Wie läßt sich das erklären? Laut *P. Bovet*[4] genügen, um dieses Pflichtgefühl zu wecken, zwei Voraussetzungen: erstens die, daß das Kind von einem anderen Gebote oder Anordnungen erhält (nicht allein auf die Straße zu laufen, nicht zu lügen usf.). Fragt sich nur, warum es solche Vorschriften ernst nimmt und nicht einfach ignoriert (wie Geschichten, die es langweilen). Mit dem Willen des Stärkeren allein läßt sich diese Bereitschaft zu gehorchen nicht erklären, denn Furcht allein weckt noch kein Gefühl der Verpflichtung, sondern bewirkt lediglich einen rein äußerlichen Gehorsam aus purem Selbstinteresse (man gehorcht, um nicht bestraft zu werden etc.). Woher kommt also die innere Bereitschaft und das daraus erwachsende Pflichtgefühl? Hier nun stoßen wir auf die zweite Voraussetzung, die sich mit einer der drei weiter oben aufgeführten spontanen Tendenzen des Kindes deckt: Die Weisung wird nur dann als verpflichtend empfunden, wenn sie von einer Respektsperson kommt, d. h. von jemand, der beim Kind gleichzeitig Liebe und Furcht weckt und nicht nur einen dieser beiden Gefühlszustände. Deshalb fühlt sich das Kleinkind auch durch den Befehl eines Bruders (den es ja immerhin liebt) oder eines Fremden (den es bloß füchtet) nicht gebunden, während es die Weisungen von Vater und Mutter selbst dann noch akzeptiert, wenn es sie übertritt. Diese erste und bei der Bildung des Moralempfindens zweifellos früheste Kategorie von Beziehungen kann im übrigen während der ganzen Kindheit wirksam bleiben und je nach Art der Moralerziehung alle anderen in den Schatten stellen.

Zwar wird auf Anhieb klar, welche Bedeutung dieser ersten Form moralischer Beziehungen zukommt, gleichzeitig aber auch, wo von dem uns hier beschäftigenden Blickwinkel aus ihre Unzulänglichkeiten liegen: Dieser Gehorsam und Unterordnung bewirkende Respekt des kleinen Kindes vor dem Erwachsenen bleibt im wesentlichen einseitig, da der Erwachsene das Kind zwar gleichfalls achtet, aber doch auf völlig andere Weise (so würde er seinerseits vom Kind keinesfalls Gebote und Weisungen akzeptieren – die ihm im übrigen auch nicht erteilt werden – geschweige denn, sich dadurch zu irgend etwas verpflichtet fühlen). Aufgrund ihrer Einseitigkeit aber führt diese ursprüngliche Form des Respektes vor allem zu Heteronomie. Zweifellos entdeckt das Kind mit dem Größerwerden, daß sich der Erwachsene gleichfalls an ihm erteilte Weisungen hält – oder es doch zumindest versucht, auch wenn es nicht immer gelingt, d. h. es merkt früher oder später, daß das Gesetz noch über den von ihm respektierten Personen steht. Andererseits aber macht es eines Tages notwendig auch die Erfahrung, daß sich unter den vielen Vorschriften, die man ihm erteilt, gelegentlich auch widersprüchliche finden, so daß es selbst eine Auswahl treffen und entscheiden muß, was wichtig ist und was nebensächlich. Erwächst aber die Moral nur aus dem einseitigen Respekt, bleibt sie, was sie von Anbeginn an war: ein Werkzeug

[4] P. Bovet: Les Conditions de l'obligation de conscience. Année psychologique, 1912.

der Unterordnung unter fertig vorgegebene Regeln und Vorschriften, d. h. unter Regeln, die nicht dem Subjekt entstammen, das sie befolgt.

Am anderen Ende der Skala der zur moralischen Wertbildung beitragenden zwischenmenschlichen Beziehungen steht die gegenseitige Achtung[5]. Obwohl sie sich zwischen gleichgestellten Individuen ohne Einschaltung einer Autorität herausbildet, setzt sie sich gleichfalls aus Zuneigung und Furcht zusammen, wobei sich die Furcht nun nur noch darauf richtet, in den Augen des Partners zu versagen. An die Stelle der für den einseitigen Respekt kennzeichnenden Heteronomie tritt nun die Autonomie, d. h. die durch diese Achtung gebundenen Individuen wirken selbst an der Ausarbeitung der für sie verbindlichen Regel mit. Auch die gegenseitige Achtung bewirkt demnach also Verpflichtungen, allerdings anderer Art, die nicht mehr in fertig vorgegebenen Regeln, sondern in der Methode, auf der Grundlage der Gegenseitigkeit selber Regeln aufzustellen, bestehen, wobei unter Gegenseitigkeit hier nicht eine genaue Aufrechnung von Gut und Böse, sondern die gegenseitige Angleichung der Standpunkte und Handlungen zu verstehen ist.

Um uns klarzumachen, wie sich diese beiden Kräfte, der einseitige Respekt und die gegenseitige Achtung, auf jene beiden Grundvoraussetzungen einer moralischen Bildung der Persönlichkeit, die Dezentrierung des Ich und den Aufbau einer geistigen Disziplin, auswirken, brauchen wir uns nur an das zu erinnern, was weiter oben über die geistige Bildung der Persönlichkeit gesagt wurde. Tatsächlich hat die auf Autorität und einseitigen Respekt aufbauende Erziehung im Hinblick auf die Moral dieselben Nachteile wie im Hinblick auf den Verstand: Statt das Individuum anzuleiten, selbst die Regeln aufzustellen und die Disziplin aufzubauen, denen es sich anschließend unterwirft, oder bei dieser widersprüchlich erscheinenden Aufgabe doch zumindest mitzuwirken, nötigt man ihm ein ganzes System fertig vorgegebener und von vornherein kategorischer Imperative auf, wobei man sich fragt, ob es moralisch nicht ebenso inkonsequent ist, eine Pflicht zu bejahen, auf die man nicht selber gekommen ist wie intellektuell widersprüchlich, eine Wahrheit von außen zu übernehmen, ohne sie neu zu entdecken und selbst zu überprüfen.

Insgesamt existiert zu diesem Thema ein umfangreiches und auf recht unterschiedliche Weise zusammengetragenes psychologisches Datenmaterial: Verhaltensstudien an Kindern, die zunächst in einer autoritären Umgebung bzw. einer Gemeinschaft mit Selfgovernment heranwuchsen und anschließend in ein anderes Milieu versetzt wurden, wo sie sich neuen Bedingungen anpassen mußten[6]; Untersuchungen über die Entfaltung des moralischen Urteilsvermögens beim Kind; Analysen der Gefühlskonflikte zwischen Kindern und Eltern bzw. der Rolle des »Über-Ich«, d. h. des Fortwirkens der elterlichen Autorität im Unterbewußtsein usf.[1] All diese verschiedenartigen Untersuchungen nun gelangen letztlich zum selben Ergebnis: Wird die Disziplin lediglich von außen aufgezwungen, erstickt sie die moralische Persönlichkeit gänzlich oder ist doch jedenfalls ihrer Entwicklung mehr hinderlich als förderlich, da sie eine

---

[5] Vgl. Piaget: Das moralische Urteil beim Kind. suhrkamp taschenbuch wissenschaft 27.

[6] Vgl. die Arbeiten der Lewinschen Schule (Lippit usw.).

Art Kompromiß zwischen der äußeren Schicht der Pflichten oder konformistischen Verhaltensweisen und einem »Ich« herbeiführt, das mangels freier und konstruktiver Aktivität die wechselseitigen Beziehungen zum Mitmenschen nicht kennenlernt und damit auf sich selbst zentriert bleibt. Mit anderen Worten, wie der Schüler seine Lektion aufsagen kann ohne sie zu begreifen, d. h. lediglich etwas herunterplappert, statt selbst zu denken, so handelt manches gehorsame Kind aus einem rein äußerlichen Konformismus heraus, ohne die Tragweite der befolgten Vorschriften »wirklich« zu begreifen, was ihm gleichzeitig auch die Möglichkeit benimmt, sie den jeweiligen Gegebenheiten anzupassen bzw. unter veränderten Umständen auch neue aufzubauen. Als ich mich vor Jahren mit der Frage beschäftigte, welche Vorstellungen Kinder verschiedener Altersgruppen von der Lüge haben und wie sie die diversen Arten von Lügen moralisch werten, stellte ich u. a. eine überraschende Entsprechung zwischen den Reaktionen der Kleinen in puncto Moral und gewissen, für sie spezifischen Fehleinschätzungen auf dem intellektuellen Sektor fest. So kommt es ihnen bis zum Alter von ca. sieben bis acht Jahren viel »schlechter« vor, einen Erwachsenen anzulügen als einen Kameraden (weil das Verbot von den Erwachsenen stammt), und außerdem bemißt sich die Schwere einer Lüge in ihren Augen nach der objektiven oder materiellen Falschheit der Behauptung und nicht nach der Intention, zu lügen: Eine Aufschneiderei wie die, man hätte einen Hund so groß wie ein Kalb gesehen, ist für das Kind eine »größere« Lüge als die Behauptung, man hätte in der Schule eine gute Note bekommen, denn schließlich hätte die zweite Aussage (im Gegensatz zur ersten) ja auch stimmen können (und außerdem »hätten die Eltern sie geglaubt«!) Wie man sieht, führt das als bindend anerkannte, aber noch nicht verstandene, da noch nicht im Rahmen einer echten gegenseitigen sozialen Erfahrung gelebte Aufrichtigkeitsgebot zu einer Art »Verdinglichung der Moral« (die an die »objektive Verantwortlichkeit« primitiven Rechtsdenkens erinnert), während das Kind, sobald es dieses Gebot aus der Erfahrung des sozialen Lebens und der Gegenseitigkeit selber durchdenken kann, zu äußerst differenzierten Wertungen gelangt.

Die erzieherische Bedeutung der gegenseitigen Achtung und der auf der spontanen sozialen Organisation der Kinder untereinander beruhenden Methoden liegt nun darin, daß die Kinder eine Disziplin entwickeln können, deren Notwendigkeit sie in der Aktion selbst entdeckt haben statt sie fix und fertig, d. h. unverstanden, zu übernehmen. In dieser Hinsicht leisten die aktiven Methoden bei der moralischen Erziehung dieselben unersetzlichen Dienste wie bei der Schulung der Intelligenz: Sie veranlassen das Kind, selbständig die Voraussetzungen für eine von innen erfolgende und mithin nicht mehr bloß oberflächliche, sondern echte Umwandlung aufzubauen.

Den besten Beweis, daß es sich bei diesen Gedankengängen nicht um abstrakt erschlossene Psychologentheorien handelt, liefern die in wachsender Zahl durchgeführten pädagogischen Experimente mit dem Selfgovernment, die bereits vor dem Krieg erste wichtige Einsichten brachten. Allerdings ging man bei den damaligen Bemühungen mehr von den Ideen namhafter Pädagogen als von den Notwendigkeiten des Lebens aus, und so haftete diesen Versuchen in den Augen der Öffentlichkeit ein etwas theoretischer Anstrich oder doch zumindest die Aura des Besonderen an, des Ausnahmefalls, der sich nur unter ungewöhnlich günstigen schulischen Vorausssetzungen verwirklichen ließ (etwa in Internaten von Privatschulen, die weder mit finanziellen Schwierigkeiten noch mit einem bindend vorgeschriebenen Lehrplan zu kämpfen hatten).

3. *Heinrich Roth*

Soziale Lernprozesse als schulische Voraussetzung für spätere gesellschaftliche und gesellschaftspolitische Lernprozesse

Die Schule hat ihre Aufgabe zur Erziehung und Erweckung von Sozialeinsicht, Sozialintelligenz und Sozialkompetenz noch kaum erfaßt. Sozialerzieherische und sozialethische Belehrungen und Diskussionen, die auf Kosten der Pensumerfüllung der Fächer gehen, erzeugen bei den Lehrern Angst und ein schlechtes Gewissen.

Die Schule muß erst noch die Aufgabe akzeptieren, *soziale Lernprozesse als schulische Voraussetzung für spätere gesellschaftliche und gesellschaftspolitische Lernprozesse* zu verstehen. Da ist einmal die intellektuelle Erziehungsaufgabe der Schule, die kognitiven Lernprozesse in ihre Obhut zu nehmen.[1] Dabei geht es nicht nur um jene, die zu den Geistes- und Naturwissenschaften hinführen, sondern ebenso um sozialwissenschaftlich orientierte. Die künftige Schule wird erkennen müssen und hat es schon erfahren, daß sie ohne gesellschaftswissenschaftliche Lernbereiche aus Psychologie, Soziologie, Politologie (und auch Pädagogik) und ohne die Beziehung dieser Erkenntnisse auf das eigene Leben der Jugend in Gruppen, Klassen und Schularten nicht mehr mit sich selbst zu Rande kommen wird.

Wenn, wie Tauschs nachgewiesen haben[2], noch 94% aller Konflikte in der Schule vom Lehrer entschieden werden, wird das verfehlt, worauf es eigentlich ankäme, nämlich über soziale Lernprozesse in Richtung auf Gegenseitigkeit die *Konflikte selbst zum Anlaß für Lösungsversuche* und die erarbeitete Lösung als Modell für demokratische Konfliktlösungen zu nehmen.

Eine der ersten erzieherischen Aufgaben, die in diesem Zusammenhang die Schule als erzieherische Institution zu erfüllen hat, ist nicht nur die Ausweitung des Identifikationsstrebens von Kindern und Jugendlichen auf neue Erwachsene, auf neue Autoritäten mit entschiedener Sachkompetenz, sondern zunehmend auch die gemeinsame Diskussion über Vorbildgestalten in Literatur, Geschichte, Wissenschaft, Religion, Gemeinschaftskunde usw., also Gespräche und Diskussionen über literarisch bekundete und beurkundete Identifikations-Orientierungsmodelle. Aber sie sollen in der Schule nicht einfach emotionale Identifikationsangebote bleiben, sondern Anlaß wer-

---

[1] Siehe dazu H. Roth, Revolution der Schule? Die Lernprozesse ändern. Hannover 1969.

[2] R. Tausch und A. M. Tausch, Erziehungspsychologie. Psychologische Vorgänge in Erziehung und Unterricht. 2. erw. Aufl. Göttingen 1965

den zum *Begreifen dessen, was uns an diesen Modellen sozialethisch* betrifft, indem es vor allem zum bewußten Erlernen von Bewertungskriterien für soziales Verhalten führt. Schon die Beziehungsaufnahme des Kindes zur Verwandtschaft, zu den leitenden Persönlichkeiten in der Nachbarschaft und zu den Erwachsenen im Kindergarten gab ihm neue Orientierungspunkte für Imitation und Identifikation. Die Schule als Institution tritt mit einem Autoritätsanspruch der Personen und Sachen auf, der Kinder und Jugendliche veranlaßt, ja zwingt, über die Leitbilder der Familie hinauszudenken und hinauszufragen. In Bewunderung und im Widerstand den Autoritäten in der Schule gegenüber wird *Autorität selbst zum Problem.* Die Lehrpersonen, die den Blick in die Tiefe der Geschichte weisen, in die Weite der Welt, in die Breite der Aufgaben und Kulturbereiche, sind selbst *Leitfiguren für Identifikationen*, gleichzeitig geben sie aber auch Anlaß und Gelegenheit zu kritischen Vergleichen, vor allem im Gespräch der Jugendlichen, und sie tun dies heute mehr, als es je zuvor der Fall war. Von hier aus kann es zu ausgreifenden Antizipationen von Leitbildern kommen, wie sie in allen Fächern und Lernbereichen als Modelle für hervorstechende Taten und Erkenntnisse auftauchen und anreizen. Vor allem vollzieht sich im Zuge der Aufgabenerfüllungen der Schule eine rationale Erhellung der Merkmale, Eigenschaften, Leistungen, die Jugendliche anziehen, anreizen, verlocken, weil sie diskutiert und bewertet werden. Dadurch wird der Übergang von der Identifikation mit Personen zu der *Identifikation mit Ideen* vorbereitet – ein weiterer Schritt zur Erweiterung der Antizipationsmöglichkeiten auf dem Wege zur rationalen Erhellung dessen, wie Verhalten und Handeln in einer freien und offenen Gesellschaft zu orientieren und normieren ist. Wenn jedoch die Identifikationsprozesse unterbewußt oder halbbewußt bleiben und die das Verhalten leitenden Modellfiguren nicht über kritische Reflexion, Diskussion und Kommunikation zur Bewußtseinserhellung führen, werden die Identifikationsprozesse zu *Indoktrinationsprozessen*; dann hat die Schule ihre Hauptaufgabe versäumt, über modellevermittelndes Lernen zu kritisch-kreativem Lernen fortzuschreiten.

Da auch aus dem Verhalten auf *Gegenseitigkeit über Regeln*,[a] soweit dieses von selbst aus dem Zusammenleben der Jugendlichen entsteht, die »schlechte Gegenseitigkeit« der Bande werden kann, in der die Regel »Auge um Auge, Zahn um Zahn« dominiert, ist es völlig unsicher, wie sich das Sozialverhalten der Altersgenossenschaft, auf das wir noch näher eingehen werden, entwickeln würde, wenn es nicht in den von der Erwachsenengesellschaft organisierten Altersgenossenschaften der Schulen ein Regulativ hätte, in denen, prinzipiell wenigstens, die sozialen Regeln auf Gegenseitigkeit ihre rationale Erhellung und Begründung erfahren.[3] Die Schule würde sich mißverstehen, wenn sie von der Voraussetzung ausginge, sie hätte solche Regeln nur vorauszusetzen und nicht durch geduldige Kommunikation mit den Betroffenen bewußtzumachen und einzuüben. Die Schule muß sich als den Ort verstehen, wo die *privaten sozialen Tugenden*, die aus dem Familienleben stammen und für die Familie

---

[3] Dazu H. von Hentig, Jus ›you wait‹! Beobachtungen zu William Goldings »Herr der Fliegen«. In: Neue Sammlung, 7 (1967), S. 413ff.

gut sein mögen, deutlich in *öffentliche* überführt werden sollen, indem das Kind z. B. einsehen lernt, daß Leistungen und Leistungskontrollen dort eine andere Bedeutung (Rang) haben, als dies zu Hause der Fall ist, da ihm Eigenverantwortlichkeit im Arbeiten (auch solche ohne Hilfestellung der Eltern) strikt abverlangt und faire Zusammenarbeit mit beliebigen Altersgenossen (nicht nur sympathischen) gefordert wird. Die Schule ermöglicht den Schritt in eine Sozialwelt, die den Verhaltensorientierungen des Lebens in einer Welt der Arbeit institutionell nähersteht als die moderne Freizeitfamilie, aber sie bringt die erzieherische Unterstützung und Fortsetzung der sich rational aufhellenden Sozialnormen des Verhaltens nur dann zu einem guten Ende, wenn ihr bewußt ist, zu welchen Sozialeinsichten sie das Sozialverhalten weiterzuentwickeln hat.

Eine Schule, die um ihren demokratischen Erziehungsauftrag weiß, wird das Sozialverhalten aus dem eigenen Zusammenleben und Zusammenarbeiten der Schüler selbst ableiten. Die Schule kann wie die Familie das sozial lernende Kind und den sozial kritisch werdenden Jugendlichen in die Freiheit oder weiter in die Abhängigkeit führen. Sie sollte jedenfalls wissen, welches die Sozialeinsichten (und später die gesellschaftspolitischen Einsichten) sind, auf die hin sie jugendliches Leben auszurichten und einzuüben hat. Die Schule kann diese Aufgabe nicht allein leisten, aber auch die Familie und die Altersgruppen können sie nicht allein bewältigen. Der besondere Auftrag der Schule liegt in der *rationalen Erhellung der Normen des Sozialverhaltens.* Wie kann sie ihm gerecht werden?

Da heute produktive Leistungen zunehmend das Ergebnis von Zusammenarbeit sind, hat auch die Schule vielfach Arbeitsformen entwickelt, die in diese *Zusammenarbeit* – im bewußten Gegensatz zu dem ehemalig einseitig gültigen Wettbewerb aller gegen alle – einführen und sie einüben. Der schulische Lernprozeß wird über solche didaktische Maßnahmen zu einem *sozialen Gruppenlernprozeß*. Hierher gehören: gemeinsam an einem Experiment, einem Vorhaben oder Projekt zu arbeiten, arbeitsteiliges Lernen zu lernen, Rollenverteilungen zu üben und soziale oder fachliche Rollen übernehmen, soziale Regeln des Zusammenarbeitens und Zusammenlebens aufstellen zu lernen usw. Dazu ist es notwendig, daß Schüler lernen, ihre spezifischen Interesssen (auch das Interesse von Gruppen von Schülern) zu artikulieren, sie mit ihren Mitschülern und Lehrern zu diskutieren, ohne daß die Lehrer ihre Pflichten und Rechte aufgeben, sich in harten Auseinandersetzungen diesen Schüleransprüchen zu stellen. Schüler sollen schließlich lernen, Konflikte durch faire Regeln der Auseinandersetzung aushaltbar und austragbar zu machen, sich in sachliche Diskussion als einen Lernprozeß von eigener Zuständigkeit einzuüben, wobei das alles gestützt und verstärkt werden muß durch die Beispiele der Zusammenarbeit der Lehrer und des Lehrerkollegiums (team-teaching, Kooperation der Fächer, Behandlung interdisziplinärer Themen usw.) und durch eine gestufte Aufklärung der sozialen Prozesse selbst über einen das soziale Lernen bewußtmachenden Unterricht in sozialen und gesellschaftspolitischen Fragen. Die Leistungsmotivation durch das Motiv, an einer Gruppenarbeit mitwirken zu können, darf nicht weniger positiv bewertet werden als die ausschließliche Motivierung für um der Sache selbst willen hervorgebrachte Einzelleistungen. Die Schule ist eher umgekehrt darauf aufmerksam zu machen, daß fachliche Sachleistungen im Leben fast durchweg in sozialen Zusammenhängen zu erbringen sind, so daß die Akzentuierung der Motivation mehr nach der sozialen oder mehr nach der sachlichen Seite sich jeweils ergänzen bzw. gleichwertig nebeneinanderstehen. Beide Motivationen können zu Hochleistungen befähigen, beide sind in gleicher Weise gesellschaftlich bedeutsam.

Es müssen objektiv nachprüfbare Wege gefunden werden, um auch dieses wichtige Moment im Lernprozeß – den Grad der Kooperationsbereitschaft und den Grad der Zusammenarbeit und/oder den Grad produktiven oder kritisch abweichenden Verhaltens – pädagogisch zu initiieren und das Ergebnis der Bemühungen in den Beurteilungen mit zum Ausdruck zu bringen. Dabei ist konstruktiv kooperatives oder auch kritisch kooperatives Verhalten höherzubewerten als bloßer Konformismus oder Nonkonformismus. Da solche Äußerungen und Bewertungen leicht subjektiv und auf die Person des Lehrers bezogen ausgelegt werden können und nur den Grad des Wohlverhaltens zur Schule in Betracht zu ziehen drohen, ist hier das Urteil aller beteiligten Lehrer und auch der Mitschüler wichtig. Wenn bisher Aussagen über die Kooperationswilligkeit und Kooperationsfähigkeit und/oder Eigenständigkeit eines Schülers nicht auf objektiver Grundlage gemacht werden können, beweist diese Tatsache noch nicht, daß solche Aussagen unmöglich sind. In Konferenzen, Lehrer-Schüler- und Eltern-Lehrer-Schüler-Diskussionen können dafür neue Formen gefunden und vereinbart werden. Das alte Prädikat des Lehrers über »Betragen« muß in diesem Sinne neu durchdacht und revidiert werden, daß verantwortliche Aussagen über die Kooperationsfähigkeit und die Qualität der Zusammenarbeit und Mitarbeit gemeinsam erarbeitet werden.

Die Schule hat schließlich auch als Schule Chancen der direkten Förderung nicht nur des sozialen Bewußtseins, sondern auch einer informierenden Einübung sozialen Verhaltens, die mit schulischen Mitteln zu erreichen ist. Die neuen Vorschläge dazu kommen aus den USA und beziehen sich auf soziale und politische Rollen-, Plan- und Simulationsspiele.[4]

Sie sind einmal als integrierender Bestandteil des Fachunterrichts möglich in den dafür in Frage kommenden Fächern der Geistes- und Gesellschaftswissenschaften. Das ist beispielsweise der Fall, wenn im geschichtlichen und politischen Unterricht Ereignisse von *verschiedenen politischen Standpunkten* aus referiert und diskutiert werden, die sozialen und politischen Normenkonflikte also nicht einfach vom eigenen Standpunkt aus dezisionistisch[b] vom Lehrer entschieden oder, umgekehrt, harmonisiert werden, sondern in Referaten, Rollen, durch Arbeitsgruppen nach den wichtigsten politischen Positionen verdeutlicht und zur Auseinandersetzung aufgegeben werden.

Noch eindrucksvoller sind methodische Modelle, bei denen in erfundenen *Planspielen* (im Stile der strategischen Sandkastenspiele des Generalstabes) soziale und po-

---

[4] Ein instruktiv modernes Kapitel über »Simulation of Social Behavior« gibt R. P. Abelson in: G. Lindzey and E. Aronson (eds.), The Handbook of Social Psychology. Vol. II. Reading, Mass. 1968.

litische Konflikte nicht nur historisch dargestellt und referiert, sondern in verteilten Rollen gespielt werden, wobei sogar versucht wird, das Verfahren auf neue Situationen anzuwenden, so daß im Spiel selbst neue Ereignisse des Für- und Gegeneinander erzeugt werden können. In solchen Simulations- und Planspielen wird den Beteiligten zumindest eine zentral wichtige Erfahrung allen sozialen und politischen Handelns unterrichtlich vermittelt, nämlich die, wenigstens im simulierten Spiel die *Konsequenzen* von sozialen (und gesellschaftspolitischen) Entscheidungen im Zusammenstoß mit den Entscheidungen der beteiligten, andere Standpunkte vertretenden Mitspieler unmittelbar zu erfahren.[5]

Als Vorlage bieten sich alle Sozialbereiche an, in denen verschiedene soziale Interessen aufeinanderstoßen und Entscheidungen getroffen werden müssen. Dabei muß die Nötigung zum ernüchternden Durchdenken sozialer, gesellschaftlicher und politischer Sachverhalte dadurch geschaffen werden, daß präzise, möglichst stichhaltige, der sozialen und gesellschaftspolitischen Wirklichkeit entnommene Daten und Fakten vorgegeben werden, aus denen sich die Entscheidungen entwickeln und als Vorgriffe in die Zukunft bewähren müssen – eine Zukunft, die von den Gegenspielern mitbestimmt wird.

Hierbei kann das Risiko erfahren werden, das allen Entscheidungen anhaftet, die den Gegenzug des Partners und Gegners gewärtigen müssen. Das simulierte soziale und politische Handeln in solchen Planspielen eröffnet die Möglichkeit, Initiativen zu entwickeln, Alternativen zu entdecken, aus Niederlagen (die zwar keinen Ernstcharakter tragen, aber im Sozialgefüge der eigenen Gruppe ihre unmittelbare wirksame Bewertung erfahren und mindestens emotionale Belastungen bedeuten) unmittelbar zu lernen und die soziale und politische Intelligenz zu schärfen. Zusammenarbeit, Gegnerschaft, Entscheidungszwang, Zugzwang, Fehleinschätzungen des Gegners, eigene Borniertheit und Rigidität werden direkt erfahrbar, und das übertrifft den Wirkungsgrad von nur verbalen Referaten, ja sogar den von Diskussionen. Das Entscheidende dabei ist das Erlernen von *Kriterien für Entscheidungen*, nicht die Nachahmung von Entscheidungen.

Es kann hier keine Didaktik und Methodik des Sozialkundeunterrichts versucht werden, es sollte nur an einem Beispiel aufgezeigt werden, daß die Möglichkeiten der Schule, Sozialeinsicht und Sozialkompetenz zu fördern, noch keineswegs ausgeschöpft sind.

In den USA wird auch begonnen, schon von der Primarstufe (der 5. Klasse) an den Menschen selbst, das menschliche Verhalten, die kulturelle Entwicklung, kurz: nicht nur die Geschichte, sondern auch schon die *vergleichende Kulturanthropologie* und Ethologie zu einem Curriculum der Schule zu elementarisieren, über das *Bruner*[6] berichtet.

Die am Curriculum-Entwurf beteiligten Wissenschaftler und Lehrer gingen von drei Fragen aus:

---

[5] Eine allgemeine Einführung gibt M. Rehm, Das Planspiel als Bildungsmittel. Heidelberg 1964.

[6] J. S. Bruner, Toward a Theory of Instruction. Cambridge (Mass.) 1966, S. 73.

Was ist am Menschen menschlich?

Wie kam es zur kulturellen Entwicklung?

Wie kann sie weiterhin gefördert werden?

Die Curriculum-Gestalter entschlossen sich aber dann, stärker von den Verständnismöglichkeiten des Lernenden auszugehen und die Frage nach dem Menschen um fünf große konkrete und die geschichtliche Entwicklung bestimmende Themen zu gruppieren: Entdeckung und Entwicklung der Werkzeuge, Sprache, soziale Organisation, verlängerte Kindheit und Erziehung, die menschlichen Bemühungen, die Welt zu erklären.

Was ist der Unterschied solcher Curricula zur Geschichte? Gegenüber den tausenderlei Ereigniseinzelheiten der Geschichte ist es der Versuch, schon früh die generellen Probleme der Kulturgeschichte aufzudecken, die allen Kulturen gemeinsamen Strukturen aufzuweisen, die kulturellen Kontraste und die für den Menschen möglichen Alternativen, kurz: schon Kinder *Kultur als Aufgabe verstehen zu lassen* und Zukunft als Herausforderung an den Menschen.

Die Verfahren, solche Probleme sehen zu lehren, sind gleichfalls zum Teil neu. *Bruner* zählt auf: Kontrastbildung (Mensch – Tier, der Mensch im Industriezeitalter und in der Steinzeit), Stimulation durch Ermunterung zu begründbaren Vermutungen und Hypothesen (es wurden kulturgeschichtliche Filme gezeigt, die ein Problem aufwarfen, der Film wurde abgebrochen, so daß über die möglichen Lösungen diskutiert werden konnte), stärkere Teilhabe an den aufgeworfenen Problemen durch Planspiele im oben dargestellten Sinne, Vergleich der Methoden, wie der Mensch sich Wissen erwarb und Leben und Welt zu erklären versuchte.

Welches sind die pädagogischen Ziele? *Bruner* zählt auf:

1. Den Schülern mehr Respekt vor und mehr Vertrauen in ihre eigene Verstandeskräfte zu vermitteln,

2. vor allem mehr Vertrauen in die intellektuelle Kraft des Menschen, über die Natur, menschliche Not und die sozialen Lebensbedingungen so viel in Erfahrung bringen zu können, daß verstehbar wird, wie der Mensch sich immer wieder zu helfen wußte.

3. Für die Schüler Modelle bereitzustellen, die es ihnen einfacher und leichter machen, die soziale Welt zu analysieren und die Bedingungen zu erkennen, unter denen der Mensch leben muß.

4. Ihnen eine Ahnung von den Fähigkeiten der Menschheit im ganzen zu vermitteln.

5. Den Lernenden ein Gefühl für die noch unvollendeten Aufgaben zu entwickeln, die dem Menschen durch seine Natur, seine Geschichte und seine Kultur gestellt sind.

Dieser Brunersche Curriculumentwurf ist hier zitiert worden, weil er zeigt, wieviel – auch in der Schule – getan werden kann, wenn *Sozialverständnis und Sozialkompetenz* zu einem ernsthaften Erziehungsziel gemacht werden.

4. *Rolf Oerter*

Zur emotionalen Dimension in Unterricht und Erziehung

1. Emotion als Basis für soziale Interaktion

Sozialer Kontakt ist für den Fortbestand der Menschheit, des Einzelmenschen wie der Gesellschaft, genauso wichtig wie Sauerstoff und Nahrung. Unsere Beschäftigung mit der ersten sozialen Kontaktbeziehung des Kleinkindes hat uns auf die basale Bedeutung emotionaler Prozesse verwiesen[a]. Wie steht es aber mit der Beschaffenheit späterer sozialer Beziehungen? Hier scheinen doch andere Bereiche, vor allem der Informationsaustausch auf dem Weg über die Sprache im Vordergrund zu stehen. Es wird im folgenden zu zeigen sein, welche Rolle das Emotionale bei allen sozialen Interaktionen spielt.

1.1 Attraktivität von Partnern

Wenn in einem Handlungsfeld mit relativ großem Freiraum zwei oder mehrere Partner miteinander in Kontakt treten, muß ein Minimum an »Anziehungskraft«, an Attraktivität, vorhanden sein. Das Emotionale an sozialen Beziehungen scheint zunächst nur etwas Mystifizierendes und von der Deutung her Unwissenschaftliches zu sein. Jedoch haben die Psychologen mit unterschiedlichen theoretischen Ansätzen versucht, das Phänomen klarer zu erfassen. Freud spricht bei festeren Partnerbeziehungen von »Objektbesitzung« und meint damit, daß sich die Libido, wie er die Triebenergie des Eros nennt, auf Objekte außerhalb des Organismus richtet und sie festhalten bzw. sich einverleiben will. Letzteres ist nicht materiell zu verstehen, sondern bezieht sich in der Regel auf die Übernahme von Verhaltenszügen, Normen, kurzum auf Teilaspekte der Persönlichkeit des anderen. Dieses Modell trifft am besten auf die Eltern-Kind-Beziehungen zu, kann aber auch zum Verständnis der Lehrer-Schüler-Beziehung herangezogen werden, vor allem, wenn der Lehrer eine vom Schüler bewunderte Persönlichkeit mit attraktiven Merkmalen ist. Alle festeren Freundschaften, insbesondere natürlich die zwischengeschlechtlichen Partnerbeziehungen enthalten diese Komponente der affektiven Bindung.

Die Sozialpsychologie hat verschiedene Beschreibungsmodelle für das affektive Moment der sozialen Beziehungen vorgeschlagen. So stellt man Partnerbeziehungen als zusammengesetzt aus kognitiven und affektiven »Bändern« dar (Rosenberg & Abelson, 1960; Feather, 1964). Wenn kognitive und affektive Beziehung nicht harmonieren, gibt es Bemühungen um Ausbalancierung, die zuvor geliebte Person wird weniger attraktiv und umgekehrt; das Wissen um negative Einzelheiten wird zugunsten der positiven Beziehungen umstrukturiert. *Lewin* (1963) schreibt den Objekten in unserer Umgebung Valenzen[b] zu, die als Resultierende aus positiven und negativen Kräften bestimmen, ob wir uns angezogen oder abgestoßen fühlen. Die wichtigsten Objekte im Lebensraum des Menschen sind Personen. Der theoretische Hintergrund zu solchen Modellen kann uns hier nicht beschäftigen, jedoch wird deutlich, daß emotionale Phänomene nach außen verlagert werden, gleichsam als unsichtbare Bänder zwischen Personen oder als affektive Einfärbung von Personen begriffen werden.

Dies wird auch deutlich in der Personwahrnehmung selbst. Wir erfassen den Partner nicht in erster Linie als ein Objekt mit bestimmten Formen und Farben, sondern als Träger von Eigenschaften. Die ersten Eindrücke, die wir empfangen, sind wiederum sehr stark emotional gefärbt. Wir verwenden nämlich als entscheidende Kriterien Sympathie – Antipathie, Bewertung nach Absicht und Verantwortlichkeit, Bewertung nach gut und böse und schließlich: Bewertung nach der Macht der Person (Tagiuri, 1969). Man kann mit Fug und Recht sagen, daß Beziehungen zwischen Menschen, ob groß oder klein, zuförderst emotionale Beziehungen und erst in zweiter Linie sachlich-kognitive Beziehungen sind.

1.2 Ausdruck und Verständnis von Ausdruck

Der symbolische Interaktionismus (*Mead*, 1935; *Krappmann*, 1971) bringt für das Gesamtgeschehen der Sozialisation einen fruchtbaren Beitrag; er vereint soziale Wechselbeziehung und Persönlichkeitsentwicklung (Identitätsgewinnung) durch die Konzepte der Selbstdarstellung und der Empathie (»Einfühlung«). Nur dadurch, daß die Partner in der Lage sind, ihr Anliegen und somit Aspekte von sich selbst darzustellen, und nur dadurch, daß sie wechselseitig die Situation des anderen verstehen können, wird Interaktion möglich. Zugleich aber kann jeder Partner ein besseres Verständnis für sich selbst gewinnen und Kompetenzen, die er zur Entwicklung einer stabilen Persönlichkeit benötigt, entwickeln. Selbstdarstellung und Empathie spielt sich auf der basalen Ebene als emotionaler Ausdruck und als Einfühlung, d. h. als Nachvollziehen emotionaler Zustände ab. Wenn zwei Menschen in losen Kontakt treten, etwa Bemerkungen über das Wetter austauschen, dann geben sie in erster Linie nicht sachliche Information weiter, sondern vermitteln emotionale Inhalte: Ich bin in friedlicher Gemütsverfassung Ihnen gegenüber und erwarte das gleiche. Entscheidend werden emotionaler Ausdruck und Verstehen von emotionalem Ausdruck im Erziehungsgeschehen. Der Erzieher vermittelt primär seinen emotionalen Zustand und will zum Ausdruck bringen, daß er »böse« oder »zufrieden«, angenehm oder unangenehm berührt ist. Für den Sozialisanden wird zum entscheidenden Regulativ seines Verhalten die Gemütsverfassung des mächtigen Erwachsenenpartners. Es wäre viel zu simpel gesehen, wollte man die lobenden und tadelnden Verhaltensweisen nur unter dem Gesichtspunkt der Verstärkung sehen. Der Aspekt sozialer Interaktion im Sinne von Selbstdarstellung und Empathie ist hier viel bedeutsamer. So wird auch deutlich, daß dem Erzieher sehr viel daran liegt, sich selbst bzw. seinen emotionalen Zustand – und sei er nur Fiktion – darzustellen, während er oft wenig nach der Selbstdarstellung des Kindes bzw. Jugendlichen verlangt. Die Gemütsverfassung des Schülers etwa interessiert erst dann, wenn sie sich störend für das Lerngeschehen bemerkbar macht. Ob ein Schüler aufgrund bestimmter Erfahrungen permanent unglücklich ist, kann in der Schule nicht zur wichtigen Frage werden, weil die für die Institution vorgeschriebenen Kriterien sich an Resultaten, nämlich an vollbrachten Leistungen orientieren und nicht an emotionalen Begleiterscheinungen, wie dem Wohlbefinden des Schülers während des Erbringens von Leistung. Das geht so weit, daß wir – in der Schule wie in der Arbeitswelt – die Leistung als weniger verdienstvoll ansehen, wenn sie ohne negative Gefühlserscheinungen, nämlich ohne Anpassung und Anstrengung erbracht wurde. Arbeit, die zum Hobby wird, ein Beruf, der fast durchweg Spaß macht, zählen in unserer Gesellschaft zu den großen Ausnahmen. Das Recht auf Darstellung des eigenen Befindens sollte also ein wichtiges Grundrecht in der Schule sein, auch wenn nicht jede Befindlichkeit berücksichtigt werden kann.

Der Lehrer nimmt, wie andere Erzieher, die Möglichkeit reichlich wahr, seine Gefühlszustände, vor allem seine Affekte auszudrücken, sonst gäbe es keine empörten, brüllenden, verstimmten oder traurigen Lehrer. Er neigt aber leicht dazu, emotionalen Ausdruck bei Schülern, sofern sie nicht ins Unterrichtsfach passen, als unbeherrscht und ungezogen zu verbieten. Die Würde des jungen Menschen respektieren heißt auch, seine Situation und Eigenart – sie ist auf engste verknüpft mit emotionalen Befindlichkeiten – zur Kenntnis nehmen und ihnen ein Minimum an Freiraum gewähren.

1.3 Soziale Konflikte als emotionale Spannungszustände

Alle Interaktionen tragen wesensmäßig das Moment des Konflikts in sich. Das ist merkwürdig, da die Menschen doch aufeinander angewiesen sind, zusammen handeln müssen. Konflikte treten immer auf, wenn eine Person oder Personengruppe sich durch andere Personen oder Personengruppen beeinträchtigt fühlen. Man kann wohl dreierlei Beeinträchtigungen unterscheiden:

- Andere erheben die gleichen Ansprüche und gefährden so den eigenen Wunsch. Jeder der Klasse möchte etwa im Idealfall mit dem Lehrer in Kontakt treten, dadurch werden die Einzelwünsche nach Kontakt beeinträchtigt.
- Andere haben nicht die gleichen Ansprüche und gefährden durch die Durchsetzung ihrer Wünsche das eigene Anliegen. So mag etwa der Wunsch einer kleinen Gruppe nach Volleyballspielen während der Turnstunde durch den Wunsch der überwiegenden Mehrheit, Fußball zu spielen, zu Fall kommen.
- Eigene Bedürfnisse und Wünsche werden nicht befriedigt oder erfahren Aufschub, obwohl keine konkurrierenden Partner im Wege stehen. Dies ist der Prototyp für den Erwachsenen-Kind-Konflikt im Sozialisierungsprozeß. Das Kind erfährt Triebversagung, obwohl der mächtige Erwachsene ohne weiteres die Bedürfnisse des Kindes befriedigen könnte. Dies geschieht im Hinblick auf Anpassung an gegenwärtige, vor allem aber an spätere Verhältnisse.

Es leuchtet ein, daß Konflikte vom ersten und zweiten Typus unumgänglich sind und für den Sozialisanden die Notwendigkeit auf Zurückstellen bzw. Modifikation eigener Ansprüche einsichtig werden. Hingegen vermag er den Umweg über die Macht des Erziehers und dessen Begründung für restriktive Maßnahmen nicht leicht oder gar nicht einzusehen.

Damit sind wir beim emotionalen Spannungsfeld des dritten Konflikttypus angelangt. Der mächtige Partner macht einem die eigenen Ziele und Ansprüche streitig und beeinträchtigt sie gewissermaßen nach eigener Willkür. Zu der schmerzvollen Versagung der Bedürfnisse tritt die negative Erfahrung, daß Partner als aktiv Agierende zu Hindernissen werden, die anders als physikalische Objekte nicht einem

»Sachzwang« entsprechen, sondern sich aktiv als Hindernisse in den Weg stellen. Dazu kommt, daß die gleichen Partner geliebt und bewundert werden. Von diesem Konflikttypus rührt deshalb die ambivalente Gefühlsbeziehung des Kindes zu Eltern und Erziehern her, die als Haß-Liebe umschrieben wird. Der geliebte Vater wird zugleich wegen seiner frustrierenden Verbote gehaßt. Der gefürchtete Lehrer wird zugleich bewundert.

Die Einsicht für die Notwendigkeit von Einordnen und Wertorientierung entspricht denn auch den zuerst genannten Konflikttypen, die sich auf der Ebene gleichberechtigter Partner abspielt. Das Moment der Gruppe und des Unterrichtens von Gruppen ist ja bekanntlich nicht nur als notwendiges Übel aufzufassen. Unter dem Gesichtspunkt der Sozialisation wäre Einzelerziehung die schlechteste Form der Schule. Die Konflikte als Folge der berechtigten Ansprüche anderer bilden die entscheidende Erfahrungsgrundlage für die Entwicklung einer reifen, verantwortungsbewußten Persönlichkeit.

Gleichwohl werden Konflikte als schmerzvoll und unangenehm erlebt. Ja, durch das Aufkommen des Konfliktes werden die tatsächlichen Verhältnisse geradezu umgekehrt. Der Betroffene meint nämlich, ohne die Gegenwart anderer mehr Vorteile zu haben und erfährt die Gruppe als Hindernis für Selbstentfaltung. »Verkehrt« im wahrsten Sinn des Wortes ist diese Auffassung, weil Selbstentfaltung nur durch soziale Interaktion möglich wird im Bereich der Gesellschaft, wie im Feld individueller Entwicklung. Die möglicherweise emotionale negative Einfärbung sozialer Beziehungen bedeutet daher eine ernst zu nehmende Gefahr. Viele Menschen streben einen übertriebenen Individualismus an, der sie vor allzu engen sozialen Verflechtungen und damit konfliktträchtigen Beziehungen fernhält, aber auch das Bewußtsein für soziale Verantwortung verdrängt.

Soziale Konflikte werden daher in Kulturen, in denen Selbstbewußtsein und Individualismus stark ausgeprägt sind, besonders spannungsvoll und unangenehm. In manchen afrikanischen Kulturen beispielsweise ist das individuelle Bewußtsein, das Bewußtsein, eine eigene einmalige Persönlichkeit zu sein, kaum ausgeprägt, sondern eine Art kollektives Bewußtsein (*Greenfield & Bruner*, 1969). Soziale Konflikte in der für uns selbstverständlichen Form sind dort nicht zu finden. Spannungen gibt es hauptsächlich, wenn sich ein Mitglied der Sippe absondert und individualistische Tendenzen zeigt. Da wir wohl einmütig die Entwicklung einer autonomen Persönlichkeit mit individuellem Selbstbewußtsein als Zielvorstellung akzeptieren, müssen wir in unseren Erziehungsbemühungen die emotionale Verschärfung sozialer Konflikte berücksichtigen. Das Training im Verarbeiten und Lösen von Konflikten wird zu einer entscheidenden Erziehungsaufgabe. Erfahrungen im Vorschulbereich und Arbeitsberichte von Erzieherinnen belegen, daß Kinder im Vorschulalter Kompetenzen für adäquate Konfliktverarbeitung erwerben können.

2. Emotion als Basis für schulisches Lernen

Für die Beziehung zu sozialen Objekten, nämlich zu anderen Personen, erwies sich die emotionale Komponente als grundlegendes Phänomen, verstehbar als Einbettung oder Tönung der gesamten Interaktion. Wie steht es mit der Beziehung zu anderen Objekten, zu realen physikalischen Gegenständen oder Wissenssachverhalten? Von unseren Modellen der affektiven Bindung bzw. »Besetzung« von Partnern ergibt sich die Antwort ohne Umschweife: die Modelle sind unabhängig von der Beschaffenheit des Objekts entworfen worden, sie gelten für alle Objektbeziehungen.

2.1 »Interesse« als Ichbeteiligung und als Attraktivität des Gegenstandes

Prinzipiell kann Informationsaufnahme und -verarbeitung nur vor dem Hintergrund emotionaler Erregungsbedingungen erfolgen. Vom orientierenden Reflex[c] war bereits die Rede. Man kann darüber hinaus die emotionalen Bedingungen, die das Interesse als affektive Anteilnahme bestimmen, unter zwei Aspekten betrachten: von der Seite des Individuums her und von der Seite des Objekts her.

Jemand, der sich aktiv und engagiert mit einer Sache auseinandersetzt, zeigt Ichbeteiligung (ego-involvement). Diese Dimension spielt in vielen psychologischen Untersuchungen eine Rolle und kann in bestimmten Situationen auch gemessen werden (s. z. B. *Brehm* und *Cohen*, 1962; *Rosenberg*, 1960). Im Unterrichtsalltag ist sie für den Lehrer eine vertraute Größe. Er versucht seine Schüler zu »packen«, zu »wecken« und ist verzweifelt, wenn sie in Lethargie verfallen. Das Problem besteht in erster Linie bekanntlich nicht darin, Ego-involvement für den Einstieg in einen neuen Stoff oder Teilschritt zu erzeugen, sondern in der Aufrechterhaltung des Engagements über längere Zeit hinweg. Ohne die willentliche Eigenbemühung des Schülers ist dies nicht möglich. Er selbst muß lernen, seine Anteilnahme auch über Durststrecken hinweg zu bewahren. Wer alles mit Mätzchen und attraktiven Reizangeboten erreichen will, verhindert diese Komponente der Selbststeuerung. Freilich bleibt die Attraktivität des Lerngegenstandes nach wie vor ein wichtiges Moment.

Unter dem zweiten genannten Aspekt bietet sich Interesse als verursacht durch werthafte bzw. affektive Momente, die am Gegenstand selbst haften. Der Gegenstand ist gewissermaßen positiv oder negativ eingefärbt, er besitzt in unterschiedlichem Maße »Aufforderungscharakter« (Lewin, 1963). Der Wert, die Attraktivität des Gegenstandes ist aber nicht nur etwas Subjektives, das vom Individuum mehr oder minder willkürlich in den Gegenstand projiziert wird. Vielmehr erhält er seine Bedeutung durch die Gesellschaft, in welcher der einzelne lebt. Angelhaken bedeuteten für das Eskimomädchen in einer Story von Mark Twain unermeßlichen Reichtum. In unserer Gesellschaft bedeuten viele Lerngegenstände des Unterrichts hingegen wenig, wenn man sie der Fülle unserer attraktiven materiellen Waren gegenüberstellt. Der für die Schüler erfaßbare gesellschaftliche Wert von Lerngegenständen ist gering, weil ihre Beziehung zu unmittelbar erfaßbaren begehrenswerten Objekten zu weitläufig ist, zu viele Zwischenschritte enthält. Bis man von einer schulischen Leistung zu beruflichem Erfolg, zu Einkommen und zum Erwerb von Waren kommt, bedarf es viel Zeit und Mühe, außerdem ist der Zusammenhang nicht eindeutig und stringent.

2.2 »Schulmüdigkeit« als emotionales Phänomen

Damit sind wir bei dem allseits bekannten und beklagten Phänomen der Schulmüdigkeit. Sie wird verständlich, wenn wir von den zuletzt genannten Überlegungen ausgehen. Die Lerngegenstände besitzen offenkundig wenig Attraktivität und Aufforderungscharakter. Um sich dennoch mit ihnen zu beschäftigen, bedarf es beträchtlicher Anstrengung, die wiederum ohne Ichbeteiligung nicht aufgebracht werden kann. Ichbeteiligung aber hängt ihrerseits mit der Attraktivität des Gegenstandes zusammen. Aus diesem Kreis resultieren zwei affektiv unlustvolle Komponenten: (a) die Anstrengung oder Arbeit wird zur Last, (b) die dennoch abverlangte Beschäftigung mit Lerngegenständen produziert den Zustand der Langeweile. Er ist keineswegs ein affektiv neutraler Zustand, sondern wird als äußerst unangenehm erlebt. Versuche mit Personen, die sich freiwillig einem Langeweile-Experiment unterzogen bestätigen diesen Sachverhalt (*Bexton* u. a., 1954). . . .

Es gibt leider so gut wie keine Untersuchungen über die Auswirkung von Langeweile und Monotonie im Unterricht, aber wir dürfen unterstellen, daß eine Reihe von Schülern häufig Monotonieerlebnisse in der Schule haben. . . .

Kann man konkrete Ursachen für das Phänomen der Unlust im Unterricht benennen, die unmittelbar mit der Auseinandersetzung mit einem Lerngegenstand zu tun haben? Eigentlich läßt sich diese Frage nur unter Darstellung des Gesamtzusammenhangs beantworten. Trotzdem seien einige Gesichtspunkte, die notgedrungen isoliert erscheinen müssen, im folgenden aufgegriffen.

(1) Diskrepanz zwischen Lernbereichen und aktueller Lebenssituation. Die für Schüler bedeutsamen Lebenssituationen außerhalb der Schule hängen mit den Lernstoffen des Unterrichts kaum zusammen. Selbst die Berührungspunkte, die sich in Sachwissen ergeben, werden im Unterricht anders akzentuiert als außerhalb der Schule. Der Junge, der sich für Radiobasteleien oder Elektronik interessiert, erwirbt sich ein technisches Spezialwissen, das in allgemeinbildenden Schulen nicht vermittelt werden kann. Immerhin sollten solche Berührungsbereiche besser nutzbar gemacht werden, etwa indem man den kundigen Schüler aktiv mit einschaltet, Versuchsanordnungen bauen läßt oder seine Basteleien als Anwendungsbeispiel für die erarbeiteten Gesetzmäßigkeiten einbezieht.

(2) Größere Attraktivität des außerschulischen Reizangebotes. Gegenüber dem Aufwand an Aufbereitung von Reizen und tatsächlicher Reizintensität sind die von Unterrichtsstoffen ausgehenden Anziehungskräfte meist hoffnungslos unterlegen. Selbst innerhalb von Unterrichtseinheiten ist die außerschulische Konkurrenz überlegen: Eine Sendung über einen bestimmten Wissensstoff kann mit wesentlich größerem Aufwand hergestellt werden als eine normale Unterrichtsstunde.

(3) Einseitigkeit der unterrichtlichen Interaktionsform. Der landläufige Unterricht bevorzugt den Frontalunterricht, in dem der Lehrer dem Schüler einen didaktisch aufbereiteten Stoff vermittelt. Dadurch bleibt dem Einzelschüler nur wenig Möglichkeit, aktiv in den Vermittlungsprozeß einzugreifen. Selbst wenn der Lehrer jede Schülerfrage beantworten würde, bleiben dem einzelnen nur $1/40$ oder $1/30$ der Zeit. Ego-Involvement verlangt aber die ständige Aktivität des Lernenden, sei es in Form äußerer Handlung, sei es in Form sprachlicher Interaktion. Glücklicherweise läßt sich

hier teilweise Abhilfe schaffen, indem man in größerem Umfang Gruppenaktivität (Gruppenarbeit, Gruppengespräche) einplant. Ein Beispiel aus unseren Untersuchungen an der Zentralstelle für programmierte Unterweisung über den Einsatz programmnaher Unterrichtsmittel in der Gruppenarbeit mag verdeutlichen, wie Schüler ihr Interesse an einem Schulstoff erst artikulieren können, wenn sich der Lehrer zurückzieht.

In einer 9. Klasse bearbeiteten Gruppen das Grundgesetz nach einem modifizierten Programm, in dem einige Schlüsselprobleme unbeantwortet gelassen waren. Die Schüler sollten durch Diskussion der vorhandenen unterschiedlichen Meinungen zu einer Klärung kommen. Sie zeigten aber große Zurückhaltung, solange der Lehrer das Gespräch steuerte. Als wir ihn aber unter einem Vorwand aus dem Klassenzimmer riefen, entspannte sich eine heftige Diskussion um die zur Frage stehenden Probleme, wobei erstaunliche Argumente ausgetauscht wurden. Die Situation entsprach allerdings insofern nicht dem Unterrichtsalltag, als es sich um eine Unterrichtsaufzeichnung in der Mitschauanlage handelte und die Schüler wußten, daß sie gefilmt wurden. Immerhin vermochten sie sich in der Abwesenheit des Lehrers darzustellen und auszudrücken, weil sie nun gewisse Interaktionsnormen, vor allem die Benutzung der Hochsprache, außer acht lassen konnten.

(4) Widerspruch zwischen Zweckbezogenheit des Lernens und der Forderung nach sachbezogenem Interesse.

Eine alte pädagogisch-didaktische Forderung lautet, der Schüler solle um der Sache selbst willen lernen und nicht aus sachfremden Motiven. Die Psychologie hat zu dieser Sichtweise den Begriff der »intrinsischen« Motivation beigesteuert, der allerdings in der Didaktik oft falsch interpretiert wird. Viele Unterrichtsgegenstände sind nun nicht so beschaffen, daß sie intrinsische Motivation erzeugen. Niemand verlangt oder begrüßt es, wenn sich Schüler mit Rechtschreibproblemen um der Sache selbst willen befassen oder wenn sie englische Vokabeln nach dem Modell der Paarassoziation lernen, nur um der Schönheit und Attraktivität der englischen Wörter willen. Im Gegenteil, hier könnten sich pathologische Entwicklungen anbahnen, z. B. in Richtung auf Zwangsverhalten. Viele Unterrichtsstoffe sind nur Mittel zum Zweck, sie sollen Qualifikationen aufbauen helfen, die möglichst vielfältig einsetzbar sind. Eigentlich lernt der Schüler das meiste, um eine Ausstattung zu erhalten, die irgendwann einmal und nur möglicherweise gebraucht wird. Für solche Stoffe und Inhalte fällt es wohl schwer, sachmotiviertes Interesse zu entwickeln. Andererseits lassen interessante Stoffe nicht ohne weiteres eine Übertragung auf lebensrelevante Situationen zu. Viele Schüler sind beispielweise in mathematischen Themen sachmotiviert, sie knobeln gerne und bewältigen mathematische Probleme, wie man gerne Schach spielt oder Kreuzworträtsel löst. Die meisten lebensrelevanten Probleme sind jedoch anders strukturiert, es sei denn, jemand kann seine mathematischen Kenntnisse unmittelbar beruflich gebrauchen.

Der Zwiespalt zwischen Sachmotiviertheit und Zweckorientiertheit läßt eigentlich die Realisierung des Prinzips des Lernens aus Sachinteresse nicht oder nicht durchgängig zu, da die Zukunftsperspektive des Unterrichts gegenüber der Gegenwartsperspektive überwiegt. Gerade wegen zukünftiger Aufgaben des Sozialisanden aber bedurfte es der Institutionalisierung der Schule.

2.3 Schule als Konfliktfeld

Die bisherigen Überlegungen machen es notwendig, sich mit der Schule als Konfliktfeld noch etwas grundlegender zu befassen. Bis jetzt nämlich mag der Eindruck entstehen, daß Konflikte in der Schule vermeidbar seien und durch das Geschick des Lehrers aufgefangen werden könnten.

Grundkonflikt durch Sozialisationsaufgabe der Schule

Besinnen wir uns aber auf die Funktion, die der Schule als Institution der Gesellschaft zukommt, so wird ein Grundkonflikt und die mit ihm verbundene emotionale Belastung immer bleiben: Die Schule hat als Sozialisationsaufgabe die Ausbildung und Förderung des Kindes in allen Bereichen übernommen, in denen die Familie allein den Erfordernissen nicht genügen kann. Ähnlich wie die Familie stellt sie Anforderungen, die dem zu Sozialisierenden in seiner Bedürfnislage durchaus fern liegen. Sie setzt auch die im Elternhaus stattfindende Auseinandersetzung von privaten Bedürfnissen und gesellschaftlich gesetzten Normen fort. Nun heißen die Normen nicht nur: Rücksicht auf andere, wechselseitige Absprache von Bedürfnissen, sondern auch: Leistung und Arbeit, Anstrengung in neuen Lernbereichen. Der Lehrer als Repräsentant der Gesellschaft kann es daher eigentlich prinzipiell dem Schüler nie ganz recht machen, und der Schüler als noch nicht hinreichend sozialisiertes Individuum kann es dem Lehrer nie ganz recht machen. Wäre das Spannungsgefälle zwischen beiden Parteien aufgehoben, verlöre die Schule ihre Funktion.

Projektion und Personifizierung

Nun stellt sich aber für die Beteiligten im Unterrichtsgeschehen und im Schulbetrieb dieses Spannungsverhältnis nicht so dar. Konflikte werden als Konflikte zwischen Personen erlebt. Der Schüler projiziert in den Lehrer die Ursache von Schwierigkeiten, oder falls der Lehrer auf übergeordnete Personen verweisen kann, in den Rektor und Schulrat. Bis zum Ministerium als mögliche Ursache für Spannungen kommt er in den seltensten Fällen. Der Lehrer wiederum personifiziert Probleme der Schule, indem er den Schüler für gute und schlechte Leistungen, für gutes und schlechtes Betragen verantwortlich macht. Diese Formen der Projektion und Personifizierung können kaum umgangen werden. Bemüht sich der Lehrer – wir hoffen es wenigstens – mit allen Kräften um den Schüler? Versucht nicht auch jeder Schüler, innerhalb seiner Möglichkeiten den Anforderungen mehr oder minder gerecht zu werden? Wer bedenkt schon von den Beteiligten, daß eine feste Struktur, wie sie das Unterrichtssystem darstellt, gar nicht auf jeden passen kann. Anders ausgedrückt, es gibt Schüler, für die die Schule nahezu maßgeschneidert ist, und Schüler, die aufgrund verschiedenster Bedingungen mit dieser Schule in große Schwierigkeiten kommen. Ein gewaltiger Aufwand muß mit ihnen getrieben werden, um sie anzupassen, sie selbst müssen sehr viel mehr an Anstrengung aufbringen, um das, was anderen leichtfällt, zu vollbringen. Ist dies aber wünschenswert? Es wäre wünschenswert, die für die Entwicklung des Kindes und Jugendlichen so wichtigen sozialen Beziehungen von institutionell bedingten Konflikten zu entlasten. Schon das Bewußtmachen solcher Sachverhalte bedeutet für die Beteiligten eine gute Hilfe. Das Schmerzliche an den institutionell bedingten Konflikten besteht ja gerade, daß sie zu sozialen Konflikten zwischen Personen werden, Personen, die scheinbar auch anders handeln könnten, wenn sie nur wirklich wollten.

Freilich überlagern sich institutionell bedingte Konflikte durch persönliches Fehlverhalten, durch mangelnde Bereitschaft u. a. m., doch würde die bewußtere Trennung beiden Seiten, vor allem aber dem Schüler eine bessere Orientierung ermöglichen. Erst dann kann er sich als Individuum in einem komplizierten Gesellschaftswesen verstehen, erst dann begreift er, daß das öffentliche Leben, die Gesellschaft, unmittelbar mit seinen persönlichen Belangen verschränkt ist. Und nur von diesem Verständnis her kann sich gesellschaftliche und politische Verantwortlichkeit aufbauen.

Leistung und Konkurrenz versus Kooperation und Brüderlichkeit (Solidarität)

Noch aus einem anderen Grund dürfen Schulkonflikte nicht allein auf der Ebene persönlicher Spannungen gesehen werden. Viele Probleme ergeben sich durch konkurrierende Normen. Dies sei am Beispiel der beiden für die Schule zentralen Normengeltungen, Leistung und Kooperation verdeutlicht. Das Leistungsprinzip der Schule impliziert zwangsläufig die Konkurrenz, den Wettbewerb zwischen den Schülern. Leistung und Wettbewerb sind besonders auf der unteren Ebene der Leistungsmotivation eng verschränkt. Latent steckt dadurch im schulischen Lernen die Tendenz zur Dissoziation[d] der Schülergruppe, übertrieben ausgedrückt, zum Kampf aller gegen alle. Daneben und gleichzeitig gilt aber auch die Norm der Kooperation. Es wird begrüßt, wenn Schüler sich gegenseitig helfen, gemeinsam handeln und Schwierigkeiten gemeinsam angehen. Oft bleiben aber beide Prinzipien unvereinbar, z. B. wenn ein Schüler intensiv einem schwächeren Schüler hilft und dadurch Zeit verliert, sich selbst in Höchstform zu bringen. Das Zeitproblem ist überhaupt ein gravierender Faktor für das meist zu beobachtende Mißverhältnis zwischen Wettbewerb und Kooperation. Leistung und Wettbewerb dürften in unseren Schulen eindeutig überwiegen, einfach schon deswegen, weil es meist mehr Zeit kostet, eine Leistung auf kooperativem Weg zu erbringen. Wiederum entstehen massive Konflikte, hier zwischen pädagogischen Normen, die sich konkret in der Interaktion zwischen Personen zeigen. Unter der Zielsetzung einer größeren Ausgewogenheit schulischer Sozialisation müßten sich Kooperation und Wettbewerb besser als bisher die Balance halten.

3. Einige pädagogische Handlungsmöglichkeiten

Angesichts der bisherigen Analyse kann es nicht darum gehen, nun eine Batterie von Einzelmaßnahmen oder pädagogische Tricks aufzuzählen. Andererseits wäre es sinnlos, eine grundsätzliche Revision des Unterrichts zu fordern. Im folgenden sollen einige Vorschläge herausgegriffen werden, die in der gegenwärtigen Situation realisierbar sind und andererseits nicht als isolierte Einzelmaßnahmen aufgefaßt werden können. Die Vorschläge sind keineswegs neu, sie erhalten lediglich neue Bedeutung und vielleicht eine etwas andersartige Akzentuierung. Zudem sollen sie ja nicht wieder nur einseitig den emotionalen Aspekt berücksichtigen, sondern sinnvolle pädagogische Maßnahmen in einem Gesamtzusammenhang darstellen.

3.1 Spiel

Zweifellos bilden Formen des Spiels für die hier zur Diskussion stehende Problematik eine interessante Handlungsmöglichkeit. Neuderdings werden Rollenspiele als Mittel zur Verbesserung der Kommunikation, aber auch für das Freiwerden und Ausspielen von inneren Konflikten wieder ernsthaft als didaktisches Element erwogen. Wenn man Rollenspiele im Vorschulalter beobachtet, so fällt einem die erstaunliche funktionelle Vielseitigkeit des Spielgeschehens auf. Es dient unmittelbar dem Ausleben einiger Bedürfnisse, es ermöglicht Selbstdarstellung und Selbstdurchsetzung, es regt zu kooperativen Handlungsweisen an und es verlangt Einfühlung in die Rolle des anderen. Kinder, die im Rollenspiel gefördert werden, erreichen schon im Vorschulalter ein bemerkenswertes Niveau der Interaktion. Um so verwunderlicher, daß das Rollenspiel im Schulalter vernachlässigt wird, sowohl von den Schülern selbst, die oft kein rechtes Verhältnis mehr dazu haben, als von den Lehrern, die es nicht als didaktische Möglichkeiten nutzen. Es gibt aber praktische Erfahrungen mit schulischem Rollenspiel, auch im Bereich des spontanen unvorbereiteten Spiels *(Shaftel & Shaftel, 1973)*. Dabei zeigt sich, daß man das Nützliche mit dem Angenehmen verbinden kann. Schulische Stoffe, vor allen Dingen die Sprachförderung, können ins Rollenspiel eingebracht werden. Zugleich finden die emotionalen Aspekte des Freispielens, der positiven Besetzung eines Stoffes, des affektiven Kontakts zum Partner und der Konfliktverarbeitung Berücksichtigung.

Spiele können auch ernsthaftere Situationen aufgreifen. Manche schul- oder klasseninternen Schwierigkeiten werden besser handhabbar, wenn das Lehrer-Schüler-Verhältnis in einem Rollenspiel aufgegriffen wird, wobei der die Lehrerrolle übernehmende Schüler einen Lerninhalt, der in den normalen Lehrplan gehört, vermitteln könnte. Freilich könnte er auch Themen aufgreifen, die in der Schule ausgespart bleiben, und so einer aktuellen Bedürfnislage Rechnung tragen.

Spiele greifen aus dem Klassenzimmer hinaus. Sobald etwa eine Klasse ein Spiel vorbereitet hat, das dem Eindruck nach eine bemerkenswerte Leistung darstellt, will sie diese Leistung auch vorführen. Andere Klassen kommen zu Besuch oder es wird eine regelrechte Aufführung für die Schule geplant.

Eine interessante Möglichkeit des »Spiels«, das die ganze Schule umgreift, verwirklicht alljährlich ein Münchener Gymnasium. Die letzte Woche im Schuljahr gehört ganz den Schülern. Es gibt nur einige Regeln, die eingehalten werden müssen, z. B. Anwesenheitspflicht für mindestens drei Stunden. Die Schüler richten Verkaufsstände ein, führen interessante Filme vor, machen Tombolas, verkaufen für gemeinnützige Zwecke in Teestuben Kuchen u. a. m. Alle Schüler des Gymnasiums freuen sich mehr oder minder auf diese Woche und engagieren sich sehr stark in einzelnen Aktivitäten. Hier ist die Schule als Lebensgemeinschaft wenigstens für kurze Zeit realisiert. Freilich bedarf es dazu schon vorher eines positiven Schulklimas und des Gefühls der Zugehörigkeit.[e]

3.2 Projekte

Sobald eine Schule mit ihren Spielen und Vorführungen an die Öffentlichkeit tritt, wird aus einem Spiel ein »Projekt«. Unter Projekt wollen wir in nicht allzu präziser Verwendung eines in manchen Bildungsplänen und Rahmenrichtlinien benutzten Begriffes Handlungseinheiten verstehen, die im Schulzimmer ihren Ausgangsort haben, dort eine gewisse Vorbereitung erfahren, dann aber aus der Schule hinausgreifen. Projekte können einem Bedürfnis der Klasse oder Schule als Ganzes entspringen, etwa wenn man eine Verbesserung der Verkehrssituation durch Schüleraktivitäten erreicht (Anträge, Kontakte mit maßgeblichen Persönlichkeiten, Ausarbeiten von Vorschlägen). Sie können die Notlage einzelner zum Ausgangspunkt haben, etwa bei einer spontanen Hilfsaktion für einen in einer Notlage befindlichen Schüler. Sie können auch ausschließlich die Verbindung zu Eltern und zur Öffentlichkeit intensivieren, indem sie das Spiel in seiner mannigfaltigen Form in den Mittelpunkt stellen.

Projekte leisten Dinge, die im normalen Unterricht kaum realisierbar sind. Sie schaffen Ichbeteiligung und Interesse an der Sache, sofern sie zur Sache des Schülers wird. Sie vermitteln Kompetenzen, die im Schulalltag kaum zu transponieren sind, eben die Handlungsfähigkeit in die Öffentlichkeit hinaus. Sie greifen andererseits Kompetenzen beim einzelnen auf, die in der Schule kaum zum Tragen kommen. Jeder sollte in einem Projekt die Aufgaben wahrnehmen, die er am besten erfüllen kann. Der Bastler etwa arbeitet beim Bühnenaufbau mit, der Maler fertigt die Dekoration, das Verkaufsgenie bringt die Eintrittskarten an den Mann und der Elektrotechniker sorgt für die Verstärkeranlage und die Lichtorgel. Auch bei »unmusischen« Projekten, wie dem Kontakt mit der Gemeindeverwaltung wegen eines Mißstandes, gibt es Spezialaufgaben. So ist es nicht jedermanns Sache, als Jugendlicher und Abhängiger die Meinung einer Gruppe vorzutragen.

In seiner Tätigkeit als Heimerzieher griff der Verfasser die Möglichkeit der optimalen Nutzung individueller Kompetenzen bei einem bunten Abend vor. Vom Pantomimen bis zum Opernsänger konnten die Teilnehmer ihre Qualitäten vorführen und damit Aspekte ihrer Persönlichkeit akzentuieren, die sonst verborgen blieben.

Heute bietet uns die Technik so vielfältige Möglichkeiten des Ausdrucks und der Selbstdarstellung im weitesten Sinne, daß kein Lehrer zur Ausflucht greifen kann, er sei nicht für solche Veranstaltungen begabt. Ich erinnere nur an die von Jugendlichen in eigener Regie gedrehten Filme, an die Aktionen von Schülergruppen bei der Betreuung von Gastarbeiterkindern, an das Engagement von Schülern bei Hilfsaktionen. . . .

3.3 Elternarbeit

Ein entscheidender Vorteil des Projekts liegt darin, daß es die Eltern stärker engagiert und ihnen wichtige Funktionen im Handlungsablauf zuweist. Unsere Diskussion um Aktivierung der emotionalen Dimension in Unterricht und Erziehung weist den Eltern eine Schlüsselstellung zu. Wenn Elternhaus und Schule nicht bis zu einem gewissen Grad harmonisiert werden können, sozialisieren sie in verschiedene Richtung und bringen Persönlichkeiten hervor, die ihre Rollenanforderungen nicht bewältigen können.

Die Elternarbeit als kontinuierlicher Kontakt und als Anregung zur aktiven Mitarbeit ist freilich heute erheblich erschwert. Sowohl das Fachgruppenlehrersystem wie die Zentralisierung der Schulen stehen einem permanten Kontakt mit den Eltern entgegen und führen zu einer Entpersönlichung vieler Beziehungen. Es müßte aber gelingen, den derzeitigen Zustand in bezug auf den Elternkontakt zu überwinden. Die Reform ist ja auch noch zu jung, als daß sie schon voll integriert sein könnte.

Sollte allerdings der Kontakt und die Zusammenarbeit mit den Eltern systematisch verhindert werden, so wäre dies ein Alarmzeichen. Nichts kann auf die Dauer eine intensive Zusammenarbeit zwischen den Erziehungsmächten kompensieren. Daher gilt es, neue Wege der Elternarbeit zu finden. Ich stehe nicht an, regelmäßige Hospitationen für sinnvoll zu halten, zumal Eltern den Stoffen und Methoden des Unterrichts zum Teil völlig verständnislos gegenüberstehen. Wichtiger aber als die Zusammenarbeit im reinen Leistungsbereich ist zweifellos gemeinsames Verstehen und Handeln im Bereich der Konflikte und Probleme, die zwangsläufig für viele Schüler auftreten. Schüler mit nicht aufholbaren Defiziten sollen sich schließlich auch zu gefestigten Persönlichkeiten entwickeln. Eltern solcher Schüler müssen zusammen mit der Schule Wege finden, die dem Heranwachsenden unerträgliche Spannungen und Konflikte ersparen. Hier gilt es, die immer noch allgemein gültige Rangordnung der Werte einzuhalten und die sogenannten menschlichen Probleme vor reine Leistungsprobleme zu stellen.

3.4 Diskussionen und Gespräche

Die verbale Interaktion erhält vor dem Hintergrund der emotionalen Dimension eine tieferreichende Bedeutung. Es geht nun nicht mehr allein um die Fähigkeit, Sachverhalte mitteilen zu können, sondern um die für den Menschen, der nicht in Isolation geraten will, viel grundlegendere Möglichkeit, eigenes Bewußtsein, eigenes Selbsterleben durch das Medium Sprache gewissermaßen nach außen zu stülpen und zu Partnern zu transportieren. Damit gewinnen emotionale Zustände Objektivität, sie werden faßbar und bleiben über den flüchtigen Augenblick hinaus erhalten, Konflikte, sowohl intra-personale wie inter-personale, sind ohne das Mittel der Sprache kaum handhabbar. Durch die Sprache erst lassen sich die entscheidenden Punkte präzisieren, durch die Sprache erst können Handlungsmöglichkeiten einander gegenübergestellt und Entscheidungen und Vereinbarungen getroffen werden, die den Konflikt beilegen. Freilich darf man das Mittel der Diskussion und des Einzelgesprächs nicht als bloßes Reden oder Gerede verstehen. Dann nämlich werden Diskussionen sehr schnell frustrierend, es springt bei ihnen nichts heraus. Sprachliche Interaktion muß in Handlung eingebettet bleiben. Das Gespräch sollte von Aktionen ausgehen und zu einer Aktion führen.

So besehen haben Gespräche und Diskussionen eine Doppelfunktion, sie dienen als Element innerhalb eines größeren Zusammenhangs und als relativ selbständige Einheit....

Schlußbemerkung

Angesichts der zum Thema »emotionale Dimension in Unterricht und Erziehung« angestellten Überlegungen gibt es ein einfaches Prinzip, das alle Einzelmaßnahmen und Einzelideen zusammenordnet. Es ist das Prinzip, die Schule als eine Lebensgemeinschaft zu sehen, in der Lehrer und Schüler Tausende von Stunden zusammen verbringen. Was an positiven Schulerinnerungen verbleibt, sind tiefere emotionale Erlebnisse, herausragende Ereignisse gemeinsamer Aktivität und ist das Gefühl, in der Schule heimisch gewesen zu sein. Man sollte über alle Differenzierung nach Fächern und Fachgruppen und über alle Zentralisierungsbestrebungen hinweg gegen eine weitere Bürokratisierung der Schule ankämpfen und allen unmittelbar Beteiligten die Möglichkeit lassen, das Leben in der Schule in eigener Regie und mit eigenem Engagement zu gestalten. Nur so kann die heute gesellschaftlich allgemein wirkende Verfremdung im Lebensbereich der Schule aufgefangen werden.

Literatur

Bexton, W. H., Heron, W. und Scott, T. H. (1954): Effects of descreased variation in he sensory environment. Canad. J. Psychol., 8; 70–76.

Brehm, J. W. und Cohen, A. H. (1962): Explorations in cognitive dissonance. Wiley, New York.

Feather, N. T. (1964): A strucural balance model of communication effects. Psychol. Rev., 71: 201–313.

Freud, S. (1953): Abriß der Psychoanalyse. Fischer-Bücherei, Frankfurt.

Greenfield, P. M. und Gruner, J. S. (1969): Culture and cognitive growith. In: Goslin, D. A. (Hg.), Handbook of socialization theory and research. Rand McNally, Chicago.

Crubser, A. (1968): Monotonie im Industriebetrieb. Huber, Bern/Stuttgart.

Harlow, H. F. (1959): Love in infant monkeys. Science American, 201: 68ff.

Hunt, J. McV. (1965): Intrinsle motivation and its rote in psychological development. In: Levine, D. (Hg.), Nebraska Symposium on motivation 1905. U. of Nebraska Lincoln.

Krappmann, L. (1971): Soziologische Dimensionen der Identität. Klett, Stuttgart.

Lewin, K. (1963): Feldtheorie in den Sozialwissenschaften. Huber, Bern/Stuttgart.

Lewis, M., Goldberg, S. und Campbell, H. (1969): A developmental study of information processing within the first three years of lif. Response decrement to an redundant signal. Monogr. Cos. Res. Child Developm., 34, Nr. 133.

Mead, G. H. (1934): Mind, self and Society. From the standpoint of a social behaviorist. Chicago, London.

Reykowski, J. (1974): Psychologie der Emotionen. Auer, Donauwörth.

Rosenberg, M. J. (1960): An analysis of affective-cognitive consistenca. In: Hovland, C. I. & Rosenberg, M. J. (Hg.), Attitude organization and chance. Yale Univ. Press. New Haven.

Shaftel, F. R. und Shaftel, G. (1973): Rollenspiel als soziales Entscheidungstraining. Reinhardt, München, UTB.

Spitz, R. A. (1945): Hospitalism. An Inquirly into the genesis of psychiatric conditions in early child-hood. In: Freud, A. et al. (Hg.), Psychoanalytic study of the child. Vol. I. Intern. Univ. Press, New York.

Spitz, R. A. (1946): Hospitalism: A follow-up report. Psychoanalytical Study of the Child, 2: 113–117.
Spitz, R. A. (1973): Zum Problem des Autoerotismus. In: Kentler, H. (Hg.), Texte zur Sozio-Sexualität. Leske, Opladen.
Strongman, K. T. (1973): The psychology of emotion. Psychology Department, Univ. of Exter, London.
Sullivan, H. S. (1947): Conceptions of modern psychiatry. William Allanson White Foundation, Washington.

5. *Helmut Fend*

Wie kann die Schule Erziehung im Sinne der »Charakterbildung«, der Persönlichkeitsentwicklung und der Individuation organisieren?

Die Forschungsprobleme, welche durch die funktionalistische, wissenssoziologische und interaktionistische Betrachtung sozialer Lernprozesse im Kontext der Schule formulierbar sind, übersteigen bei weitem die vorhandenen Forschungskapazitäten. Sie sind von sich aus auch nicht ausreichend, um zu Prioritäten zu kommen. Dazu bedarf es nicht nur theoretischer, sondern auch praktischer Erkenntnisinteressen. Die Frage nach den sozialen Lernprozessen in der Schule ist implizit immer vom Interesse begleitet, was man gegen als unerwünscht beurteilte Zustände und Prozesse tun könnte. Da es sich im Bereich der Schule, wie in allen übrigen Bereichen des Humanen, um gesellschaftliche Konstruktionen der Wirklichkeit handelt, drängt sich jeweils die Frage nach alternativen Konstruktionen auf.

Die Grundfrage, die uns dabei beschäftigt, lautet: Wenn die Schule ein Erfahrungskontext ist, aus dem die explizit veranstalteten Lernprozesse nur einen Ausschnitt bilden, wie muß dann dieser gesamte Erfahrungsraum gestaltet werden, um ihn zu einem solchen Zeitraum der Biographie eines Individuums zu machen, der weder ohne Bezug zu den Erfahrungen in früheren Lebensphasen und den Erfahrungen außerhalb der Schule ist, noch wirkungslos für die aktive Gestaltung des späteren Lebens bleibt? Wie muß er beschaffen sein, daß Schüler aus ihm nicht »beschädigt« und in ihrer Integrität verletzt hervorgehen, sondern verständnisvoller, erlebnisfähiger und handlungssicherer?

Welche Möglichkeiten bietet der schulische Erfahrungsraum zur Reflexion gesellschaftlicher Erwartungen und Durchsetzungsmechanismen und wie können die Lern- und Erlebensprozesse in der Schule zum Aufbau gesellschaftskritischer und interpersonaler Kompetenz beitragen?

Diese Teilfragen lassen sich zu einer einzigen zusammenfassen: Wie kann die Schule Erziehung im engen Sinne, Erziehung im Sinne der »Charakterbildung«, der Persönlichkeitsentwicklung, der Individuation organisieren? Die Sozialisationsforschung hat uns darauf aufmerksam gemacht, daß diese Individuation zu einem großen Teil in einem »schleichenden« Anpassungsprozeß besteht, der für die Erhaltung der Gesellschaft von funktionaler Relevanz ist und deshalb nur schwer intentional veränderbar ist. Sie hat uns gleichzeitig neue theoretische Möglichkeiten gegeben, das, was früher einfach »Charakter« genannt wurde, zu differenzieren. Ja, sie hat uns so viele Begriffe an die Hand gegeben (normative Orientierungen, Meinungen, Normen, Werte, Interpretationsmuster, Selbstkontrolle, Einstellungen, Kompetenzen usw.), daß ihre Umsetzung in klare Zielvorstellungen schwerfällt.

Trotzdem ergeben sich von dieser Forschungsrichtung her neue Prämissen für die gezielte Veränderung von »naturwüchsig« ablaufenden Lernprozessen. Einmal gilt es, die Zielformulierungen in Anlehnung an konkrete historisch-gesellschaftliche Situationen vorzunehmen und zum andern müssen die Maßnahmen auf dem Hintergrund des bereits wirksamen gesellschaftlichen Bedingungskontextes von Sozialisationsprozessen getroffen werden. Bei den sozialen Lernprozessen geht es dabei um die

- Organisation der Beziehung einer Person zu sich selbst,
- die Organisation der Beziehungen zum unmittelbaren Interaktionskontext und um die
- Organisation der Beziehung zu gesellschaftlichen Verhältnissen

(vgl. *Becker* 1971).

In den obigen Prämissen deutet sich eine Grundperspektive in der Erforschung schulischer Lernprozesse an, deren Nichtbeachtung ein ahistorisches und gesellschaftsneutrales Verständnis von Erziehung zur Folge hätte. In der Vergesellschaftung von Lernprozessen durch Schule wird jeweils in historischen Situationen einem Ungenügen am »naturwüchsigen« Ablauf von Lernprozessen zu begegnen versucht, meist jedoch ohne zu ahnen, daß damit gleichzeitig neue Probleme erzeugt werden. Mir scheint, daß sich die klassische pädagogische Einstellung dort dokumentiert, wo mit *Schleiermacher*[a] gefragt wird, was heute an den außerschulischen Lernprozessen und an den sozialen Lernprozessen im Kontext der Schule ungenügend ist, was es zu unterstützen und zu verstärken gilt, was es zu korrigieren gilt, wo Gegenwirkung not tut und wo Kompensation erforderlich ist.

Das wiederum läßt sich nur feststellen, wenn eine differenzierte Kenntnis der sozialen Wirklichkeit vorliegt – daß es hier mangelt, muß wohl nicht nochmals ausgeführt werden – und wenn man Zielvorstellungen hat – daß wir hier unsicher sind, zeigt sich allerorten.

Auf dem Hintergrund der bisherigen theoretischen Diskussion wäre es wichtig zu wissen

- für welche Schülergruppen die für die Reproduktion gesellschaftlicher Verhältnisse funktionalen sozialen Lernprozesse tatsächlich zu einer bloßen Sozialisation von Konsum- und Aufstiegswünschen, von Privatismus und zu passiver Internalisierung von Autorität führen, welche Schülergruppen also ein geringes Maß an Distanzierungs- und Reflexionsfähigkeit entwickeln und den Verführungen der Konsumgesellschaft und den politischen Unterordnungsappellen relativ schutzlos ausgeliefert sind.
- Im Zusammenhang mit den schulischen Inhalten ist die Rezeptionsfrage, besonders für die sogenannten »Gesinnungsfächer«, noch weitgehend ungeklärt, oder Unter-

suchungen liegen lange zurück (vgl. *Nitschke* 1966). Die Indoktrinationsforschung müßte eine dauernde begleitende Perspektive auch neuer Unterrichtsinhalte sein, ebenso die Prüfung der institutionalisierten Inhalte auf dem Hintergrund des übrigen Erfahrungskontextes unterschiedlicher Schülergruppen. Ungeklärt scheint auch angesichts des Phänomens der Funktionsüberlagerung das Potential der Schule, genuine intellektuelle Interessen aufzubauen.

- Der symbolische Interaktionismus macht uns schließlich auf Probleme der Integrität der Persönlichkeit des Schülers aufmerksam, die durch Schulerfahrungen gefährdet sein kann. Er verweist auf die Untersuchungsbedürftigkeit der Eigenart schulischer Kommunikation. Ich habe ferner das Grundproblem anzudeuten versucht, welche Rolle der Schule im Sozialisationsprozeß im Vergleich zur Altersgruppe zukommt und zukommen kann.

Alle diese einzelnen Fragestellungen ersetzen m. E. nicht die Notwendigkeit, daß sich eine Nation von Zeit zu Zeit oder in Form einer kontinuierlichen Einrichtung einen Gesamtüberblick über die Lage ihrer Kinder und ihrer Jugendlichen zu machen versucht. Solche Berichte auf nationaler Basis sind in anderen Ländern seit langem üblich[1].

Dabei müßte versucht werden, einen Überblick über die Erfahrungsräume der heranwachsenden Generation zu gewinnen (z. B. Spielmöglichkeiten, symbolische Erfahrungsräume, soziale Kontakträume, Erlebnismöglichkeiten, soziale Handlungsmöglichkeiten), und deren Niederschlag in Handlungsmustern, Einstellungen und Meinungssystemen wäre zu untersuchen[2].

Ein solcher Forschungsansatz verweist bereits auf einen entsprechenden Praxisansatz: die Pädagogik scheint vergessen zu haben, daß es bei Erziehung nicht nur um Unterricht, sondern um die weitere Gestaltung des Erfahrungsraumes von Heranwachsenden geht. Die Lösung kann jedoch nicht kurzschlüssig darin bestehen, alle Erfahrungen lehren zu wollen, sie in Unterricht zu verwandeln. Vielmehr sollten die Stärken der einzelnen Sozialisationsinstanzen überdacht und untersucht werden, um

---

[1] Vgl. für England:
- Robbins-Report: Higher Education 1963
- Crowther-Report: 15 to 18
- Plowden-Report: Children and their Primary Schools (1967)
- Newsons-Report: Half our Future (1963)

Vgl. für Amerika:
- Report to the President: White House Conference on Children. Washington, D. C.: U. S. Government Printing Office, 1970, 240–255.
- National Commission on Resources for Youth, Inc. Youth tutoring youth – it worked. A final report, January 31, 1969. 36 West 44th St., New York, N. Y. 10036.
- Profiles of Children: White House Conference on Children. Washington, D. C.: U. S. Government Printing Office, 1970.

[2] Die Vorbereitung solcher Untersuchungen könnte z. B. im Rahmen der Arbeitsmöglichkeiten des Instituts für interdisziplinäre Forschung in Bielefeld durch Teams von Wissenschaftlern geleistet werden.

somit Hilfen für ihr wirkungsvolleres und humaneres Funktionieren zu geben. Die spezifische Stärke der Schule scheint mir trotz allem im Unterricht zu liegen, in der zeitlichen Möglichkeit, komplexe kognitive Strukturen aufzubauen. Der Intellektualismus und der Verbalismus ist gleichzeitig ihre Stärke und ihre Schwäche. Wenn man einen Bereich sozialer Lernprozesse sucht, der von der Schule besonders vernachlässigt wird, dann ist es m. E. der Bereich der Lernprozesse über das *Sozialverhalten*. Wenn es in dieser historischen Epoche um eine wichtige Vergesellschaftung von Lernprozessen gehen soll, dann um eben diese. Das Hauptaugenmerk intentionalen Unterrichts richtet sich zur Zeit meist auf den Erwerb instrumentaler Fertigkeiten, die die Auseinandersetzung des Menschen mit der äußeren Natur betreffen. Die reflexive Auseinandersetzung mit der inneren Natur und mit den interpersonalen Prozessen verläuft zwar nicht ungeregelt, aber doch meist abseits reflektierter schulischer Anstrengungen. Dabei kann es jedoch nicht darum gehen, manipulative Tricks des Sozialverhaltens zu lehren, sondern das Ziel muß ein größerer *Reflexionshorizont* und eine größere interpersonale Kompetenz sein (vgl. *Roth* 1971, *Becker* 1971, *von Hentig* 1969, *Weinstein* 1969). Der reflexiven Aufarbeitung der eigenen Sozialisationsgeschichte und der reflexiven Aufarbeitung des unmittelbaren sozialen Erfahrungskontextes in der Familie, der Schule, der Altersgruppe und im gesellschaftlichen Leben muß dabei Priorität zukommen.

Doch auch bei diesen Bemühungen wird sich wieder die Frage stellen, ob hier nicht eine Insel von Erfahrungen geschaffen wird, die beziehungslos neben den übrigen Erfahrungen in der Schule und außerhalb der Schule steht. Ist die vielbeklagte Trennung von Unterricht und Schulleben, von Schule und Leben unaufhebbar? Sind im Rahmen der Schule keine ernsthaften Handlungssituationen denkbar, ist es hier nicht möglich, verantwortungsvolles Handeln zu erlernen und Lebensperspektiven aufzubauen, Commitment[b] zu erzeugen?

Mit diesen Fragen hat sich *Bronfenbrenner* (1972) besonders intensiv aufgrund seiner Erfahrungen in Amerika im Vergleich zu Rußland beschäftigt. Er weist eindringlich auf die immer mehr zunehmende Trennung der Schule von realen Problemen und von Ernstsituationen hin, so daß sie zu Brutstätten der Entfremdung werden. Daß das nicht so sein muß, meint *Bronfenbrenner* (1970) in der UdSSR gelernt zu haben. Besonders die Maßnahmen im Rahmen der Kollektiverziehung scheinen im Rahmen der Schule auch soziale Ernstsituationen zu ermöglichen. In russischen Schulen ist eine gegenseitige Verantwortlichkeit von Schülergruppen untereinander üblich, wobei die älteren Kinder mit den Jüngeren spielen, sie nach Hause begleiten, ihre Hausaufgaben betreuen usw. Schülergruppen werden zudem von außerschulischen Gemeinschaften, z. B. von Betrieben adoptiert und früh ernsthaft in deren Probleme eingeführt und an der Arbeit beteiligt. *Bronfenbrenner* (1972) meint, daß durch ähnliche Einrichtungen die in Amerika immer größer werdende Kluft zwischen dem Bereich der Erwachsenen und dem der Kinder verringert werden könnte und damit auch die Kommunikationsbasis sich vergrößern könnte. Seine Vorschläge laufen demgemäß auch auf Programme hinaus, die auf größere Beteiligung der Jugendlichen an sozialen Ernstsituationen zielen (S. 674 ff.). Mir scheint, *Bronfenbrenner* hat tatsächlich eine der wundesten Stellen unserer gesellschaftlichen Verfaßtheit angesprochen: den zunehmenden Individualismus, die durchgängige Aufstiegs- und Arbeitsorientierung mit dem Ziel der Befriedigung größerer Konsumwünsche, die den Umgang mit den »unnützen« Kindern zu einer möglichst schnell zu beseitigenden Belästigung werden läßt. Eine Grundfrage, mit der sich die Pädagogik deshalb beschäftigen müßte, wäre die, welche Chancen und Möglichkeiten der *kollektiven Erziehung* entwickelt werden können, bei der soziale Zielsetzungen mehr im Vordergrund stehen.

Die von *Bronfenbrenner* angesprochenen Probleme hängen eng mit dem zunehmenden Funktionsverlust einer anderen Sozialisationsinstanz in kapitalistischen Gesellschaften zusammen: mit der zunehmenden Bedeutungslosigkeit der organisierten Altersgruppen. Während in den Ostblockstaaten die Altersgruppe in ihrer Bedeutung erkannt und systematisch gefördert wird, scheint sie in westlichen Ländern eine immer geringere Relevanz zu haben. Hier läge ein wichtiges Forschungsproblem vor. Gerade die organisierte Altersgruppe dürfte ein Sozialisationspotential besitzen, das durch keine andere Instanz ersetzbar ist. Sie kann ein Intensivsegment der Sozialisation von Commitment sein und in ihrem Rahmen sind Lernprozesse über Handeln und Erleben in großem Maße möglich. Ihre Bedeutung könnte dadurch weiter zurückgedrängt werden, daß Altersgruppen als Brutstätten der Indoktrination, wenn sie politisch aktiv sind, geächtet werden und wenn sie das nicht sind, als folgenlos diffamiert werden.

Ein gesellschaftskritisch geschulter Analytiker wird an dieser Stelle sich des Vorwurfs des pädagogischen Utopismus kaum enthalten können und einwenden: das alles hat System, das alles ist nicht Zufall. Er würde damit, indem er die strukturellen Bedingungen solcher Phänomene explizit macht, auf die Bedingungen hinweisen, die realisiert sein müßten, um bei den oben genannten Problemen Abhilfe zu schaffen. Kurz gesagt, er würde auf die Funktionalität der hier nur vermuteten Phänomene für die Reproduktion spätkapitalistischer Gesellschaftsverhältnisse hinweisen. Seine Folgerung wäre die, daß der Spielraum pädagogischer Handlungsmöglichkeiten eng begrenzt sei.

In diesem Gutachten habe ich explizit eine andere Position eingenommen: den Sozialisationsprozeß aus der Perspektive des Individuums zu analysieren und damit auf seine Bedeutung hin zu prüfen, die er für die sinnvolle Organisation der Biographie eines Individuums hat. Mir ist bewußt, daß der Sozialisationsprozeß eine Doppelfunktion hat, die er gleichzeitig erfüllt: er dient ebenso der Reproduktion der Gesellschaft wie der Individuation des Menschen. Beide Funktionen stehen in einem dialektischen Spannungsverhältnis, der Mensch bringt Gesellschaft hervor und die Gesellschaft bringt den Menschen hervor. Welche Determinationen für die absichtlichen Bemühungen, die eigenwertige Biographie des Individuums sinnvoll zu organisieren, sich aus den gattungsgeschichtlichen Reproduktionszwängen der Gesellschaft ergeben, muß als nur teilweise geklärtes Problem hier offenbleiben.

Bandura, A.: Social-Learning Theory of Identification Processes. In: D. A. Goslin (Hrsg.): Handbook of Socialization Theory and Research. Rand McNally, Chicago 1969, S. 213 bis 262.

Becker, G.: Soziales Lernen als Problem der Schule – Zur Frage der Internatserziehung. In: W. Schäfer (Hrsg.): Probleme der Schule im gesellschaftlichen Wandel. Das Beispiel Odenwaldschule. Suhrkamp Verlag, Frankfurt a. M. 1971.

Berger, P. L. und Th. Luckmann: Die gesellschaftliche Konstruktion der Wirklichkeit. Eine Theorie der Wissenssoziologie. S. Fischer Verlag, Frankfurt a. M. 1970.

Brittain, C. V.: Adolescent Choices and Parent-Peer Cross-Pressure. In: R. E. Grinder (Hrsg.): Studies in Adolescence. Second Edition. Collier-Macmillan Limited, London 1969, S. 169–178.

Bronfenbrenner, U.: Two worlds of childhood: U.S. und U.S.S.R. New York 1970.

Bronfenbrenner, U.: The Roots of Alienation. In: U. Bronfenbrenner (Hrsg.): Influences on Human Development. The Dryden Press Inc., Hinsdale, III., 1972, S. 658–677.

Coleman, J. S.: The adolescent society. The social life of the teenager and its impact on education. The Free Press, New York 1961.

Cottrell, L. S.: Interpersonal Interaction and the Development of the Self. In: D. A. Goslin (Hrsg.): Handbook of Socialization Theory and Research. Rand McNally, Chicago 1969, S. 543–570.

Fend, H.: Lernsteuerungssysteme und Schulorientierungen. (Forschungsberichte des Sonderforschungsbereichs Bildungsforschung der Universität Konstanz, Bd. 6) Konstanz 1972.

Fend, H., W. Knörzer, W. Nagl, W. Specht, R. Väth-Szusdziara: Sozialisationseffekte unterschiedlicher Schulformen. In: Zeitschrift für Pädagogik 1973 a, Heft 6.

Fend, H., W. Knörzer, W. Nagl, W. Specht, R. Väth-Szusdziara: Aspirationsbildung und Lernverhalten in unterschiedlichen Schulsystemen. Ein Beitrag zur Analyse der Chancengleichheit im Traditionellen Schulsystem und im Gesamtschulsystem. In: Zeitschrift für Pädagogik, 1973 b, Heft 6.

Gelfand, D. M. (Hrsg.): Social Learning in Childhood. Brooks/Cole, Belmont, California 1969.

Gewirtz, J. L.: Mechanisms of Social Learning: Some Roles of Stimulation and Behavior in Early Human Development. In: D. A. Goslin (Hrsg.): Handbook of Socialization Theory and Research. Rand McNally, Chicago 1969, S. 57–212.

v. Hentig, H.: Allgemeine Lernziele der Gesamtschule. In: Deutscher Bildungsrat: Lernziele der Gesamtschule (Gutachten und Studien der Bildungskommission, 12). Klett-Verlag, Stuttgart 1969, 3. Aufl. 1971.

v. Hentig, H.: Schule als Erfahrungsraum? Klett-Verlag, Stuttgart 1973.

Kohlberg, L.: Stage and Sequence: The Cognitive-Developmental Approach to Socialization. In: D. A. Goslin (Hrsg.): Handbook of Socialization Theory and Research. Rand McNally, Chicago, 1969, S. 347–480.

Krappmann, L.: Soziologische Dimensionen der Identität. Strukturelle Bedingungen für die Teilnahme an Interaktionsprozessen. (Texte und Dokumente zur Bildungsforschung.) Ernst Klett Verlag, Stuttgart 1971.

Müller, W. C.: Jugend. Soziologische Materialien (Gesellschaft und Erziehung, Band IV). Quelle und Meyer, Heidelberg 1967.

Nitzschke, V.: Zur Wirksamkeit politischer Bildung. Teil II Schulbuchanalyse. Max Traeger Stiftung, Frankfurt a. M. 1966.

Offe, C.: Strukturprobleme des kapitalistischen Staates. Suhrkamp Verlag, Frankfurt a. M. 1972.

Parsons, T.: Sozialstruktur und Persönlichkeit. Europäische Verlagsanstalt, Frankfurt a. M. 1964–1968.

Peter, H.-U.: Die Schule als soziale Organisation. Beltz Verlag, Weinheim 1973.

Roth, H.: Pädagogische Anthropologie, Bd. II, Entwicklung und Erziehung. Schroedel-Verlag, Hannover 1971.

Schleiermacher, F.: Pädagogische Schriften (Bd. 1: Die Vorlesungen aus dem Jahre 1826). Hrsg. von Erich Weniger, Verlag Helmut Küpper, Düsseldorf 1957.

Specht, W.: Zur Bedeutung der Altersgruppe im schulischen Sozialisationsprozeß. Manuskript, Universität Konstanz 1973.

Thompson, G. G. (Hrsg.): Social Development and Personality. John Wiley, New York 1971.

Weinert, F. E.: Schule und Beruf als institutionelle Sozialisationsbedingungen. In: C. F. Graumann (Hrsg.): Sozialpsychologie, 2. Halbband/Forschungsbereiche (Handbuch der Psychologie, 7. Band). Hogrefe, Göttingen 1972, S. 825–885.

Weinstein, E. A.: The Development of Interpersonal Competence. In: D. A. Goslin (Hrsg.): Handbook of Socialization Theory and Research. Rand McNally, Chicago, 1969, S. 753–775.

Wellendorf, F.: Schulische Sozialisation und Identität. Zur Sozialpsychologie der Schule als Institution. Beltz Verlag, Weinheim 1973.

II. Konkretionen

6. *Gerold Becker*

Versuch einen Katalog von Zielen sozialen Lernens aufzustellen

I. Vorüberlegungen

Neben den aufgezählten, mehr formalen, Kriterien, die bei der Formulierung von Erziehungszielen ins Spiel kommen, sind zwei stärker inhaltlich bestimmte Maßstäbe anzulegen, damit das »induktive«[a] Verfahren seine Erziehungsziele nicht aus einer kurzsichtigen Interpretation der Alltagspannen der Erziehungspraxis gewinnt. Der eine ist die Analyse gegenwärtiger und voraussehbarer gesellschaftlicher Zustände, der andere ist der Stand unserer Einsichten in die Vorgänge des sozialen Lernens.

Gesellschaftliche Trends

Die Analyse der gegenwärtigen und voraussehbaren gesellschaftlichen Zustände, unter denen die Kinder und Jugendlichen einmal leben sollen, die jetzt formell und informell erzogen (»sozialisiert«) werden, ist ein methodisch schwieriges, höchst kontroverses und immer sehr vorläufiges Geschäft, das von der Wirklichkeit oder neuen Einsichten in sie immer wieder überholt werden kann.

Sie hier in aller Breite vorzunehmen und zu begründen, würde den Rahmen dieses Beitrages sprengen. Stichwortartig abgekürzt läßt sich aber mit einiger Sicherheit etwa so argumentieren[1]: Konzentriert man sich auf die wichtigsten Lebensbedingungen hochtechnisierter Gesellschaften in der überschaubaren Zukunft, die an Unterricht und Erziehung schon jetzt Anforderungen stellen, so scheint es geboten, von folgenden Einsichten auszugehen:

a. Solange »Fortschritt« uns allen als etwas Notwendiges, wenn nicht gar als fast unbeeinflußbar ablaufender Vorgang gilt, wird »Veränderung« in allen Lebensbereichen mehr und mehr zum Normalzustand, Stabilität zum Ausnahmezustand. Damit werden zugleich viele gleichsam institutionelle Sicherungen entfallen, die dem Individuum seine Identität bewahren halfen.

b. Spezialisierung und Arbeitsteilung werden vermutlich weiter zunehmen. Mit der immer größer werdenden Interdependenz und schwieriger werdenden Kontrolle wächst die Gefahr des Überwucherns technokratischer Lösungen. Darum wird die Fähigkeit zum Verstehen des »Fremden« (dessen, was ich nicht tue oder nicht bin)

---

[1] In diesem Abschnitt folge ich weitgehend dem Plan einer Analyse H. v. Hentigs, die er zur Begründung *Allgemeiner Lernziele für die Gesamtschule* für die Bildungskommission des Deutschen Bildungsrates vorgelegt hat. Vgl. H. v. Hentig, *Systemzwang und Selbstbestimmung,* 2. Auflage, Stuttgart 1969, S. 79 ff.

immer wichtiger. Sie erweist sich als eine der Grundvoraussetzungen politischen Handelns.

c. Wissenschaft und Technik durchdringen alle Lebensbereiche. Das bedeutet zugleich ein stetiges Zunehmen von Rationalität und Abstraktheit. Es ist fraglich, ob dabei eine »neue Unmittelbarkeit« im Umgang mit Menschen, Sachen und Institutionen entstehen kann. Jedenfalls wird die Notwendigkeit steigen, sich ständig sowohl auf Abstraktions- als auch auf Konkretionsvorgänge selber einzulassen.

d. Das Verhältnis von Theorie und Praxis wird komplexer. Aus einem Unterordnungsverhältnis wird ein Regelkreisverhältnis, in dem Theorie und Praxis zu ihren gegenseitigen Vorbedingungen werden. Damit verändert sich der Charakter des eigenen Berufs wie der Berufe überhaupt. Die Formen der Berufsausbildung müssen entsprechend neu durchdacht und wahrscheinlich grundsätzlich verändert werden.

e. Die Fülle der Mittel nimmt ebenso zu wie die Anzahl der jeweils möglichen verschiedenen Ziele. Entscheidungen darüber, was sie wollen und wie sie es erreichen wollen, werden für eine immer größere Zahl von Menschen auch außerhalb der Konsumsphäre immer häufiger nötig.

f. Die Menge des Wißbaren und Wahrnehmbaren vergrößert sich mit unerhörter Geschwindigkeit. Die Auswahl des Wissens- und Wahrnehmenswerten kann nicht mehr von wenigen stellvertretend für die anderen vollzogen werden. Neue Wahrnehmungs- und Vermittlungsweisen verändern das Bewußtsein möglicherweise ebenso nachhaltig wie neue Informationen (z. B. Fernsehen oder nach tiefenpsychologischen Einsichten konzipierte Reklame).

g. Die Demokratie erweist sich als die ebenso lästige wie unerläßliche Bedingung des gemeinsamen Überlebens. Aus einer Herrschaftsform muß sie sich in eine (zeitraubende Lernprozesse erfordernde) Lebensform verwandeln, wenn sich nicht die Systemzwänge bedrohlich verselbständigen sollen.

h. Zu dem mehr und mehr in ganzer Schärfe sichtbaren Problem der Entfremdung von der eigenen Arbeit tritt die Gefahr der Fremdbestimmung auch im Bereich des Konsums. In einer Gesellschaft von Außengeleiteten werden auch die Bedürfnisse des einzelnen immer stärker manipuliert.

i. Mit der in allen Lebensbezügen zunehmenden Rationalität wird die Irrationalität vieler Bereiche der Existenz nicht geringer, ihre Erfahrung ohne die Hilfe einer nicht mehr repristinierbaren allgemeinen Religiosität oder eines verbindlichen Wertekanons erschreckender und schwerer zu bewältigen. Versuche und Möglichkeiten, in ekstatischen Zuständen Auswege zu suchen, nehmen ebenso zu, wie (möglicherweise neurotisierende) Verdrängungen (Rauschdrogen, psychodelische Kunst, aber auch »sinnlose« kollektive oder individuelle »Aggressionsschübe«).

j. Zu den überlieferten »Kulturtechniken« treten neue Entlastungstechniken hinzu, deren Beherrschung für den einzelnen fast unabdingbar wird: Telephonieren und Maschineschreiben ebenso wie Haushaltmaschinen sinnvoll handhaben, einfache Reparaturen ausführen können, als Autofahrer oder Nicht-Autofahrer sich geschickt und gefahrlos im Verkehr bewegen lernen usw. Bestimmte Formen des Umgangs oder der Kommunikation (z. B. Freundlichkeit gegenüber Fremden, oder kurze, aber vollständige Auskünfte geben können usw.) haben eine ähnliche Entlastungsfunktion und können getrost unter die notwendigen »Entlastungstechniken« gezählt werden.

k. Mit der durch die Stadtkultur erzwungenen Lebensform stellen sich, vor aller Krankenversorgung, neue Probleme der Erhaltung der individuellen und allgemeinen Gesundheit. Lärm und Luftvergiftung zu beseitigen und zu verhindern sind zwar öffentliche Aufgaben, der einzelne muß sich dennoch vor ihnen und anderen Gefahren der technischen Zivilisation wirksam schützen lernen, wenn die Öffentlichkeit ihrer Aufgabe nur schleppend oder gar nicht nachkommt. Die Überfüllung der Ballungsräume mit Menschen und die allgemeine Gehetztheit stellen schwierige psychische Belastungen dar. Die Gefahr, sich falsch zu ernähren, durch Medikamente (energizers und tranquilizers), durch Genußmittel (Alkohol, Kaffee, Nikotin usw.), durch mangelnde körperliche Betätigung oder durch falsche Ernährung gesundheitlichen Schaden zu nehmen, nimmt ständig zu.

l. Die vordergründige Enttabuierung der Sexualität stellt das Problem nur um so schärfer, wie der einzelne die Sexualität in seine Person integriert. Die mich selbst beglückende und die den anderen beglückende Funktion der Sexualität ist unter Konsumzwängen zumindest ebenso (vielleicht noch mehr) gefährdet wie unter Tabus. Das Individuum mit seiner eigenen Triebwelt (Sexualität, Hunger, Schlafbedürfnis, Aggression usw.) zu befreunden, bleibt eine der immer wieder zu lösenden zentralen Aufgaben. Die Einigung über notwendige und zusätzliche Repression hat immer vorläufigen Charakter.

m. Mit der zunehmenden Lebenserwartung steigt die Zahl der gleichzeitig lebenden Generationen, zugleich wird mit der Auflösung überkommener Familienstrukturen die unmittelbare Erfahrung der Lebensform anderer Generationen, und damit der Umgang miteinander, schwieriger. Ein Auseinanderfallen von Gesellschaften in verschiedene, nur mittelbar miteinander kommunizierende Generationen erscheint denkbar. Die Erziehung der eigenen Kinder ist nicht mehr selbstverständlich auf Grund selbstgemachter Erfahrungen möglich.

n. Das Bewußtsein, in der einen Welt, gleichzeitig mit Bevölkerungsexplosion, Hungerkatastrophen und Krieg in Kambodscha zu leben, nimmt zu. Zugleich nimmt die Möglichkeit der Identifikation mit der eigenen Nation ab. Die Frage, für wessen Überleben und Wohlfahrt ich mit verantwortlich bin, erfährt neue verunsichernde Antworten.

Einsichten über das soziale Lernen

... Im Rahmen der Überlegungen, welche Maßstäbe bei der Gewinnung von Erziehungszielen anzulegen sind, ist es vor allem nötig, einige allgemeinere Einsichten und Fragen zu berücksichtigen.

a. Soziale Lernvorgänge sind sehr häufig mit kognitiven, nicht selten mit psychomotorischen verbunden. Ein Beispiel ist etwa die Freundlichkeit, die beim Begrüßen eines Fremden zum Ausdruck kommt. Ich muß nicht nur lernen, Fremden gegenüber freundliche Gefühle zu haben, sondern auch, wen ich – als Kind z. B. – auf Grund welcher Kriterien oder in welcher Situation mit »Du« oder mit »Sie« anrede, welche Grußformeln was bewirken, welche Bewegungen und Gebärden (Handgeben, Verbeugen, Lächeln usw.) ich machen kann oder erwartungsgemäß machen sollte. Daß in der Praxis fast immer miteinander verschränkte Verhaltensweisen auf verschiedene Lernvorgänge zurückgeführt werden, geschieht einerseits, um für die Zwecke der Analyse sauberer unterscheiden zu können, andererseits, weil den Lernzielen der verschiedenen Bereiche in der Regel sehr verschiedene Lernweisen entsprechen, drittens, weil auch in der Praxis ein Auseinanderfallen der verschiedenen Lernvorgänge sichtbar werden kann: vollendet »freundliche« Begrüßung ohne das mindeste freundliche Gefühl ist ebenso möglich, wie freundliche Gefühle, die sich wortlos und für den anderen unverständlich nur in linkischen Bewegungen äußern können.

b. Die sozialen Lernziele und die dazugehörigen Lernvorgänge hängen untereinander auf vielfältige Weise zusammen. Zum Beispiel ist der Versuch, seine eigene Identität zu finden und durchzuhalten (eines der komplexesten Ziele sozialen Lernens) sicher ebenso abhängig von der Fähigkeit, stabile Gefühlsbindungen einzugehen, wie von der Fähigkeit, auch einmal spielerisch seine Rollen zu wechseln (»Rollendistanz«); es gibt Querverbindungen zu »Tugenden« wie der Verläßlichkeit oder der Achtung der Privatsphäre des anderen usw.

c. Ähnlich wie bei den kognitiven Lernprozessen scheint auch für die sozialen zu gelten, daß sie am besten gelingen, wenn wenige grundlegende Prinzipien oder Kategorien den Lernprozeß für lange Zeit bestimmen und im Laufe der Zeit immer wieder in einem jeweils höheren Grad der Abstraktion und der Komplexität begegnen. Das bedeutet, daß, was das kleine Kind lernt, nicht grundsätzlich dem widersprechen sollte, was es als Jugendlicher oder Erwachsener lernen wird. Bestimmt man etwa als Lernziel »Freude am eigenen Körper haben, die eigene Sexualität bejahen und genießen«, so wird unmittelbar deutlich, daß die Erreichung dieses Ziels außerordentlich erschwert wird, wenn das kleine Kind in einer Atmosphäre der Leibfeindlichkeit oder auch nur der Gleichgültigkeit gegenüber dem eigenen oder fremden Körper aufwächst. Zugleich ist deutlich, daß die Beglückung durch körperliche Erfahrungen für das kleine Kind andere Anlässe und Formen hat, daß auch seine Sexualität sich anders äußert als beim Jugendlichen oder Erwachsenen.

Jeder Erzieher weiß, wie schwer (und gelegentlich mit den uns bekannten Mitteln unmöglich) es ist, ein Kind, das gelernt hat, allen Menschen zu mißtrauen, zu lehren, nicht nur seinem Erzieher, sondern auch anderen Menschen wieder zu vertrauen. Dennoch gilt nicht, weder im positiven noch im negativen Sinne, daß Hans nicht mehr lernen wird, was Hänschen nicht gelernt hat. Er wird es allerdings oft schwerer lernen, gelegentlich nur unvollkommen. Aber es wäre, gerade angesichts unserer zunehmenden Einsicht in die Wichtigkeit der frühen Lernprozesse, ein durch nichts zu rechtfertigender pädagogischer Defaitismus,[b] wollten wir entgangene oder ungünstige frühe Lernerfahrungen einfach als unabänderliches Schicksal hinnehmen.

Auf welche Weise und mit welchen Mitteln allerdings solche Defekte im Einzelfall auszugleichen sind, ist eine der wirklich schwierigen pädagogischen Fragen, deren Beantwortung von uns wohl jeweils sehr viel mehr pädagogische Phantasie und individualisierte Hilfe erfordert, als pädagogische Institutionen aufzubringen bereit und oft auch in der Lage sind.

Als notwendige Entsprechung zur Kontinuität durchgehender Prinzipien ist die gelegentliche Diskontinuität des Erziehungsklimas, die Kontrasterfahrung zu sehen. Die unstetigen Formen der Erziehung,[c] die Wirkung des einmaligen Eingriffs, der »schockartigen« Erfahrungen, daß diese Welt unauflösbare Widersprüche bereithält, sind zwar beschrieben, aber bislang kaum systematisch erforscht worden. An ihrer Bedeutsamkeit kann kein Zweifel bestehen.

Analog zu den Schlußfolgerungen, die man aus den Ergebnissen der Forschungen über die Stabilität von Intelligenzleistungen ziehen kann und in Anlehnung an die Theorie der »kognitiven Dissonanz«[d] könnte man vermuten, daß Kontrasterfahrungen, die sich deutlich vom Hintergrund des Gewohnten abheben, eine besonders einschneidende und nachhaltige Wirkung haben. (Dieses dialektische Verhältnis von wenigen durchgehenden Grundkategorien und fast dramatischen Kontrasterfahrungen ist bekanntlich eines der Elemente in der pädagogischen Praxis Makarenkos.)

Konkrete Ziele sozialen Lernens

Die folgende Liste von »Erziehungszielen« soll verschiedene Zwecke erfüllen: Einerseits soll sie erweisen, daß die vorausgegangenen theoretischen Überlegungen durchaus in konkrete Ziel-und Aufgabenbestimmungen übersetzbar sind. Andererseits sind diese Zielangaben als Aufforderung zur Diskussion formuliert und zusammengestellt; in einer ersten Fassung sind sie Gegenstand vieler Diskussionen in der Odenwaldschule gewesen, deren Ergebnisse in die folgende Fassung mit eingegangen sind. Die Wertentscheidungen, die ihnen zugrunde liegen, sind schon erläutert worden.[e] Mit den folgenden Zielen verhält es sich in einer Hinsicht ähnlich wie mit den Werten: Daß etwas nicht aufgeführt worden ist, bedeutet nicht unbedingt, daß es vergessen wurde, sondern im Regelfalle, daß es gegenüber dem Aufgeführten als nicht so wichtig erscheint.

Lernzielbestimmungen sind noch keine unmittelbaren Handlungsanweisungen. Damit sie das werden können, ist mindestens zweierlei nötig: die Kenntnis der verschiedenen Weisen des sozialen Lernens . . . und die Operationalisierung der Ziele. Operationalisierung soll bedeuten, daß zu jedem Ziel eine Reihe von konkreten Verhaltensweisen angegeben werden müßte, die ein Individuum (in manchen Fällen spontan, in anderen Fällen provoziert) zeigen soll, damit gesagt werden kann, es habe dieses Lernziel erreicht. Bei Zielen für das soziale Lernen erscheint diese Operationalisierung besonders wichtig, da erst sie eine einigermaßen objektive und detaillierte Überprüfung der Wirksamkeit der Erziehung ermöglicht und vor Selbsttäuschungen über den Erfolg erzieherischer Tätigkeit bewahrt. Andererseits ist eine solche Operationalisierung häufig nur jeweils aktuell zu leisten und also Gegenstand von immer neuen Entscheidungen.

Diese Operationalisierung theoretisch lückenlos vorwegzunehmen, überfordert die Phantasie eines einzelnen. Zudem müßte das in der Phantasie Vorweggenommene in der Praxis noch viele Male erprobt und überprüft werden, bevor die Operationalisierung als abgeschlossen gelten könnte. Wichtig ist dennoch, sich zu verdeutlichen, daß ein Ziel wie »genau und konzentriert zuhören gelernt haben« nur eine Richtung bezeichnet. Wann soll es als erreicht gelten? (Minimale Dauer der Aufmerksamkeit?

Größte Stärke der Ablenkungen, die ohne Aufmerksamkeitsverlust ertragen werden können? Soll es sich um ein »passives« oder »aktives« Zuhören handeln? usw.)

Die Liste besteht aus zwei Teilen, die sich aufeinander beziehen, nicht unabhängig voneinander gelten. Der erste Teil beschreibt Ziele, die vor allem den einzelnen im Umgang mit sich selbst betreffen, der zweite Teil hat es mit Problemen zwischen Individuen zu tun. Im ersten Teil wird an manchen Einzelzielen besonders deutlich, daß sie zwar vornehmlich das Individuum betreffen, aber doch nur in einem sozialen Kontext und jeweils auf andere Menschen hin gelernt werden können, daß, umgekehrt, das Erreichen dieser Ziele zugleich die Voraussetzung für die Erfüllung von Zielen ist, die im zweiten Teil aufgeführt sind. Das in jedem Teil zuerst formulierte Ziel bezeichnet eine Art übergreifendes Gesamtziel, das dann mehr oder weniger konkret entfaltet wird. Deutlich zusammengehörige Einzelziele sind jeweils in eine Gruppe zusammengefaßt, doch sind die Grenzen fließend. In den Klammern finden sich gelegentlich Hinweise zur Verdeutlichung. Als Ergänzung und Entsprechung wäre eine Liste allgemeiner und spezieller kognitiver Lernziele ebenso zu denken, wie eine Liste, die Fertigkeiten und Fähigkeiten aufführt, die vor allem dem psychomotorischen Bereich angehören (bis hin etwa zu einer deutlich artikulierenden und zugleich melodischen Sprechweise oder Anmut der Bewegungen). Mannigfache Querverbindungen würden sichtbar werden.

Der Formulierung nach sind es, genau genommen, nicht Lernziele, sondern Lernaufgaben, die hier aufgeführt sind. Wollte man sie als Ziele formulieren, müßte der Einleitungssatz jedesmal sinngemäß etwa lauten: »Wir wollen Lernen in diesem Bereich nicht als abgeschlossen betrachten, wenn der, den wir belehren, erziehen, mit dem wir etwas einüben, nicht gelernt hat . . .«

II. Aufgaben für das Soziale Lernen

Der einzelne im Umgang mit sich selbst

– Identität entwickeln und bewahren lernen (»wissen, wer man ist«; sich selbst – auch die eigene Vergangenheit – ohne Beschönigung annehmen können)

– kritische Distanz zu sich selbst gewinnen (sich selbst realistisch sehen; »sich selbst nicht immer für das Maß aller Dinge halten«)

– Perspektiven entwickeln lernen (sich auf etwas in der Zukunft liegendes freuen und es entschlossen wollen, auf etwas hoffen; Schwierigkeiten realistisch voraussehen können)

– »Realitätsbewußtsein« erwerben. (Die eigenen Vorstellungen, Hoffnungen, Wünsche, Gedanken kritisch an der Wirklichkeit messen wollen und können. Zugleich das Bedürfnis, Theorie und Praxis in Übereinstimmung zu bringen)

– die Fähigkeit zum »Spiel« lernen (Rollen übernehmen, mit spielerischem Ernst ausfüllen, auch wieder wechseln können)

– ertragen lernen, auch anders zu sein als andere (Stolz auf die eigene Individualität)

– Werthierarchien aufbauen und sie kritisch hinterfragen lernen (die Genese der

Werte in der eigenen Biographie und ihre Bedingtheit verstehen, dennoch nicht einem allgemeinen Relativismus verfallen)

– Freude am eigenen Körper zu empfinden, zu erhalten und zu steigern lernen

– mit Genußmitteln, Medikamenten, Drogen, Rauschmitteln sinnvoll umgehen lernen (Die eigenen Motive analysieren können, zwanghaften Bedürfnissen widerstehen lernen, Entscheidungen verantwortungsbewußt gegenüber sich selbst und anderen treffen, lieber zu vorsichtig als zu unvorsichtig sein)

– mit der eigenen Triebwelt vertraut und »befreundet« sein (die Erfahrung der eigenen Triebregungen, besonders der Aggressivität, der Angst, der Sexualität, mit Gelassenheit machen können, den Trieben »soziale« Ziele geben können)

– die eigene Sexualität bejahen und genießen lernen

– Selbstgenuß lernen (Essen, Kleidung, Umgangsformen differenzieren und kultivieren; sich selbst »darstellen« können)

– ästhetische Sensibilität entwickeln (Farben, Formen, Töne, Geruch, Geschmack differenziert wahrnehmen können, Strukturen unterscheiden können, Vorlieben entwickeln; Betroffenheit und Freude bei ästhetischen Phänomenen empfinden können; zur eigenen Produktivität im ästhetischen Bereich Mut besitzen und Freude an ihr empfinden)

– die eigenen Gefühle und Stimmungen voneinander scheiden und (in Gesten und Worten) ausdrücken lernen

– »Stilgefühl« entwickeln (ein Gefühl für das haben, was zusammenpaßt, was in einer bestimmten Situation paßt, vornehmlich um Unsicherheit und Angst zu vermeiden, aber auch um andere erfreuen zu können)

– genau und konzentriert zuhören lernen (sich nicht ablenken lassen, »Zwischentöne« heraushören lernen, »aktives« Zuhören im Gespräch)

– seine Zeit einteilen lernen (Pläne machen und ihre Einhaltung kontrollieren können)

– etwas zu Ende bringen (»durchhalten«) wollen und können (nicht als ethisches Prinzip oder als »moralisches« Problem, sondern als die fast »technische« Fähigkeit, zu tun, was man »eigentlich« will, was sich aber anzufangen und durchzuhalten als lästig erweist)

– an einer Reihe von praktischen und/oder theoretischen Tätigkeiten soviel Freude entwickeln, daß man sie ohne äußeren Anreiz (Lohn/Strafe) »um ihrer selbst willen« gerne tut (intrinsische Motivationen entwickeln)

– den Wert von Ordnung und den Wert von Unordnung schätzen lernen (in geordneten und in relativ regelfreien Räumen leben können)

– verzichten lernen (sich vom Konsumdruck befreien können, wissen und bejahen, daß man nicht alles machen [haben] kann, daß Entscheidung für eine Möglichkeit fast immer Entscheidung gegen viele andere Möglichkeiten bedeutet)

– einen souveränen (weder durch Süchtigkeit verzerrten noch durch Ideologien blockierten) Gebrauch von Massenmedien (Fernsehen, Radio, Platten, Presse usw.) machen lernen

– eine Empfindlichkeit für die fließende Grenze zwischen Privatheit und Öffentlichkeit entwickeln (z. B. den Anspruch auf den Schutz der Privatsphäre bejahen, aber auch das Recht der öffentlichen Neugier, das Recht der Verantwortung des anderen mir gegenüber – meiner Verantwortung ihm gegenüber)

Der einzelne und die anderen

– Sensibel werden für die Empfindlichkeiten des anderen (Einfühlung lernen)

– Achtung vor der Autonomie des anderen lernen

– lernen, mit fremder körperlicher Gesundheit schonend umzugehen

– Achtung vor dem Eigentum eines anderen (auch der »Allgemeinheit«) lernen (Großzügigkeit nicht ausnutzen, Hemmungen entwickeln, Dinge, die jemandem gehören, nicht ungefragt zu benutzen)

– fähigwerden zu stabilen affektiven Bedingungen an andere (auch an Tiere und Dinge) und sie in Worten und Gesten ausdrücken lernen (»Objekte libidinös besetzen lernen«)[f]

– spontanes Mitleid und Hilfsbereitschaft gegenüber Schwachen und Hilflosen empfinden lernen

– Phantasie für soziale Situationen entwickeln (ein großes Arsenal an unterschiedlichen Reaktionsweisen anderen Menschen gegenüber haben; z. B. einen anderen trösten, ihn zum Lachen bringen, ihn in seine Schranken weisen können; den Mut auch zu ungewöhnlichen Reaktionsweisen oder Gesten erwerben)

– Diskretion, Gelassenheit, Sicherheit, Takt im Umgang mit Gleichaltrigen, Jüngeren und Älteren lernen

– für die eigene Wirkung auf andere empfindlich werden (Aussehen, Kleidung, Gesten, Umgangsformen, Sprechgewohnheiten usw.)

– Zuverlässigkeit, Hilfsbereitschaft und Freundlichkeit als Bedingungen des gemeinsamen Lebens erfahren und bejahen, ihre Formen beherrschen lernen

– ein »realistisches« (nicht »blindes«) Vertrauen zu Jüngeren, Gleichaltrigen und Älteren entwickeln, das sich im Einzelfall von Erfahrungen korrigieren, aber nicht generell entmutigen läßt (keine Scheu vor Fremden haben; neugierig auf neue Menschen sein, Bekanntschaft mit Menschen aus ganz anderen Lebenskreisen, Altersstufen, Kulturen usw. suchen)

– Enttäuschungen und Versagungserlebnisse sowohl im sozialen als auch im sachlichen Bereich ohne Resignation ertragen lernen (Frustrationstoleranz)[g]

– den Sinn und die Bedeutung der Grundrechte erfahren haben und schätzen lernen (z. B. Unverletzlichkeit der Wohnung, Bekenntnisfreiheit, Gleichheit vor dem Gesetz, Minderheitenschutz, Freiheit der Meinungsäußerung usw.)

– sich ohne Druck organisieren lernen (gemeinsame Arbeit und Aufgaben teilen lernen; Zusammenarbeit und gegenseitige »herrschaftsfreie« Kontrolle lernen; den Wert politischer Solidarität erfahren haben)

– mit Macht umgehen lernen (sie handhaben und einsetzen können, sich gegen sie zur Wehr setzen können; verschiedene Formen der unmittelbar politischen Machtanwendung [z. B. passiver Widerstand, civil disobedience,[h] öffentlicher Protest, Demonstration] als Möglichkeiten des eigenen Handelns kennen und ihre Techniken erfolgreich handhaben lernen)

– Grundverfahren des politischen Handelns beherrschen lernen (Konflikte be-

weglich regeln können, Techniken der Debatte, Fraktionsbildung, Beratung, Beschlußfassung, Geschäftsordnungen und Formalien sicher beherrschen)
– ein entspanntes (von Verachtung und Angst ebenso wie von Unterwürfigkeit freies) Verhältnis zu Institutionen und Bürokratie erwerben

Die letzten fünf Ziele bilden in mancher Hinsicht eine eigene Untergruppe, es sind »politische« Erziehungsziele im engeren Sinn. Es scheint mir unbestreitbar, daß auch viele von den übrigen Zielen in einem weiteren Sinn eminent »politisch« sind, gerade wenn und weil, wie oben angeführt, immer mehr Bereiche unseres individuellen und gemeinsamen Lebens »gesellschaftlich« werden. Vor allem, um diesen überall einschießenden politischen Aspekt nicht zu entwerten, sind die »politischen Erziehungsziele« nicht in einen eigenen dritten Teil isoliert worden. Die Dreiteilung »Der einzelne im Umgang mit sich selbst« / »Der einzelne im Umgang mit anderen« / »Der einzelne und die Gesellschaft« hat allerdings so viel Faszinierendes, daß sie als alternative Möglichkeit der Einteilung immerhin erwähnt werden sollte. Ohne Frage ließe sich der Bereich der »politischen Erziehungsziele« im engeren Sinn noch erheblich weiter differenzieren. Hier ist durch die Praxis dessen, was unter dem Unwort »antiautoritäre« Erziehung[1] in den letzten Jahren entstanden ist, der Streit der Meinungen zumindest halböffentlich geworden. Auch wer einzelne Formen oder Teilziele dieser neuen Praxis mißbilligt, wird sich fragen müssen, ob er zugleich die ihr zugrunde liegende Maxime verneinen will, daß nämlich der einzelne auf Unterdrückung, Unrecht und Ausbeutung nicht mit hilfloser moralischer Empörung, sondern »politisch«, d. h. mit Handlungen antworten können sollte, die eine Veränderung der empörenden Zustände und ihre endliche Aufhebung zum Ziel haben.

III. Erziehung und Unterricht

Der eine wird vielleicht diese Liste von Erziehungszielen bzw. Erziehungsaufgaben auf 50 oder 60 erweitern, ein anderer sie um 5 oder 6 »weniger wichtige« kürzen oder manches konziser zusammenfassen oder andere Akzente setzen wollen. Das muß Gegenstand der Diskussion sein.

Das mit ihrer Formulierung aufgeworfene Grundproblem wird niemand leugnen können und wollen. Wer soll das leisten und wie soll das geleistet werden?

Was hier gelernt werden soll, wird offenbar nur sehr zum Teil (in manchen Teilbereichen allerdings durchaus) in formalisierten Unterrichtsverfahren gelernt. Als viel wichtiger erscheint das »Milieu«, in dem einer lebt, die Art, in der man dort miteinander umgeht. Wichtig sind die Freunde und Vorbilder, die einer hat, sein Nachahmen der Gewohnheiten, die andere haben. Wichtig sind die Probleme, die er für sich selbst oder für das Zusammenleben mit anderen lösen muß.

Aber auch die theoretische Erhellung seiner Erfahrungen, Imitationen, Identifikationen ist nötig. Was er erfährt, muß ihm ausgelegt und erklärt werden. Kognitives und soziales Lernen verschränken sich.

Schule hat sich, wenn sie »Erziehung« überhaupt als Problem gesehen hat, zu oft und zu schnell mit der Herbartschen Formel »Erziehung durch Unterricht« zufrieden gegeben. Das war und ist eine notwendige Formel, wenn und weil sie die Würde und Bedeutsamkeit des Erkenntnisprozesses meint, durch den der Lernende die Welt zugleich objektiviert und sich aneignet. Aber die Formel muß wohl auch ihre dialektische Entsprechung haben: »Unterricht durch Erziehung«. Das heißt: mein Alltag mit seinen Ordnungen, Gewohnheiten und Erfahrungsmöglichkeiten muß so beschaffen sein, daß er auf mich verändernde (mich »erziehende«) Wirkungen hat, die zum Gegenstand meines immer neuen Nachdenkens, meiner Zweifel, meiner Erkenntnis und meiner Entscheidung werden. Erkenntnis, Erfahrung und Einübung stehen in einem unlösbaren wechselseitigen Abhängigkeitsverhältnis. Wer das eine will, muß darum immer zugleich für die anderen Sorge tragen, sie ermöglichen und sie verantworten.

7. Gerhard Velthaus

Didaktische Leitvorstellungen des sozialen Lernens

I. Sozial-anthropologische Voraussetzungen

Die Leitvorstellungen des sozialen Lernens lassen sich in der These zusammenfassen:

Handeln und Denken sollen miteinander vereinigt werden. Ziel ist die Handlungsfähigkeit des Schülers.

Eine solche These geht wie immer, wenn man Thesen formuliert, von bestimmten pädagogischen Grundentscheidungen aus, in denen sich eine spezifische Auslegung menschlicher Entwicklung und menschlichen Daseins niederschlägt. Die Eingangsüberlegungen sollen dies ausdrücklich machen. Das soziale Lernen soll die Lebenswelt des Schülers »aufklären«. Ziel ist, Hilfen der Daseinsorientierung zu geben. Wer dies fordert, setzt voraus, daß der einzelne durch seine Lebenswelt entscheidend geprägt wurde. Sie hat seine Lern- und Verständnisfähigkeit entwickelt und ausgeformt; sie ist andererseits aber auch so komplex, daß Orientierungshilfen erforderlich sind.

Die menschliche Entwicklung als Sozialisationsprozeß

Wir können heute davon ausgehen, daß die Erkenntnis der sozialen Abhängigkeit der menschlichen Entwicklung unbestritten ist. Die Entwicklung des Kindes ist ein Interaktionsprozeß, in dem sich Individuum und Umwelt wechselseitig bestimmen. Das ist in der frühen Kindheit von größter Bedeutung, weil hier sozusagen die Gesamtentwicklung grundgelegt wird. Die Entwicklung des Kleinkindes vollzieht sich durch Einordnung in die soziale Wirklichkeit. Das Kind wird zu einem unvertretbaren Einzelnen, indem es lernt; es lernt aber, indem es sich mit seiner Mutter, seinem

Vater oder dem »Wichtigen Anderen« *identifiziert*[1]. Es versetzt sich in seine Mutter, indem es auslegt, was seine Mutter von ihm will. Dabei bekommt es sich selbst in den Blick, wie es sein soll. Es lernt dabei nicht nur, sein Verhalten sozial zu kontrollieren, es wird sich in diesem Prozeß der Identifikation auch seiner selbst bewußt. Mit der Einordnung gewinnt das Kind einen Platz in der Welt, was zugleich eben auch heißt, daß es sich als ein Wer oder als ein Individuum erfährt. Der Prozeß der Einordnung und der Prozeß der Individualisierung sind eine Einheit. Selbstbewußtsein ist immer mit dem Bewußtsein verbunden, einen Standort zu haben, der einem von anderen zuerkannt wird.

Daher ist es falsch, in der Einordnung in die Familie oder in der primären Sozialisation nur eine einseitige Anpassung zu sehen. Hier wird die Grundlage für die Ausbildung des Selbstbewußtseins gelegt. Das Kind erfährt sich ja doch als jemand, den man ernst nimmt und der immer auch anders als die anderen ist und der mit seinen Auslegungen auch in Konflikt gerät mit den Auslegungen anderer. Die Sozialisation ist eben niemals total[2].

In diesem Prozeß entwickelt sich die Fähigkeit, auf immer differenziertere Herausforderungen und Aufgaben reagieren zu können[3]. Dabei muß man sich bewußt halten, daß diese Lernfähigkeit nichts Formales ist, sondern als Produkt der Interaktion mit einer Umwelt inhaltlich geprägt ist. Die Lernfähigkeit gleichaltriger Kinder in

---

1 Der angesprochene Zusammenhang von Identität und Identifikation fußt auf der Darstellung der primären Sozialisation von Peter L. Berger und Thomas Luckmann in »Die gesellschaftliche Konstruktion der Wirklichkeit«. Frankfurt 1972³.
Dort heißt es u. a. auf Seite 141 ff.: »Der Mensch wird, was seine signifikanten Anderen in ihn hineingelegt haben. Das ist jedoch kein einseitiger mechanischer Prozeß zwischen Identifizierung durch Andere und Selbstidentifikation, zwischen objektiv zugewiesener und subjektiv angeeigneter Identität.« Grundlegend: G. H. Mead, Geist, Identität und Gesellschaft. Frankfurt 1968. S. 177 ff.; Jürgen Habermas, Stichworte zu einer Theorie der Sozialisation (1968), in: Kultur und Kritik. Frankfurt 1973. (»Der Prozeß der Vergesellschaftung ist ein Prozeß der Individuierung.« S. 120); Jürgen Habermas, Zur Logik der Sozialwissenschaften. Frankfurt 1971². Hier insbesondere im Zusammenhang mit der hermeneutischen Fragestellung und dem Problem des »Übersetzens«.

2 Berger-Luckmann, a.a.O., S. 144: »Das subjektive Leben ist nicht völlig gesellschaftlich. Der Mensch erlebt sich selbst als ein Wesen innerhalb und außerhalb der Gesellschaft. Das deutet darauf hin, daß die Symmetrie zwischen objektiver und subjektiver Wirklichkeit niemals statisch, niemals unabänderlicher Tatbestand ist . . . Die Beziehung von Individuum und sozialer Welt ist mit anderen Worten ein fortwährender Balanceakt.« Die »Balance« ist gerade der Ursprung des Selbstbewußtseins. Eine totale Sozialisation, in der die Balance keine Chance hat, würde es zerstören oder erst gar nicht aufkommen lassen. Hierzu: J. Habermas, Zur Logik der Sozialwissenschaften. A.a.O. Auch er spricht von dem verletzbaren Balanceakt zwischen Trennung und Vereinigung, in der sich die Identität eines jeden einspielen muß.

3 Hier wird die in der jüngsten Vergangenheit intensiv diskutierte Unterscheidung von Begabung und Lernfähigkeit angesprochen. Im einzelnen wird dies daher nicht näher ausgeführt. Grundlegend sind u. a. die Thesen von Heinz Heckhausen, wie er sie u. a. in dem Gutachten des Deutschen Bildungsrates »Begabung und Lernen«, Stuttgart 1969, niedergelegt hat.

verschiedenen Kulturen, ja selbst in verschiedenen sozialen Klassen ist daher keineswegs gleich. Was für das einzelne Kind zur Frage wird oder was ihm plausibel zu werden vermag, hängt immer von den Erfahrungen ab, die es in seiner Alltagswirklichkeit machen konnte.

Daß das Denken durch individuelle Erfahrungen profiliert ist, schließt nicht aus, daß allgemeine Strukturen der Denkentwicklung herauszuarbeiten sind. Hier genügt es schon, den Namen Piaget zu nennen. Doch heben die Untersuchungen Piagets nicht die Tatsache auf, daß die Verständnisfähigkeit des Kindes immer durch spezifische Erfahrungen ausgeformt wird und daß der Lehrer die Kinder eben auf diese Erfahrungen ansprechen muß. Dies ist das Problem der Motivation.

So wenig sich nun bestreiten läßt, daß die Denkfähigkeit des Kindes sich in den wichtigen Grundlagen in der frühen Kindheit ausbildet, so wenig läßt sich andererseits die Tatsache bestreiten, daß die soziale Abhängigkeit der Entwicklung das Kind am Denken hindert[4].

Die Behinderung des Denkens ist mit der primären Sozialisation ebenso unausweichlich gegeben wie das Gegenteil, ohne daß sich beides aufhebt, was die formallogische Konsequenz wäre. Diese Prozesse müssen dialektisch gesehen werden. Um sich dies zu vergegenwärtigen, genügt es schon, an die vielen Routinehandlungen zu denken, die unseren Alltag ausfüllen. Sie brauchen nicht eigens begründet zu werden, sie gehören selbstverständlich zur Wirklichkeit der Lebenswelt, wie das Lichtanknipsen, das Andrehen der Heizung, das Einkaufen, Kochen und Backen. Handlungen dieser Art begründen sich selbst. Das Kind nimmt auf seine Weise an ihnen teil. So übernimmt es vieles, ohne zu fragen, warum dies so und nicht anders getan wird. Es wird in die Gewohnheiten einbezogen. Hierzu rechnen auch die Normierungen, wie »Das tut man nicht!« – »Man gibt bei der Begrüßung die rechte Hand!« – »Man macht beim Kauen den Mund zu und schmatzt nicht!« – »Man hält beim Husten die Hand vor den Mund!«

Dieses »Man« legt viele Handlungen in der Alltagswelt fest. Wie das auch immer im einzelnen aussehen mag, fest steht, daß diese Normierungen und die Routine notwendig sind. Man braucht sie, um überhaupt in einer Gesellschaft existieren zu können, die andererseits die Existenz des einzelnen erst ermöglicht.

Die Auffassungen der Kinder, ihr Fragen und Erklären, ist daher immer durch die Auffassungen der Eltern festgelegt. Sie lernen die Welt mit den Augen der Eltern sehen. Das gehört auch zum Lernen durch Identifikation. Allgemein formuliert heißt dies: die übernommene Meinung ist für jeden die erste Auslegung der Wirklichkeit; die Meinung ist die Grundlage des Erkennens[5].

Es dürfte uns nicht schwerfallen, weitere Faktoren in der heutigen Lebenswelt aus-

---

[4] Hierzu: Friedrich Kümmel, Aspekte einer elementaren Denkerziehung in der Primarstufe, in: Halbfas, Maurer, Popp, In Modellen denken. Stuttgart 1976. S. 172ff.

[5] O. F. Bollnow, Philosophie der Erkenntnis. Stuttgart 1970. S. 86ff. Die Meinung als Grundlage des Erkennens ist eine erkenntnistheoretische Zuspitzung des Gedankens der Sozialisation; denn das Meinen kann sich nur in der Interaktion der Alltagswirklichkeit ausbilden.

findig zu machen, die das Denken der Kinder eher behindern als fördern. Z. B. die zunehmende Technisierung. Wir benutzen auch als Erwachsene Apparate, die wir nicht mehr durchschauen können und wollen; Hauptsache, sie funktionieren. Im Zuge dieser Technisierung wurden die Erfahrungsmöglichkeiten der Kinder immer stärker beschnitten. Oder denken wir an die sozialen Zwänge und die Ängste der Kinder, etwas ja so zu machen, wie es die Eltern wollen. Es ist gewiß nicht schwer, sich Situationen auszumalen, die das Selbstvertrauen der Kinder zerstören.

Wenn nun Kinder angesichts der komplexen Wirklichkeit fragen, wie dieses oder jenes vor sich geht, wie meinetwegen der Mann in den Fernseher kommt, dann reichen ihre Fragen nicht weit. Die Welt ist zu kompliziert geworden. Entweder sie verlieren den Leitfaden ihres Fragens, oder sie sind gar nicht imstande, die Antworten der Erwachsenen einzuordnen und zu verstehen[6]. Im Extremfall können sie sich daran gewöhnen, die Dinge hinzunehmen, wie sie sind. Das Denken ist dann, wie Martin Wagenschein[a] einmal gesagt hat, korrumpiert. Es wird auch dann korrumpiert, wenn man den Kindern wissenschaftlich angemessen scheinende Antworten zu geben versucht, wie das Heinz Rolf Lückert[b] Ende der sechziger Jahre gefordert hat, als er meinte, die Kinder haben ein Recht darauf zu wissen, daß Wärme Bewegungsenergie ist. Die Einführung des Molekülmodells im Sachunterricht liegt auf der gleichen Ebene.

Damit zeichnet sich aber auch schon die Aufgabe des Unterrichts ab: Möglichkeiten eigenständigen Denkens in der Erfahrungswelt der Kinder zu eröffnen oder anders gewendet: Erfahrungen der Kinder durch Unterricht zu strukturieren und Zusammenhänge aus der Lebenswelt der Reflexion zugänglich zu machen.

Aufklärung der Lebenswelt als Leitziel des sozialen Lernens heißt, den Schüler zum Gebrauch seines eigenen Verstandes zu befähigen, ihn in den Prozeß der Überprüfung eigener Vormeinungen einzuführen und ihm Einsichten in soziokulturelle Zusammenhänge zu vermitteln. Nur so eröffnen sich die Möglichkeiten der Mit- und Selbstbestimmung und nur so wird die vertraute Lebenswelt *Gegenstand der Reflexion.*

Die Leitvorstellung der Handlungsfähigkeit

Die »Handlungsfähigkeit« wurde zu einem Inbegriff der Reform der späten sechziger Jahre, insbesondere für den sozialen Bereich[7]. Mit ihr wird es eine wichtige Auf-

---

[6] Fr. Kümmel, a.a.O., S. 179: »Angesichts der sozialen Determination der Wirklichkeit kann man fast den Eindruck gewinnen, daß die hemmenden Faktoren die denkfördernden meist überwiegen und es nahezu Ausnahmebedingungen sind, die einen für das Denken förderlichen Umgang und Habitus erzeugen. Dazu gehören Selbständigkeit und Selbstvertrauen, . . .« Selbstverständlich ist »frageloses Hinnehmen« nicht immer schon identisch mit »Korruption des Denkens«. Das ist vielmehr nur dort zu finden, wo eigenes Fragen durch übermächtige Andere und unverstandene Erklärungen verdrängt wird. Das Wissenwollen steht dann in keinem Zusammenhang mehr mit dem aufgenommenen Wissen.

[7] Der auf die »Frankfurter Schule« zurückgehende Begriff der Handlungsfähigkeit wurde insbesondere durch Klaus Giel und G. G. Hiller für die Didaktik der Primarstufe fruchtbar gemacht. G. G. Hiller, Die Elaboration von Handlungs- und Lernfähigkeit durch eine kritische unterrichtliche Rekonstruktion von Themen des öffentlichen Diskurses. In: Giel/Hiller, Stücke zu einem mehrperspektivischen Unterricht. Aufsätze zur Konzeption 1. Stuttgart

gabe der Schule, das Lernen auf die verantwortliche Teilnahme am gesellschaftlichen Leben zu beziehen, nicht nur dieses oder jenes faktische Wissen zu vermitteln. Die Handlungsfähigkeit macht zugleich aber auch bewußt, mit welchen Schwierigkeiten die Verwirklichung dieses Zieles heute verbunden ist. Wenn das schulische Lernen ausdrücklich auf die Handlungsfähigkeit bezogen wird, dann geht diese Forderung von der Tatsache aus, daß dies nicht selbstverständlich ist und daß die Lebenswelt heute immer unüberschaubarer wird und nicht zu verantwortende Abhängigkeiten erzeugt. Die technische Massengesellschaft lebt von Prozessen und wissenschaftlichen Forschungen, die dem Common sense insgesamt verschlossen bleiben. Wer weiß heute schon, wie sicher Atomkraftwerke sind?

Der Begriff der Handlungsfähigkeit betrifft daher letztlich das Verhältnis von Technik und Demokratie[8]. Die politische Form der Selbstverwirklichung des Menschen ist die Demokratie. Aber Demokratie wird nicht automatisch durch technische Prozesse hervorgebracht. Die technische Perfektionierung in der Beherrschung von Naturprozessen macht den Menschen nicht von selbst verantwortungsbewußter, menschlicher oder besonnener. Eher das Gegenteil ist der Fall. Technisch gesteuerte Produktionsprozesse haben sich so verselbständigt, daß sie ihre eigenen Notwendigkeiten hervorbringen, ohne daß dabei schon berücksichtigt wäre, ob diese dem Menschen nützen oder nicht. Die von der Technik geprägte Alltagswirklichkeit erscheint viel häufiger als Verhinderung denn als Förderung der Selbstentfaltung. Wir brauchen nur an die Umweltbelastungen im Gefolge der Industrialisierung zu denken. Die technisierte Wirklichkeit wurde denn auch von vielen Autoren als eine so starke Beeinträchtigung der kindlichen Erfahrungsfähigkeit angesehen, daß man forderte, dem müsse in einer geplanten Vorschulerziehung entgegengewirkt werden[9]. Daß man heute ebensowenig ohne Technik auskommen kann und die große Verweigerung keine Alternative ist, gilt auch unbestritten. Daher wird es zu einer grundlegenden Bildungsaufgabe unserer Gegenwart, wissenschaftliche Auslegungen, die unseren Alltag regeln, partiell in den Umkreis menschlicher Sinnverständigung zurückzuholen, anders wäre eine Demokratie nicht lebensfähig. Handlungsfähig ist der, der auch heute eigenständige und verantwortliche Entscheidungen treffen kann. Daß dies im-

---

1974; Kl. Giel, Vorbemerkungen zu einer Theorie des elementaren Unterrichts. In: Giel/Hiller, Stücke zu einem mehrperspektivischen Unterricht. Aufsätze zur Konzeption 2. Stuttgart 1975.

[8] J. Habermas, Technischer Fortschritt und soziale Lebenswelt. In: Habermas. Technik und Wissenschaft als Ideologie. Frankfurt 1968. Technisches Verfügen ist nicht identisch mit aufgeklärtem Handeln.

[9] H. R. Lückert, Begabungsforschung und basale Bildungsförderung. In: Die Grundschule 2 (1968). Braunschweig: Westermann. Der hier vorgetragene Grundgedanke, Erfahrungsdefizite, die in einer technisierten Welt notwendig entstehen, durch Intellektualisierung auszugleichen, wurde von Lückert ja wiederholt vorgetragen. Überhaupt hat der Gedanke des Ausgleichens durch geplantes Lernen, der aber noch kein Schulunterricht sein sollte, die Vorschuldiskussion maßgeblich bestimmt.

mer nur in begrenzten Handlungsfeldern möglich ist, versteht sich von selbst. Wichtig ist hier der Gedanke, die Lebenswelt rational durchschaubar zu machen. Unterricht hat in einer grundsätzlichen Weise in diesen Prozeß einzuführen. . . .[c]

II. Didaktischer Orientierungsrahmen

Wir müssen davon ausgehen, daß der Inhalt des sozialen Lernens in der Schule[d] aufs Ganze gesehen das Ergebnis didaktischer Entscheidungen ist. Die didaktische Überlegung, die immer die Unterrichtswirklichkeit und die aktuelle Theoriediskussion einschließt, bringt den Unterrichtsgegenstand hervor. Er liegt keineswegs schon in der Alltagswirklichkeit bereit und braucht nur abgeholt zu werden wie Ware aus einem Fach. Unterricht bildet nicht einfach ab. Weil dem so ist, greifen alle Ansätze bloßen Beschreibens zu kurz. Im Hinblick auf die dem Kinde möglichen Reflexionen und im Hinblick auf die sachlich als notwendig erachteten Einsichten wird ausgewählt und arrangiert. Die Inhalte des Unterrichts[e] sind grundsätzlich Rekonstruktionen und keine Abbilder.

Die Grundlage dieser Unterrichtskonzeption bildet das Verständnis von Erfahrung und Wissenschaftsorientierung. Die Ausarbeitung des Unterrichts geschieht in der Vermittlung dieser beiden Faktoren. *Erfahrung* ist einmal das, was die Schüler[f] zur Schule mitbringen und was durch Unterricht aktualisiert werden muß. Sie ist die Grundlage des Wissenwollens und die Voraussetzung der Plausibilität. *Erfahrung* ist aber auch, was der Unterricht selbst gezielt zu vermitteln hat. Er soll Erfahrungen ordnen und klären bzw. hierzu anleiten und er soll zum Sammeln neuer Erfahrungen anregen, damit das Kind neue Erfahrungsfähigkeiten entwickeln kann. *Wissenschaftsorientierung* aber betrifft das Ziel, auf das hin Unterricht anzulegen ist. Sie bezeichnet die Grundstrukturen, nach denen sich die Erfahrung ordnen kann. Wissenschaftsorientierung beschreibt dieses Ziel nur formal. Sie muß von Fall zu Fall konkret ausgelegt werden[11].

Die Spannung von Erfahrung und Wissenschaftsorientierung macht deutlich, daß sich der Unterricht nicht damit begnügen kann, über Ereignisse und Einrichtungen in der Umwelt sprechen und berichten zu lassen; er muß dem Schüler vielmehr gezielt die Möglichkeit bieten, seine Erfahrungen zu ordnen und in schlüssige Zusammenhänge zu bringen. Im Vordergrund steht *das strukturierte und strukturierende Handeln*[12]. Der Schüler soll auf den Weg von der Außenansicht der Dinge, vom nur praktischen Umgang zur Einsicht in strukturelle Beziehungen gelangen und so die Möglichkeit zur eigenen Stellungnahme erhalten[13]. Für die Auswahl der Inhalte ist

---

11 Der Begriff der Wissenschaftsorientierung wird hier so gebraucht, wie ihn Bruner maßgeblich entwickelt hat, u. a. in: Die Relevanz der Erziehung. Ravensburg 1973; ders., Der Prozeß der Erziehung. Düsseldorf 1970; ders., Anmerkungen zu einer Unterrichtstheorie. Düsseldorf 1974.

12 Fr. Kümmel, Aspekte einer elementaren Denkerziehung in der Grundschule. A.a.O., S. 184.

13 J. S. Bruner, Relevanz der Erziehung. Ravensburg 1973. S. 147.

daher die Frage entscheidend, welche Erfahrungen der Schüler denn zu solch schlüssigen Zusammenhängen und zu Einsichten entwickelt werden können. Dies führt zu der Herausarbeitung von Erfahrungsfeldern[14], die sich durch spezifische Fragestellungen zu Einheiten zusammenschließen; Fragestellungen, mit denen Schüler unmittelbar etwas anfangen können. Dabei wird eine Begrifflichkeit maßgeblich, die noch vor der einer Fachterminologie liegt, wie sie den Fachunterricht bestimmt. . . .

Der Konsum ist z. B. ein Erfahrungsbereich mit intensiven Auswirkungen auf die Alltagswirklichkeit des Schülers. So spielt das Einkaufen in den verschiedensten Geschäften und zu den unterschiedlichsten Anlässen in seinem Leben eine wichtige Rolle. Aber schon die Zusammenfassung dieser spezifischen Erfahrungen unter dem Begriff Konsum bringt diese in ein gesellschaftliches Bezugsnetz. Konsum wird zu einem exemplarischen Fall für die Art und Weise, wie sich Bedürfnisbefriedigungen institutionalisiert haben. Selbstbedienungsladen und Supermarkt sind dann nicht einfach nur Selbstverständlichkeiten in der Alltagswirklichkeit, sondern das Ergebnis von Entwicklungen. Werden diese Entwicklungen und Wechselbeziehungen aufgezeigt, dann wird damit zugleich ein Stück der heutigen Lebenswirklichkeit aufgeklärt.

Alle Erfahrungsfelder haben jeweils diesen Doppelaspekt, der den Unterrichtsablauf vorgibt und das Planen leitet, ohne es festzulegen.

Im sozialen Bereich lassen sich u. a. die folgenden Erfahrungsfelder unterscheiden: Konsum – Wohnen – Freizeit – Arbeit und Produktion – Transport und Verkehr – Dienstleistung und Information. Dies ist eine inhaltliche Gliederung, die sich nicht am Fachsystem orientiert, aber auch keine Gliederung nach Fachbegriffen, wie Rolle, Herstellung, Verteilung, Verbrauch, Stand, Schicht, Klasse.

III. Das »Handeln« als Grundlage des Unterrichts

Die sozialen Studien sind nicht nur durch eigene Inhalte ausgelegt, ihre Eigenständigkeit beruht nicht nur auf der Gliederung der Lebenswirklichkeit durch Erfahrungsfelder, sondern ebenso auf spezifischen Verfahren des Lernens und Lehrens. Ohne diese Verfahren gibt es diesen Unterricht ebensowenig wie ohne die Inhalte aus der Lebenswirklichkeit. Die übliche Trennung von Inhalt und Verfahren verdeckt grundlegende didaktische Beziehungen, nämlich den Wechselbezug von Unterrichtsinhalt und Lernverfahren. Die Forderung aus den Anfängen der Reform, »Inhalte als Prozeß aufzufassen«, drückt diesen Sachverhalt prägnant aus[15].

---

[14] Dieser Begriff geht auf die Arbeit von Klaus Giel zurück, wie überhaupt der hier vertetene Ansatz maßgeblich von ihm entwickelt wurde. Es ist, so weit ich sehe, die einzige überzeugende Alternative zu einem Fachunterricht. Der von ihm entwickelte Gedanke der didaktischen Rekonstruktion gibt der Didaktik ein eigenes Fundament. Fr. Kümmel kommt zu ähnlichen Schlußfolgerungen in seinen Aspekten der Denkerziehung.

[15] H- Tütken und K. Spreckelsen, Zielsetzung und Struktur des Curriculums. Frankfurt 1970. S. 11. In diesem Zusammenhang wird dann auch der Begriff der ›Wissenschaftsorientierung‹ entfaltet.

Das spezifische Verfahren der sozialen Studien läßt sich mit dem Begriff des Handelns charakterisieren. Der Schüler erscheint in dieser didaktischen Überlegung in zweifacher Weise als ein Handelnder, als »Handelnder in der Alltagswelt« und als »Handelnder im Unterricht«.

Aufgabe der didaktischen Theorie ist es einmal, die Handlungen oder Besorgungen bewußtzumachen, durch die das Wirklichkeitsverständnis des Schülers vermittelt wird. Das Handeln ist hier der Spiegel, der die Betroffenheit des Schülers von gesellschaftlichen Einrichtungen sichtbar macht.

Aufgabe dieser Theorie ist es zweitens, die Möglichkeiten aufzuzeigen, wie der Schüler im Unterricht aktiv werden und handeln kann. Es sind Arrangements herauszuarbeiten, die dem Schüler die Gelegenheit zu solchen Aktivitäten geben, mit denen sich seine Erfahrungen klären und strukturieren. Es ist fast überflüssig, zu betonen, daß beide Handlungsebenen zusammenhängen und die unterrichtlichen Möglichkeiten eben nur aufgrund des Handelns in der Alltagswirklichkeit herausgearbeitet werden können.

Der Schüler als Handelnder in der Alltagswirklichkeit

Der notwendige Erfahrungsbezug des Unterrichts wird hergestellt durch die Fragen: »Wie handelt der Schüler in der Alltagswirklichkeit? Von welchen Besorgungen wird er eingenommen? Was beschäftigt ihn und füllt ihn aus?«

Die Herausarbeitung dieser Besorgungen vermittelt uns ein Bild, wie dem Schüler die Wirklichkeit erscheinen muß. Der Begriff der Besorgung ist ganz weit zu verstehen. Er schließt alle Aktivitäten ein, in denen Schüler ihre Welt erfahren und erleben. Sie betrachten diese Welt nicht, sondern sind immer von irgendwelchen Tätigkeiten in Anspruch genommen. So treten Schüler auf als Briefschreiber, Fernsehzuschauer, Straßenpassanten, Verbraucher von Schulartikeln, Fahrgäste in Bussen und Zügen, Besucher von Freizeitparks, Benutzer von Spielplätzen usw.[16].

Für die didaktische Ausarbeitung ist es grundlegend, diese Betroffenheit des Schülers durch Verrichtungen und Aufgaben in der Alltagswirklichkeit in den Blick zu bekommen. Die Grundzüge seiner Erfahrungen sind so herauszuarbeiten, daß sich der Unterricht auf sie beziehen kann. Damit gewinnen wir den Orientierungsrahmen für

[16] Klaus Giel: »Sein Anfang – der Anfang des elementaren Unterrichts – liegt inmitten des gelebten Lebens. In dieses gelebte Leben, hinter das auch nicht in der Form der Frage nach der natürlichen Lehrart zurückgegangen werden kann, sind wir durch unsere alltäglichen Besorgungen verstrickt. Auch das Leben der Kinder ist durch solche alltägliche Besorgungen ausgelegt. Besorgungen werden an Kinder delegiert – zur Entlastung der Erwachsenen – sie nehmen an Besorgungen gleichsam als Zuschauer teil, ihre ›Kindlichkeit‹ ist zum Teil durch spezifisch kindliche Besorgungen bestimmt (Schulaufgaben, Spielsachen aufräumen). Die Kinder leben jedenfalls inmitten unserer Welt als Verkehrsteilnehmer, Einkäufer, Fernsehkonsumenten, Autoexperten, Bundesligakenner, Gesellschaftskritiker. Ihre Wirklichkeit, das ist der Supermarkt um die Ecke, der Fußballplatz des XY-Vereins, die Fabrik usw. Von der Arbeit, die hinter den Fabrikmauern verrichtet wird, weiß das Kind soviel, wie jedermann davon weiß. – Es werden Autos darin hergestellt an Fließbändern usw.« A.a.O., S. 121.

die Organisation des Lernens. Unterricht wird auf sozio-kulturelle Interaktionen bezogen, auf das Einkaufen, das Wohnen, das Fernsehen usw. Er erschöpft sich aber nicht in der bloßen Beschreibung der Institutionen und typisierten Verhaltensweisen, sondern verlängert das Handeln sozusagen in die Schule hinein, etwa in der Form spielerischer Rekonstruktionen oder Projekte, die regelhafte Zusammenhänge erkennbar werden lassen.

Mit diesen Überlegungen wird das eingeleitet, was die Curriculumtheoretiker und -konstrukteure die Begründung oder Legitimation eines Unterrichtsthemas nennen. Denn auch sie gehen von der These aus, daß der Unterricht nicht einfach die Welt draußen in kleinen Abschnitten abzubilden hat, sondern Ziele eindeutig herausgearbeitet werden müssen, welche die Wirklichkeit unter pädagogische Leitvorstellungen bringt. Diese Begründung spricht den Lehrer als Mitarbeiter an. Er soll wissen, worauf es ankommt und wie die einzelnen Forderungen zu verstehen und einzuordnen sind.

Schlüsselbegriffe[17]

Diese Einheit der Handlung in Lebenswelt und Unterricht kann mit Hilfe von *»Schlüsselbegriffen«* hergestellt werden. Mit ihnen lassen sich Möglichkeiten der Schüleraktivität erschließen, mit denen sich die soziale Wirklichkeit ausklärt.

Beispiele:

Konsum

Einkaufen ist für Kinder immer ein wichtiger Vorgang, noch wichtiger aber ist vielleicht die schmerzliche Erfahrung, daß man sich viele schöne Dinge nicht kaufen kann, weil man kein Geld hat, weil man sie nicht braucht; Kaufen ist mit Wünschen verbunden, das Wünschen bringt immer auch die Frage des Brauchens auf. *Wünschen und Brauchen* sind aber auch die Pole, zwischen denen sich das Handlungsfeld Konsum erstreckt. Ziel des Themas ist, grundlegende Zusammenhänge in diesem Spannungsfeld (der Erörterung) zugänglich zu machen.

Wohnen

Die Wohnung ist für das Kind in Daseinserfahrungen gegenwärtig, im Platz für das Essen, im Zimmer für das Schlafen, in der Ecke für das Spielen. Lebensaktivitäten wie Essen, Waschen, Schlafen, Spielen, Feiern machen die Wohnung zum gelebten Raum. Sie ist dies zuerst und vor allem und nicht zweckmäßige Einrichtung. Der Gesichtspunkt der Zweckmäßigkeit ergibt sich erst aus der distanzierenden Betrachtung, die der Unterricht herbeiführen muß.

---

[17] Der Schlüsselbegriff wird hier in einer ähnlichen Weise benutzt wie das »Konzept« in den von K. Spreckelsen adaptierten amerikanischen Curriculumstücken des SCIS-Projektes; jedoch nicht in der von Spreckelsen entwickelten rigiden Form. Sie sollen nicht durch Aktivitäten immer wieder bestätigt oder veranschaulicht werden, sondern sind Orientierungsmuster für konkrete didaktische Entwürfe.

Die Wohnung ist Stätte des Zusammenlebens. Wohnung und Familie, Haus und Nachbarn bilden eine Einheit. Das Kind erfährt, wie man sich auf andere einstellen muß und wie sich Interessen gegenseitig begrenzen. Sein Verhalten wird ausdrücklich, aber auch unausdrücklich, von Regelungen bestimmt. Im Unterricht sollen Regelungen an konkreten Fällen zugänglich gemacht werden.

Das Einrichten und die Regelungen des Zusammenlebens sind die Schlüsselbegriffe der didaktischen Aufarbeitung. . . .

Der Schüler als »Handelnder« im Unterricht

. . .

Fassen wir . . . unsere bisherigen Überlegungen zusammen, um eine tragfähige Ausgangsbasis zu gewinnen.

1. Gegenstand des Unterrichts ist die Lebenswelt des Schülers, und zwar in charakteristischen Ausschnitten, nicht global als Ganzes. Wir sprachen von Erfahrungsfeldern.

2. Aufgabe des Unterrichts ist die Vermittlung der »Handlungsfähigkeit«. Diese kann nicht unmittelbar eingeübt und gelehrt werden; sie ist vielmehr das Ergebnis des besonnenen Handelns, das Ergebnis also von Tätigkeiten, die zum Nachdenken zwingen und Zusammenhänge bewußtmachen.

3. Wenn »Handlungsfähigkeit« nur durch besonnenes Handeln zu erreichen ist, dann wird das Verfahren, die Weise des Vorgehens grundlegend. Der Unterricht muß selbst zu einem Prozeß besonnenen Handelns werden, und zwar im Hinblick auf die genannten Erfahrungsfelder.

4. Das Ergebnis des besonnenen Handelns ist die Strukturierung der Erfahrungs- und Lebenswirklichkeit des Schülers. Er gelangt von der Außenansicht der Dinge zu den Gesetzen und Regeln, die sie bestimmen oder hervorbringen.

Diese Sätze legen die Lehrtätigkeit auf die Grundlinie fest, dem Schüler gezielt, eben durch methodische Arrangements und Material, Gelegenheit zu besonnenem Handeln zu geben. Die Schülertätigkeit selbst wird im Rahmen der ausgearbeiteten Zielvorstellungen zur Grundlage des Unterrichts. Wie das aussieht, soll die Gegenüberstellung von Belehren und Bewußtmachen zeigen. In der Belehrung übernimmt der Schüler das, was diejenigen, die es besser wissen müssen, ihm sagen. In dem Prozeß des Bewußtmachens werden ihm dagegen durch die Anstrengung eigenen Nachdenkens, Beziehungen in der Lebenswirklichkeit deutlich. . . .[8]

Die Bewußtwerdung betrifft die Gesamtperson des Kindes, sie ruft Lernprozesse hervor, die nur langfristig zu Ergebnissen führen und daher langfristiger Planungen bedürfen, die dem Schüler auf immer höheren Ebenen die Möglichkeit gibt, die gewonnenen Einsichten anzuwenden. Durch eine einmalige Belehrung läßt sich hier ebensowenig etwas erreichen wie durch linear verstärkende Übungen. Im ersten Fall ist es zu wenig und im zweiten Fall zu äußerlich. Soziales Lernen ist mehr als Konditionierung.

8. Roswitha Heinze-Prause/Thomas Heinze

Soziale Interaktion in der Schulklasse. Versuch der Beschreibung, Interpretation und Konstruktion sozialer Lernprozesse. Lernziel: Soziale Kompetenz

Vorbemerkung

Banfield[1] berichtet über eine Landgemeinde Süditaliens: »Es ist nicht unüblich, daß ein Lehrer zu spät zum Unterricht kommt und den Vormittag damit zubringt zu rauchen und nichtstuend aus dem Fenster zu gucken« . . .

Über ›Anstandsformen‹ und Regeln von Unterricht möchten wir[2] zunächst – sehr pragmatisch und ohne besondere Systematisierung – berichten. Aus der Beschreibung einiger Merkmale und Dimensionen der ›totalen Institution‹ (*Goffman* 1973) Schule – insbesondere der sozialen Situation Unterricht – soll der Zwangscharakter schulisch organisierten Lernens sichtbar werden.

Welcher Taktiken bedienen sich Schüler, um diese Situation auszuhalten?

Gibt es Kategorien, um solche Taktiken zu beschreiben?

Wie definieren Schüler spezifische Taktiken (des sozialen Handelns), die sie im Unterricht verwenden? Diese Fragen beschäftigen uns im folgenden Exposé. Aus Unbehagen darüber, daß wesentliche soziale Prozesse in der Literatur über Unterrichts- und Curriculumforschung ausgeklammert werden – wahrscheinlich deshalb, weil diese Probleme mit den herkömmlichen Methoden und Standards empirisch-analytischer Wissenschaftstradition bzw. -ideologie nicht erfaßt werden können und deshalb auch keine Rolle im Kopf des Wissenschaftlers spielen dürfen (unerlaubtes Erkenntnisinteresse) – und aus persönlich erlebten Schul- bzw. Unterrichtskonflikten resultieren die folgenden Überlegungen sowie der Versuch zu begründen, warum es sinnvoll ist, über Taktiken (verschwiegenen) sozialen Handelns von Lehrer und Schülern nachzudenken. Und: wie es möglich ist, Lehrer und Schülern dies bewußtzumachen. Ziel dabei ist, Lehr- und Lerngruppe zu sensibilisieren, ihr eigenes Verhalten zu beschreiben und zu analysieren. Curriculumforscher werden erst dann innovatorisch wirken können, wenn sie sich bemühen, auf inhaltlicher und sozialer Ebene gemeinsam mit Lehr- und Lerngruppen Kategorien und Methoden zur Selbststeuerung unterrichtlichen Handelns zu entwickeln und erproben.

---

[1] E. C. Banfield, The Moral of a Backward Society (unveröffentlichtes Manuskript), S. V–7, zit. nach E. Goffman, Verhalten in sozialen Situationen. Gütersloh 1971, S. 185.

[2] Roswitha Heinze-Prause arbeitet als Lehrerin in der Sekundarstufe I (Hauptschule) mit vorwiegend Arbeiterpopulation in Wiesbaden; Thomas Heinze arbeitet als Sozialwissenschaftler im BTZ Wiesbaden. Die praktischen Beispiele (z. B. Interviews, Schüleräußerungen) stammen aus dem Projekt: Heinze/Schulte, Analyse und Veränderung der Kommunikationssituation Fernsehen. Projektheft 9, Wiesbaden 1973, bzw. dem Projektheft 1 von Heinze/Schulte, Versuch einer Phänomenologie von Unterrichtsprozessen. Wiesbaden 1973.

Zur sozialen Situation Unterricht: Rationalisierung sozialen Handelns und Orientierungsrigidität

Goffman bezeichnet eine Institution dann als total, wenn sie »die Interaktionen der ihr angehördenden Individuen umfassend regelt, kontrolliert und die ihr anvertrauten, zugewiesenen und vermittelten Individuen von der Außenwelt abschirmt und isoliert« (*Homfeldt* 1973, S. 771).

Homfeldt faßt die nach *Goffman* möglichen – als Idealtypen verstandenen Lebensformen – Reaktionsweisen, die Individuen auf Interaktionserfahrungen in totalen Institutionen entwickeln, wie folgt zusammen:

»1. Es entwickelt allen möglichen Vorgängen und Aktivitäten gegenüber ein demonstratives Desinteresse (›situational withdrawal‹), sofern es nicht unmittelbar selbst angesprochen ist.

2. Es verweigert die Zusammenarbeit mit dem Stab, dem Personal oder dem Kollegium und wird von diesem als Störenfried definiert.

3. Es definiert seine Situation mit Hilfe des ihm verbliebenen Interaktionsspielraumes und formt entsprechend die Normen der totalen Institution für sich selbst so um, daß sie in seine Fiktion vom Leben außerhalb der totalen Institution passen.

4. Das Individuum verinnerlicht die Normen der Institution und paßt sich seinen Erwartungen an« (*Homfeldt* 1973, S. 772).

Im folgenden möchten wir darlegen, weshalb unserer Meinung nach die konventionelle Schule in die Nähe einer ›totalen Institution‹ rückt, wobei nicht nur die starren, als unveräußerlich geltenden, durch die Verwaltungsorganisation verfügten apriori[a]-Regeln (*Homfeldt* 1973), sondern auch die individuellen – sicherlich von der Verwaltungsorganisation getrübten (aber nicht nur) – Regeldefinitionen der Lehrer für diese Sichtweise sprechen.

Die Schule ist ein Ort, in der eine Engagementstruktur für die Lerngruppe (Lehrer/Schüler) aufgebaut wird, die, weil sie sich in ganz fest definiertem Verhaltensrahmen institutionalisiert hat, den Grad der *Unangemessenheit* spezifischer *Zuwiderhandlungen* rigide festgelegt hat im Gegensatz zu *alltäglichen Interaktionssituationen,* in denen den Interaktionspartnern mehr oder weniger *Freizügigkeit situationeller Orientierung* zugestanden wird[3].

In diesen alltäglichen Situationen wird eine *reduzierte situationelle Anwesenheit* in der Regel nicht disziplinarisch sanktioniert (z. B. Krawatte lockern, Schuhe ausziehen, rülpsen etc.). Daneben gibt es Situationen, in denen wenige *situationell unorientierte Aktivitäten* erlaubt sind. Interaktionen in der Schule zum Beispiel werden von Regeln determiniert, die sich gegen *externe Betätigung* – besondere Formen von *Engagement* oder *Absenz* der Schüler – richten und garantieren, daß der einzelne (Lehrer, zumeist aber Schüler) sich nicht Dingen hingibt, die aus der Situation herausfallen. Konkret heißt das:

---

[3] Als Beispiel für außergewöhnliche Freizügigkeit situationeller Orientierung können Situationen im Hyde-Park in London bzw. die private Situation Familie, in der es möglich ist, sich in situationellem DESHABILLE[b] zu zeigen, genannt werden.

In der Schule wird der Aktivitätsspielraum, werden die zugelassenen Aktivitäten der Beteiligten genau festgelegt. Lernen findet statt zu bestimmten Zeiten, in bestimmten Räumen, mit bestimmten Lehrer-Schüler-Frequenzen und bestimmten Inhalten.

☐ Die faktische Situation Unterricht ist vom technologischen Prinzip durchdrungen: alle Aktionen in der Klasse, vor allem die des ›*Situationsmanagers*‹ Lehrer sind dem Zweck-Mittel-Schema untergeordnet.

☐ Allgemeines Ziel ist die Ingangsetzung bestimmter erfolgreicher Übermittlungsprozesse von Wissen/Kultur/Normen usw. Konkretes Ziel ist die Umsetzung von – zumeist – stundenmäßig untergliederten Teilzielen von Übermittlung. Was über den Vermittlungsprozeß hinaus noch an sozialem Handeln der Beteiligten passiert, hat untergeordneten, dem Hauptziel dienenden Charakter (vgl. *Jackson* u. *Henry* 1973).

Dementsprechend wird alles Handeln, das mit dem strategischen Haupthandeln im Unterricht nichts zu tun hat, übersehen oder abgewertet. Taucht es bei Schülern auf, so wird es – in der Regel – disziplinarisch sanktioniert. Die Beschränkungen, die den Schülern oktroyiert werden, beziehen sich vor allem auf die Ausübung sozialer Kontakte (motorische Bewegungsfreiheit).

Nur bestimmte körperliche Aktivitäten werden geduldet, andere wiederum erzwungen (z. B. Sitzen während bestimmter Zeit). Es besteht ein explizites Sprechverbot während bestimmter Unterrichtssituationen. Kommunikative Gesten werden zumeist reglementiert und eingeschränkt (z. B. Blickkontakte), die körperlichen Kontakte weitgehend unterdrückt[4]. Eine besondere Rolle spielt dabei der Lehrer. Typisch für Unterricht ist die Tatsache, daß der Lehrer für sich in Anspruch nimmt, Situationen zu definieren, die ziel- und handlungsorientierten Prozesse zu steuern und zwar so, daß seine Chance der Einflußnahme in der Situation durchweg größer ist als die der Schüler. Er nimmt für sich in Anspruch, daß ihm selbst, wenn nicht ein Monopol, so doch ein deutliches institutionell abgesichertes Übergewicht zusteht, um Situationen vorweg und nicht erst in ihrem Vollzug selbst zu strukturieren (vgl. *Mollenhauer* 1972).

Der Lehrer steuert den sozialen Verkehr im Klassenraum, er legt üblicherweise die Formen sozialen Engagements fest, das die Schüler zu zeigen haben und bestimmt die Höflichkeitsform des Umgangs miteinander.

Er hat das fast uneingeschränkte Recht, die einzelnen Kinder zu jeder Zeit zu einem Kontakt zu veranlassen – die Kinder haben kaum *legitimierte Möglichkeiten*, sich gegen die direkten Zugriffe des Lehrers zu wehren.

Dieser Typus von Herrschaft wird von *Goffman* wie folgt umschrieben: »Derjenige in der Situation, dem das rigideste Anstandsverhalten in der Situation geschuldet wird . . ., neigt dazu, die Zusammenkunft zu dominieren, ohne zu beachten, inwieweit er den übrigen Anwesenden gegenüber in einer hoffnungslosen Minderheit sich

[4] Diese Gedankengänge verdanken wir *Jürgen Zinnecker*, sozialwissenschaftlicher Mitarbeiter des BTZ Wiesbaden.

wichtig

befindet, ihnen, die alle gleich miteinander vertraut sind und die sich locker verhalten könnten, wäre er nicht dabei« (*Goffman* 1971, S. 210).

Das technologische (zweckrationale) Prinzip von Unterricht verursacht Störungen analoger Kommunikationsprozesse: Der Lehrer besteht häufig darauf, daß nur digitalisierbare[c] (»sachliche«) Gehalte als Kommunikationsinhalte zugelassen werden. Mögliche Konflikte auf der Beziehungsebene werden durch die dominierende Kommunikationsmodalität (Tonfall, Lautsymbolik, Körpersprache) des Lehrers gar nicht erst zugelassen, geschweige denn ausgetragen. Der pädagogische Umgang wird auf die thematischen Gehalte reduziert, analoge Kommunikation findet allenfalls auf der Ebene kollektiver Stereotypie statt (vgl. *Mollenhauer* 1972, S. 75 ff.).

Aufgrund der Tatsache, daß die Chancen für bestimmte Kommunikationsmodi (von Imperativen, Fragen, Dialogen, Einzelreflexionen) ungleich unter den Kommunikanden (Lehrer/Schüler) verteilt sind, kommt es in der Regel zu Störungen symbolisch-kommunikativer Prozesse im Unterricht wie: Unterschlagung oder Tabuierung von Inhalten, Fixierung auf bestimmte Formen der sprachlichen Mitteilung, Verkürzung der Explikation von Phantasiegehalten, restringierte oder verzerrte Darstellung von Intentionen (vgl. *Mollenhauer* 1972, S. 72).

Möglichkeiten der Reduzierung situationeller Anwesenheit und Formen verschwiegenen Handelns im Unterricht

Welche wesentlichen untergründigen Lernprozesse laufen in der Schulklasse neben dem offiziellen Geschehen (Lehrplan, reglementierte und öffentlich legitimierte Interaktionsformen) noch ab? Welcher Taktiken der (versteckten) Abwehr bedienen sich Schüler gegenüber dem Zwangscharakter (Regeln) von Unterricht, um diese Situation überhaupt auszuhalten?

Unterricht ist eine spezifische Interaktionssituation, in der die Beteiligten sich – wir beschränken uns im folgenden auf die ›Interaktionskultur‹ der Schüler – besonderer inter- bzw. intrapersonaler[5] Taktiken bedienen, die zum Beispiel ihr Engagement (*Selbstengagement oder verborgenes Engagement*) oder Desinteresse etc. dokumentieren. Dieser Taktiken (z. B. nichtsprachliche abweisende Gesten, gelangweilter Ausdruck, stille Konzentration, besondere Zuwendung) bedienen sich Schüler, um damit bestimmte Situationen so zu definieren, daß sie ihren Zielen oder Verhaltens- und Handlungsmöglichkeiten entsprechen.

Zudem können solche Taktiken als Symptom genommen werden für bestimmte Situationen, in denen sich der einzelne Schüler befindet. *Goffman* beschreibt interper-

---

[5] Interpersonelle Taktiken der Schüler sind solche Tätigkeiten oder Interaktionen, die ausdrücklich auf andere Gruppenmitglieder gerichtet sind und deren Reaktionen zu beeinflussen trachten; – intrapersonal sind z. B. alle egozentrischen Aktivitäten (alle Taktiken des SELBSTENGAGEMENTS wie: in der Nase bohren, Briefchen schreiben etc. gehören dazu). An späterer Stelle werden wir auf die ›Doppelbödigkeit‹ dieser Taktiken hinweisen.

sonale Taktiken als Versuch des Individuums, seine Identität zu wahren und zwar in solchen Situationen, in denen es sich in irgendeiner Form von Konflikt fühlt.

Da wir keine Theorie interpersonaler Taktiken kennen, die es erlauben würde, bestimmte Taktiken auf bestimmte Zustände zurückzuführen, andererseits aber eine Klassifikation von Taktiken benötigen, um Hypothesen über interpersonale Taktiken und andere Bestandteile des Kommunikationsprozesses bilden zu können, orientieren wir uns an dem über Fallstudien gewonnenen Kategorienschema von *Goffman* (1971). Die Vorgehensweise von *Goffman* entspricht weitgehend der der Literatur im 19. Jahrhundert (z. B. *Balzac*): Man expliziert (mit zahlreichen Analogien und sehr ausführlich) das, was sich verkürzt und flüchtig, auch optisch unbewußt, in einer Geste, die irgendeine interpersonelle Bedeutung hat, niederschlägt, solange, bis man die besondere Geste, und damit auch die Situationsdefinition, die mit dieser Geste expliziert werden soll, erfaßt hat.

In verschiedenen Unterrichtssituationen haben wir unsere Aufmerksamkeit auf den Ablauf der Vorgänge während der sozialen Interaktion gerichtet – auf der Ebene körperlichen Kontakts und körperlicher Nähe, des Gesichtsausdrucks und -gestik, der Kopfbewegung und Blickrichtung, der verbalen und nichtverbalen Inhalte von Äußerungen[6].

Diese durch den Körper vermittelten, expressiven Zeichen können allerdings zur Modifikation all dessen benutzt werden, was ein einzelner mit seiner Feststellung einem anderen gegenüber meinen kann. Deshalb – das möchten wir bereits an dieser Stelle sagen – ist die Analyse von inter- bzw. intrapersonalen Taktiken problematisch, auf jeden Fall langwierig: Wenn man Mimik und Gestik beobachtet – die ja einen spezifischen Charakter von Sprache haben – stellt man fest, daß diese Zeichen immer zweideutig, doppelbödig sind. Selbst wenn bestimmte Personen in ihrer Gestik etwas Bestimmtes ausdrücken, so können sie nachher immer sagen, so meine ich das gar nicht.

»Indes ist es der besondere Charakter vieler solcher Gesten und Blicke, betrachtet man ihren Kommunikationsgehalt, daß sie nicht so leicht auf einen Punkt auszurichten oder abzuschirmen sind, sondern im Extremfall dazu tendieren, für jedermann in der Situation in ihrem Umfang erkennbar zu sein. Während außerdem im Gegensatz zur Sprache diese Zeichen sich nicht zu eignen scheinen für lange, weitschweifige Botschaften, scheinen sie sehr wohl dazu angetan, Informationen über die sozialen Attribute des Agierenden zu vermitteln, über das Bild, das er von sich selbst, von den anderen und der gesamten Veranstaltung hat« (*Goffman* 1971, S. 42).

Für den Lehrer wie wissenschaftlichen Begleiter und Beobachter stellt sich die *Frage nach dem Stellenwert spezifischer Taktiken von Schülern.*

Beobachtung schulischer Lernsituationen wird – gemäß dem Anspruch von Hand-

---

[6] *Michael Argyle* – ebenfalls wie *Goffman* Vertreter der phänomenologischen Forschungstradition – liefert in seinem Buch ›Soziale Interaktion‹, Köln 1972, eine Menge theoretischer Überlegungen und empirischer Befunde der Sozialpsychologie zum kommunikativen Kontext nonverbaler Schlüsselreize.

lungsforschung – dem Kriterium Rechnung tragen müssen, die Komplexität der ablaufenden Prozesse nicht auf vorab festgelegte Variablen zu reduzieren und isolieren. Dadurch wird verhindert, daß ohne Kommunikationszusammenhang mit der Praxis (Lehrer/Schüler) dieser Deutungsschemata unterlegt werden. Deutungen der Lernsituationen müssen durch die Kommunikation zwischen den Beteiligten (in diesem Fall Forscher-Schüler) entwickelt und überprüft werden[7].

Aus diesem Grunde haben wir im Anschluß an Unterrichtsbeobachtung Gespräche mit Schülern geführt, die sich im Unterricht spezifischer Taktiken (des verschwiegenen Handelns) bedient haben. In Gruppeninterviews haben wir unsere Fragestellungen (Beobachtungen) – Probleme der Aufmerksamkeit der Schüler im Unterricht und deren Tarnung – und deren Deutung mit den Schülern diskutiert, um daran deren Deutungsschemata von der Situation zu erfahren und mit unserer Deutung zu konfrontieren.

Obwohl es uns gelegentlich gelang, bestimmte Taktiken (z. B. schlief eine Schülerin während einer Unterrichtsstunde, sie lag mit dem Kopf auf ihrer Bank) der Ablenkung von Schülern vom Unterrichtsgeschehen auf spezifische Ursachen zurückzuführen (die Schülerin erklärte uns in einem Gespräch, daß sie die ganze Nacht zuvor durchgetanzt habe und total erschöpft sei), sind wir uns darüber im Klaren, daß eine Analyse inter- bzw. intrapersonaler Taktiken der Situationsdefinition darüber hinaus verlangt, einzelne Schülerbiographien auf der Basis von Prozeßbeobachtung inner- und außerhalb der Schule sowie der Ermittlung objektiver Sozial- und Lebensweltdaten auszuarbeiten. Die folgenden Kategorien beschreiben Regeln, die die Zuwendung von Engagement der Schüler bzw. ihre Ablenkung vom Unterrichtsgeschehen betreffen.

Einige Kategorien, mit denen ‹Zuwendung‹ bzw. ›Ablenkung‹ in bezug auf Unterrichtsgeschehen beschrieben werden kann

Abgeschirmtes Engagement

Es gibt häufig Situationen im Unterricht, in denen das Gefühl (subjektives Engagement) von Schülern nicht zusammenfällt mit dem offiziell vom sozialen Anlaß (z. B. dem Lerngegenstand) her geforderten Engagement – das zumeist aus der Sicht des Lehrers von den Schülern verlangt wird.

Aus Angst vor negativen Sanktionen – die Manifestation[d] des subjektiven Engagements kann als Regelverletzung definiert werden – verbergen die Schüler inadäquates[e] (subjektives) Engagement und tragen angemessenes (anlaßgemäßes) zur Schau. Beispiel: Schüler können sich nicht mit einer Sache (Lerngegenstand) identifizieren und sind deshalb nicht mit den vom Lehrer erwarteten Engagementregeln einverstanden. Sie begeben sich nicht in die Situation, sondern bedienen sich inter- bzw. intraperso-

---

[7] Diese Hinweise verdanken wir *Bernd Stickelmann*, sozialwissenschaftlicher Mitarbeiter des BTZ Wiesbaden.

naler Taktiken, die die Funktion von Schutzwällen und Barrieren haben, nämlich ihr subjektives Engagement, das negativ sanktioniert würde, gegen Wahrnehmung schützen sollen. Das kann dadurch geschehen, daß sie die Wahrnehmung der körperlichen Anzeichen oder die der Gegenstände des Engagements blockieren.

Engagementschutz kann also als ein Mittel definiert werden, »das dem Einzelnen ermöglicht, den Eindruck angemessenen Engagements aufrechtzuerhalten, während er in Wirklichkeit seine situationellen Pflichten verletzt« (*Goffman* 1971, S. 49).

Ein Beispiel für solche Schutzvorkehrungen, die Desinteresse an der Situation vertuschen sollen, stammt von einer Schülerin (Denis, 6. Realschulklasse einer Mittelpunktschule): »Bei Herrn M. in Mathematik, wenn Herr M. sagt, jetzt überlegt euch mal, was dazu zu sagen ist, dann tue ich so, als ob ich angestrengt nachdenke, in Wirklichkeit bin ich mit den Gedanken woanders.«

Die Anwendung solchen Schutzes sagt – so konstatiert *Goffman* – ebensoviel aus über die Macht der situationellen Anforderungen, wie über die Tendenz einzelner, nach Mitteln zu suchen, sich ihnen zu entwinden.

Man könnte aus dem bisher Gesagten schließen, daß ein Wohlverhalten in der Situation (Unterricht) schon durch volle Hingabe des Ich an ein dem Anlaß entsprechendes Hauptengagement garantiert sei. Dies ist insofern trügerisch, als in den meisten Unterrichtssituationen die volle Hingabe der Schüler vom Lehrer nicht erwünscht ist. Formen des Überengagements im Unterricht sind: Völliges Aufgehen in der Situation durch zum Beispiel Recken des Armes und Schnippen mit den Fingern beim Melden. Dies wird vom Lehrer in der Regel verhindert. Stattdessen fordert er eine durch Nebenengagements (dies sind solche Aktivitäten, die der Schüler durchaus leicht zerstreut betreiben kann, ohne damit die gleichzeitige Pflege des Hauptengagements zu bedrohen oder zu vermengen) dokumentierte Selbstkontrolle. Die uns wohl geläufigste Form von Engagementkontrolle findet bei Mahlzeiten statt: Langsam essen, dem anderen nichts vom Teller nehmen etc.

Selbstengagement

Selbstengagement umfaßt egozentrierte, selbstvergessene Handlungen. Beispiele dafür im Unterricht: Briefchen schreiben, malen, in den Haaren wühlen, in der Nase bohren, mit der Haarspange spielen, mit dem Zirkel die Fingernägel reinigen, Schiffchen bauen etc.

Während es dem einzelnen, solange er allein ist, erlaubt ist, Selbstengagement zu zeigen, wird dies in Situationen mit anderen (also im Unterricht) zumeist als Regelverletzung definiert. Eine besondere Dimension des Selbstengagements sind die sogenannten ›kreatürlichen Ventile‹ *(Goffman)*: Flüchtige Handlungen, die der Selbstkontrolle des einzelnen entgehen und für einen Augenblick seine ›animalische Natur‹ sichtbar machen.

»Sie scheinen eine kurze Befreiung von Spannung zu gewähren, unter welcher der Mensch leidet, wenn er sich ständig und gänzlich im sozialen Gewand aufhält« (*Goffman* 1971, S. 73).

Geistige Absenz

Unter geistiger Absenz (Away) versteht *Goffman* eine vorgespiegelte Aktivität in einer sozialen Situation bei gleichzeitiger Beschäftigung mit anderen Gedanken. Dieser Art von Selbstemigration, die betrieben werden kann, ohne daß man sich körperlich entzieht, sind im Unterricht enge Grenzen gesetzt. Beispiele für geistige Absenz sind das Wiederauflebenlassen von Erfahrungen oder das Einstudieren von zukünftigen Handlungen in Form von Träumerei, Geistesabwesenheit etc.

Weitere Formen der geistigen Absenz sind das ›Zu-sich-selber-Sprechen‹, das heißt die Unterhaltung mit den Mitteln der Sprache und Gestik, in welcher die Person, zu der man spricht, man selbst ist (in diese Richtung gehört auch das Sprechen mit einer fiktiven Person. Man nimmt sich z. B vor und überlegt, was man einer anderen Person sagen will), und das ›Spielzeugengagement‹ *(Goffman)*, das heißt die Dokumentation geistiger Absenz durch Kritzeleien, Zusammensetzspiele oder Konzentration auf einen bestimmten Punkt.

Ein Beispiel aus dem Gespräch mit Schülern einer 6. Realschulklasse: Delf beschreibt seinen Nachbarn Jürgen: »Ich hab' festgestellt, daß mein Nachbar, der Jürgen, der ist ganz vom Unterricht weg, der beschäftigt sich mit anderen Dingen und wenn er aufgerufen wird, guckt er ganz erschrocken. Der macht das nicht wie ich, daß er mit einem Ohr zuhört, der ist ganz vom Unterricht weg. Das nur manchmal, nicht immer, aber der paßt irgendwie nicht auf, dann ist er natürlich ziemlich verlegen, wenn er rankommt, weil er nicht damit gerechnet hat.«

Jürgen guckt in diesem Fall – so Delf – aus dem Fenster oder spielt mit dem Füller, »aber nur wenn er nervös ist und wenn's im Unterricht langweilig ist«.

Augensprache

Eine weitere Dimension innerhalb der Kategorien, die eine Systematisierung inter- bzw. intrapersonaler Taktiken der Situationsdefinition von Schülern ermöglicht, stellt die sogenannte Augensprache dar. Neben den verbalen Äußerungen, Gesten, Bewegungen, der visuellen und kognitiven Aufmerksamkeit als Formen direkten Kontakts, stellt der Auge-in-Auge-Kontakt die stärkste und engste Verbindung zwischen Menschen dar und ist nur in der unmittelbaren Funktion möglich. Ein Blick zur Seite kann den Kontakt schon stören. Intimität, Sichverstehen und Sichzurückweisen beruhen – so *Goffman* – auf dem Auge-in-Auge-Kontakt. Die Augensprache dient als Vehikel, als Bitte für eine Begegnung. Die Vermeidung von Blickkontakten bewirkt Abstand zum Anderen und Reserviertheit: eine Begegnung soll nicht zustande kommen. Bewußte Vermeidung von Blickkontakten, zum Beispiel der Lehrer übersieht absichtlich Schüler, die sich melden und etwas sagen wollen, wird von den Betroffenen zumeist als Aggression und Überheblichkeit definiert.

Bei Blickkontakten in der Schulklasse läßt sich eine bestimmte Struktur feststellen: Die Schüler wenden in der Regel ihre Augen dem Sprecher zu. Interessant ist dabei festzustellen, ob es einen ritualen Rahmen wechselseitiger Aktivitäten (Blickkontakte) gibt. Man könnte sich folgende Situation vorstellen: der Lehrer eröffnet die Begegnung mit den Schülern durch Blickkontakte und fordert eine Erwiderung der Schüler als Zeichen der Starterlaubnis. Wichtig ist nun, ob und inwieweit die Schüler diese Blickkontakte zurückweisen oder umgekehrt, ob und inwieweit der Lehrer die Teilnahme an Blickkontakten von Schülern zurückweist, die beispielsweise voll Vertrauen auf Kontakt gehofft haben.

Oder die Situation, in der Schüler den Blickkontakt mit dem Lehrer meiden (sie schauen auf die Bank, den Fußboden oder zum Fenster hinaus), weil sie Angst haben, daß der Lehrer mit ihnen in Kontakt tritt, zum Beispiel sie auffordert etwas zu äußern, sie abfragt etc.

Wir möchten nun einmal darstellen, welche Beobachtungen wir im Verlauf einer Doppelstunde in einer 7. Realschulklasse gemacht haben und wie die Schüler, denen wir besondere Aufmerksamkeit geschenkt haben, im Gruppengespräch mit uns ihr Verhalten in dieser Situation gedeutet haben[8].

Schüler deuten Formen des verschwiegenen Handelns im Unterricht

Diskussion mit einer Schülergruppe nach den beiden Unterrichtsstunden (1. und 2. Stunde) von Lehrer H. am 22. 6. 73. An der Diskussion nahmen Jürgen, Stefan, Harald, Michael, Doris und Cornelia teil. Sie fielen mir (Th. H.) durch besondere inter- bzw. intrapersonale Taktiken auf.

☐ *Michael* (saß neben mir) spielte gegen Ende der 1. Stunde ca. 5 Minuten lang mit einem Draht und einem kleinen Lämpchen auf seinem Tisch (Taktik: Selbstengagement). Auf meine Frage, warum er dies tue, antwortete Michael, daß ihn der Unterricht langweile (man diskutierte in der Klasse gerade über die Darstellung des Simulationsspiels »Sozialisation durch Fernsehen«)[9]. Nach dieser Spielphase nahm Michael wieder regen Anteil am Unterrichtsgeschehen (häufiges Melden, häufige Beiträge).

☐ *Stefan, Jürgen und Harald* saßen in der hinteren Reihe am Fenster an einem Tisch und tauschten, ohne daß der Lehrer bzw. ihre Mitschüler dies merkten, unter dem Tisch Fotos aus (Taktik: abgeschirmtes Engagement). Diese Tätigkeit erstreckte sich auf die gesamte 1. Unterrichtsstunde. Während der Pause teilte ich dieser Gruppe meine Beobachtungen mit. Stefan, Jürgen und Harald erklärten einstimmig, sie hätten trotz dieser Tätigkeiten dem Unterricht folgen können. Bis gegen Mitte der 2. Stunde beteiligte sich diese Gruppe nicht am Unterrichtsgeschehen; sie bediente sich allerdings auch keiner besonderen Taktiken, um beispielsweise Desinteresse oder »abgeschirmtes Engagement« zu demonstrieren. Als über die Szene »Fußballspiel in der Turnhalle« des Simulationsspiels diskutiert wurde, beteiligte sich Jürgen sehr stark an der Diskussion.

☐ *Cornelia* gehörte zu einer sechsköpfigen Mädchengruppe, die während des Unterrichts auf drei Tischen in der hinteren Reihe saß und kein Wort sprach. Die Mäd-

---

[8] Dies sind Erfahrungen, die *Thomas Heinze* im Rahmen des o. g. Projekts gemacht hat; *Roswitha Heinze-Prause* kann diese Beobachtungen aus ihrer Schulpraxis bestätigen.

[9] Dies war eine Lernsituation im Rahmen des Curriculumprojekts ›Analyse und Veränderung der Kommunikationssituation Fernsehen‹ (*Heinze/Schulte* 1973).

chen pendelten mit den Beinen hin und her und folgten ohne besondere Taktiken der Zuwendung oder des Desinteresses dem Unterrichtsgeschehen.

☐ *Doris* saß regungslos neben dem Lehrer und sagte während der beiden Unterrichtsstunden kein Wort.

Ich teilte der Gruppe meine Beobachtungen mit und fragte nach den Ursachen der verschiedenen Taktiken. Jürgen: »Manchmal hört man da zu, manchmal nicht. Wenn es interessant wird, hört man da zu, wenn es allzu langweilig ist, macht man was anderes. Manchmal hat uns Lehrer H. schon erwischt, wenn wir Mist gemacht hatten und gar nicht zugehört hatten und hat uns eine Frage gestellt.«

H: »Wann hat er euch erwischt?«

Jürgen: »Als wir gerade was anderes gemacht haben und gar nicht aufgepaßt haben.«

H: »Was habt ihr da zum Beispiel gemacht?«

Jürgen: »Och, vielleicht so was anderes geschrieben, ein Briefchen geschrieben oder so was . . .«

Lehrer H. habe, so sagt *Jürgen*, dann eine Frage gestellt, und die konnten sie dann nicht beantworten »weil wir nicht zugehört hatten, wir hatten meistens überhaupt nicht mitgekriegt, was er überhaupt gefragt hat«.

H: »Wie war's heute, habt ihr heute zugehört?«

Antwort der Gruppe: Ja, teils, teils.

Stefan: »Manchmal, da spielen wir und hören auch gleichzeitig zu, da kriegen wir die Frage auch mit, da können wir die Frage auch gleichzeitig beantworten, aber manchmal sind wir auch ganz abwesend.«

Michael: »Ja ich glaube, daß wir meist zuhören, aber manchmal, wenn es zu langweilig wird, wie beispielsweise in der Physikstunde, wenn da die Frau V. etwas spricht, daß es dann zu langweilig ist, daß wir dann uns mit Karten oder mit irgend etwas anderem beschäftigen und dann wissen wir nicht mehr, was sie gesagt hat, aber hier in dieser Stunde, ich glaub', da hat jeder zugehört und trotzdem hat jeder was anderes gemacht.«

H: »Gibt es Lehrer, die erlauben, daß ihr zum Beispiel auf dem Tisch spielt, die dann nicht sagen, setz' dich ordentlich hin und hör' auf zu spielen?«

Harald: »Das ist unterschiedlich bei den verschiedenen Lehrern, unsere Physiklehrerin, also die läßt sehr viel durchgehen, der Herr H. ist da schon schärfer.«

Jürgen: »Was heißt durchgehen, die kann gegen uns nichts machen, weil uns der Stoff, den sie durchnimmt, nicht interessiert, da machen wir was anderes. Da kann sie gar nichts machen.«

Doris: »Also manchmal, es kommt ganz darauf an, was man da halt macht, wenn's langweilig ist, dann schaltet man praktisch ab.«

H: »Was macht man, wenn man abschaltet?«

Doris: »Da schaut man zum Fenster raus . . . oder irgend etwas . . . Und wenn da irgend etwas ist, wo man dabei gefragt wird, dann hört man so mit halben Ohr zu.«

Jürgen: »Das kann man dann auch anders machen. Ich hab' da eine ganz bestimmte Technik. Wenn wir z. B. Englisch haben, dann nehm' ich das Englischbuch und tu dann einen Roman darin lesen. Dann mach ich so, als tu ich alles lesen, dabei lese ich den Roman.«

Stefan: »Also, ich kann gar nicht so abschalten, weil Herr H., der hat mich so im Blickfeld (Gelächter in der Gruppe) . . . Bei anderen Lehrern, da schalt' ich auch ab.«

H: »Wie machst du das dann?«

Stefan: »Ich schwätz' mit dem Bernhard oder spiel' Karten!«

H: »Willst du vermeiden, daß du dabei erwischt wirst?«

Cornelia: »Wenn ich nicht aufpasse, dann fragt Herr H. mich meistens ab und dann weiß ich auch nichts. Ich prügle mich auch mit dem Bernd (Gelächter in der Gruppe). Das sieht er meistens nicht.«

Michael: »Genauso ist es auch bei mir. Ich sitze hinter einem großen Mädchen und da kann mich der Herr H. meist nicht sehen, und wenn die sich so setzt, dann setze ich mich auch so und mache Hausaufgaben. Das kann ich alles machen hinter dem Rücken. Ich kann mich unterhalten mit dem Berthold, ich kann Hausaufgaben machen oder ich kann essen.« *Michael* antwortet auf meine Frage, ob das bei Herrn H. erlaubt sei, mit nein, aber der sehe das ja nicht.

Ich frage, ob einzelne Lehrer bestimmte Verhaltensweisen von Schülern bestrafen.

Stefan: »Ja also der Herr H., wenn man also richtig »Scheiße« macht, dann trägt der einen ins Klassenbuch ein. Dann ist der Wurm drin. Dann ist man trotzig und macht alles mögliche dann weiter und hört auch nicht mehr auf. Dann versucht man den Lehrer dadurch zu ärgern.«

Doris: »Ja früher, wie wir noch in der 1. bis 4. Klasse waren, da gab's immer Strafarbeiten, aber jetzt wird man ins Klassenbuch eingetragen.«

Michael: »Ich glaub' auch, wenn man jetzt etwas macht, bei der Frau V. etwa, wenn man da richtig abschaltet und man spricht laut oder läuft rum in der Klasse, was ja sehr oft vorkommt bei ihr, dann sagt sie, ihr kommt nach der Stunde her oder macht das und das, ihr müßt abschreiben, und dann in der nächsten Stunde sagt sie, na wo haste denn das und wir sagen, wir haben's vergessen, da sagt sie, ist gut, ihr braucht's nicht nachzumachen und so und bei Herrn H. dürfen wir auch Kaugummi kauen, nur wenn wir reden, müssen wir den Kaugummi aus dem Mund haben.«

H: »Darf ich mal zusammenfassen. Man kann nicht sagen, wenn ihr mit einem Gegenstand spielt, den Nebenmann pufft, mit den Beinen pendelt etc., daß ihr dann ganz abwesend seid, sondern teilweise seid ihr durchaus mit einem Ohr dabei und hört zu, um euch nicht erwischen zu lassen. Denn wenn der Lehrer etwas fragt, dann wollt ihr etwas dazu sagen können.«

Harald: »Also ich glaub', man kann gar nicht ganz abwesend sein in der Schule. Also, nämlich, man ist im Unterbewußtsein immer dabei, man weiß ja, es geht um Deutsch und da weiß man einiges drüber, und wenn man dran kommt, da sagt man einfach das.«

Jürgen: »Ich finde, das kommt auch auf den Lehrer an. Wenn wir z. B. einen strengen Lehrer haben, dann tun wir das erst gar nicht (abwesend zu sein). Wenn wir nicht so einen strengen Lehrer haben, dann können wir uns das alles erlauben.«

Cornelia: »Wenn ich was sagen will, ich weiß manchmal, was ich sagen könnte, aber da hab' ich immer Angst, daß es falsch ist und so.«

H: »Hast du schon schlechte Erfahrungen gemacht? Daß z. B. ein Lehrer bösartig reagiert hat, wenn du was Falsches gesagt hast?«

Cornelia antwortet nicht darauf.

Jürgen: »Was die Cornelia gesagt hat, finde ich völlig unberechtigt, Herr H. hat ja gesagt, sie (die Schüler) brauchten keine Angst zu haben. Wenn mal was falsch ist, ist auch nicht schlimm. Aber Harald hat gesagt, bei ihm ist es auch schon passiert, daß er angemeckert wurde. Das ist nur dann passiert, wenn was völlig falsch war.«

H: »Was wird dann gesagt, wenn man angemeckert wird?«

Jürgen: »Daß er nicht aufgepaßt hat und daß er geschlafen hat und manchmal, bei Herrn M. in Mathematik, ist das so, daß er sich so ganz ungewöhnlich benimmt, dann greift er sich an den Kopf, als könnte er das gar nicht fassen und so.«

Stefan: »Also wir hatten früher eine Mathematiklehrerin, die hat dann immer Idiot und so gesagt nach der Arbeit . . .«

Probleme der Interpretation inter- bzw. intrapersonaler Taktiken: Universalität – Zweideutigkeit

Daß bestimmte Taktiken von Schülern unterschiedlich gedeutet werden, geht aus folgenden Beispielen hervor: *Jeanette:* »Also ich mach' meistens mit meinen Fingernägeln so rum, dann spiel' ich immer so rum.«

H.: »Was machst du mit den Fingernägeln?«

Jeanette: »Ich spiel' damit unter der Bank.«

H.: »Jeanette, wenn du mit den Fingernägeln spielst, ist das ein Zeichen, daß du am Unterricht nicht interessiert bist?«

Jeanette: »Ne.«

H.: »Ist das eine Gewohnheit?«

Jeanette: »Ja, das mach' ich meistens.«

Im Gegensatz dazu *Herbert*: »Wenn mich ein Unterrichtsthema nicht interessiert, dann fang' ich an mit den Fingernägeln zu spielen oder mit dem Füller rumzuspielen . . .«

Als drittes Beispiel die Deutung *Delf's*: »Ich hab' eine ganz dumme, schlechte Angewohnheit, mir macht das irgendwie Spaß, ich lutsch' immer am Füller, aber auch, wenn der Unterricht mich interessiert, ich muß immer am Füller kauen . . . Wenn mir der Unterricht nicht gefällt, guck ich manchmal aus dem Fenster raus oder bin mit den Gedanken ganz woanders . . . im Schwimmbad . . . und denk', was ich heut' nachmittag mache, und wenn da jemand mich aufruft, da bin ich ganz erschrocken, aber immer hör' ich mit einem Ohr zu, da weiß ich immer, da kann ich schnell reagieren und kann noch was sagen, ohne daß er (der Lehrer) was merkt.«

Wir haben in einer anderen 6. Realschulklasse mit den Schülern über die Bedeutung spezifischer Taktiken des Selbstengagements diskutiert und dabei festgestellt, daß kein unmittelbarer Zusammenhang zwischen diesen Taktiken und der Unterrichtsthematik besteht. *Gabi:* »Ich glaube nicht, wenn man Briefchen schreibt oder malt, daß dann das Thema nicht interessant ist; man hat vielleicht keine Lust oder ist nicht dran gekommen.«

Thomas: »Man verwendet solche Taktiken, weil man nicht drankommt. Man kann ja nicht Krawall schlagen. Es ist anstrengend, wenn man zuhören muß und nichts tut.«

Bernd: »Wenn's einem nicht gefällt, was der Lehrer macht, fängt man an zu reden, macht Krach und stört. Wenn man die Zeit überblicken will, dann setzt man sich hin und malt etwas.«

Obwohl einige Schüler äußerten, sie würden sich verschiedener Taktiken des Selbstengagements bedienen, »wenn's langweilig ist«, stellte die Mehrheit von ihnen fest, daß sie kein Indikator[f] für Desinteresse seien, »man stört ja dabei nicht«.

Offene Ablenkung (starke Unruhe, hoher Geräuschpegel) sei dagegen ein deutliches Zeichen für Desinteresse.

Verschiedene Taktiken des Selbstengagements lassen sich also unterschiedlich interpretieren: als Formen der Zurückgezogenheit und Gleichgültigkeit gegenüber dem Unterrichtsgeschehen oder – was aus den Schülergesprächen nicht hervorgeht – andererseits als Ausdruck höchster Konzentration.

Wir haben bereits darauf hingewiesen, daß die Beobachtung inter- bzw. intrapersonalen Verhaltens problematisch ist.

Bei der literarischen Beschreibung zum Beispiel wird die Sinndeutung eindeutig gemacht (vgl. *Balzac*). Dies steht nun im Gegensatz zum Alltag. Wenn man Gestik, Mimik etc. beobachtet, wird man feststellen, daß dieses nonverbale Handeln immer zweideutig ist. Prinzipiell ist diese Doppelbödigkeit in jeder inter- oder intrapersonalen Taktik enthalten. Das setzt auch dem Weg über das Bewußtsein des Betroffenen besondere Schwierigkeiten entgegen.

Wenn Schüler also im Unterricht mit ihrer Mimik und Gestik etwas Bestimmtes ausdrücken, so können sie – wenn man sie danach fragt – immer sagen, daß sie es gar nicht so gemeint hätten, wie der Lehrer oder wissenschaftliche Beobachter es interpretiert hat. Es stellen sich in diesem Zusammenhang folgende theoretische Fragen: in kleinen Gruppen (in der Familie) sind bestimmte Gesten universal (universal heißt, daß bestimmte Gesten von den Familienmitgliedern *gleich* gedeutet werden).

Sie werden in ähnlichen Situationen und ähnlichen psychischen Zuständen verwendet. Die Universalität solcher Gestensprache wird über Medien und Trivialliteratur über diesen engen Bereich, wie die Familie, hinaus transportiert. In allen gesellschaftlichen Bereichen finden spezifische Interpretationen nonverbalen Handelns statt. Die averbale Kommunikation hat einen spezifischen Charakter von Sprache, die kulturell in einer gewissen Weise übermittelt und standardisiert wird.

Was unterscheidet die Eindeutigkeit bestimmter Gesten in der Familie von der Uneindeutigkeit gerade derjenigen Taktiken von Schülern, die sich nicht dem institutionalisierten Unterrichtsritual fügen?

In welchen psychischen oder sozialen Bereichen kann eine bestimmte Art von Gestik verwendet werden, in denen man aus Angst zum Beispiel nicht mehr verbalisiert, aber trotzdem nicht verzichtet zu kommunizieren?

Auf diese Fragen können wir noch keine Antworten geben.

Es läßt sich aber doch von folgenden Vermutungen ausgehen: Interpersonale

Taktiken der Schüler werden unter der ›Oberfläche‹ des offiziell geführten Unterrichts verwendet. Somit bestehen zwei Ebenen: die institutionalisierten Taktiken und die nicht institutionalisierten Taktiken. Zwischen diesen beiden Ebenen gibt es einen systematischen Zusammenhang. Nur so lassen sich Formen des verschwiegenen Handelns der Schüler interpretieren. Das heißt, man wird den Kontext (Lehrer/Schüler/Lerngegenstand etc.) angeben müssen, innerhalb dessen spezifische Taktiken auftreten. Bei einer bestimmten Art von Unterricht werden bestimmte Taktiken in der Häufigkeit zunehmen. Man könnte dann fragen, ob die Art dieser Taktiken vielleicht mit gewissen Unterrichtsmerkmalen variiert. Der Sinn der Beobachtung liegt unter anderem darin, die Art der Ablenkung der Schüler vom Unterricht zu ermitteln in Abhängigkeit von dem, was im Unterricht geschieht[10].

Zum Abschluß dieser Problemebene möchten wir über einige Erfahrungen berichten, die wir durch Beobachtung verschiedener Unterrichtssituationen gewonnen haben.

Häufig nehmen gerade diejenigen Schüler, die bestimmte Regelverletzungen vornehmen, Situationen bewußter wahr als diejenigen, die die Regeln durchgängig einhalten, ohne sich der situationellen Verpflichtung, die ihr Verhalten stützt, bewußt zu sein (vgl. die Schülerprotokolle).

Zuweilen sind Verstöße Mittel, um die Grenze zu testen, um zu bestimmen, wieweit man beim Lehrer (Kontrollperson) gehen kann. Manchmal bedienen sich Schüler solcher Taktiken (der Regelverletzung), um zu sehen, ob der Lehrer ihnen geneigt ist, ganz gleich was sie tun. Situationelles Mißverhalten, um die Beziehung zum Lehrer in der Unterrichtssituation zu fördern, zeigt, daß solches Verhalten als Reflexion auf die eigene Beziehung zu den anderen zu betrachten ist. Wir haben Situationen erlebt, in denen Lehrer das Verhalten von Schülern als unangemessen bezeichnet haben, weil sie mit der Engagement-Struktur dieser Schüler nicht vertraut waren. Für sie waren bestimmte Handlungen von Schülern symptomatisch für deren negative Einstellung zum Unterricht. Im Gespräch mit diesen Schülern stellten wir fest, daß diese Handlungen aus der Sicht der Schüler einen Sinn bekamen: Sie wurden definiert als Reaktion auf inadäquate Taktiken der Lehrer (mangelnder Bezug von Unterrichtsthemen zur Lebenswelt der Schüler, langweilige, einseitige Darstellung etc.).

Curriculare Begründung – Sensibilisierung der Lerngruppe – Training sozialer Kompetenz

Wir möchten nun einige Gründe angeben, warum es sinnvoll ist, interpersonale Taktiken zum Gegenstand pädagogischer Forschung zu machen.

Zum anderen wäre zu überlegen, ob es Verfahren gibt, mit denen man die Schüler noch stärker stimulieren könnte, die Frage nach der Bedeutung spezifischer Taktiken

---

[10] Diese Hinweise verdanken wir *Klaus Mollenhauer* im Rahmen einer Diskussion im BTZ Wiesbaden.

aufzuwerfen. An den Schülerprotokollen wird die ganze Schwierigkeit deutlich, Formen verschwiegenen Handelns zu interpretieren und in den Unterricht miteinzubeziehen. Die Schüler verstehen offenbar die Frage nach der Bedeutung solcher Taktiken als die Frage nach einem Bereich, der völlig selbstverständlich ist und nichts Problematisches enthält. Sie geben zwar bereitwillig Auskunft (vgl. die Schülerprotokolle) und plaudern darüber, was sie alles an kleinen Nebenbeschäftigungen erfinden, aber mehr im Sinne von Anekdoten.

Für den Lehrer wie für den Wissenschaftler stellt sich die Frage, ob es genügt, dies nur zu beschreiben und darzustellen, oder ob nicht – wie *Goffman* feststellt – unterstellt werden muß, daß solche Taktiken nicht nur einen individuellen Symptomwert, sondern eine kommunikative Bedeutung haben.

Dazu wird es notwendig sein, diese Taktiken im Rahmen des Situationskontextes zu interpretieren. Man könnte mittels Unterrichtsaufzeichnungen feststellen, daß der Lehrer sich an einer bestimmten Stelle des Unterrichts in einer besonderen Weise verhalten hat (z. B. langweilige Darstellung, einige Schüler wurden übergangen etc.). Im Zusammenhang damit haben sich verschiedene Schüler ›unangemessen‹ verhalten (Verwendung spezifischer Taktiken der Ablenkung). Ziel wäre es dann, den Schülern bewußtzumachen, daß die Verwendung einer bestimmten Klasse von Taktiken eine Folge bestimmter Vorgänge im Unterricht ist. Um zu verhindern, daß die Schüler sich dann zu sehr auf die im Unterricht behandelten Gegenstände beziehen, könnte man aus weit zurückliegendem Unterricht Phasen heranziehen (auch mit stummen Aufzeichnungen), die im Unterricht beispielsweise unter der Fragestellung behandelt werden, ob dies ein Unterricht war, bei dem die Schüler sich wohl gefühlt oder gelangweilt haben. Man könnte die Schüler auffordern sich zu erinnern, was sich da im einzelnen abgespielt hat und dazu kurze Sequenzen flüchtig darstellen (mit und ohne Ton). Wenn man über Unterrichtsaufzeichnungen verfügt, die bestimmte Gesichtsausdrücke von Schülern zeigen, die Mißbehagen (Langeweile, schlechte Laune) ausdrücken (das sich in der Mimik und Gestik niederschlägt), daneben Unterrichtsverläufe darstellt, denen man auf der gleichen Beobachtungsebene entnehmen kann, daß Schüler und Lehrer sich wohl fühlen, dann läßt sich vermuten, daß Schüler daran interessiert sind zu erfahren, woran dies im einzelnen liegt (am Inhalt, Lehrer etc.). Man würde zunehmend mehr Informationen zur Deutung der jeweiligen Situationen heranziehen. In einem zweiten Schritt wären die Bedingungen zu eruieren, die notwendig sind, um einen gemeinsam als ›geglückte Kommunikation‹ definierten Unterricht zu organisieren[11].

An dieser Stelle entscheidet sich – so Mollenhauer –, welcher Erklärungsmodus angewendet wird und welchen curricularen Stellenwert dieser hat. Man kann versuchen, das, was man beobachtet hat, zu erklären durch bestimmte Merkmale des Unterrichtsverlaufs (die den Führungsstil des Lehrers oder Unterrichtsinhalt betreffen). Die

---

[11] Diese Vorschläge verdanken wir *Klaus Mollenhauer* und *Herbert Schulte* aus einer Diskussion im BTZ in Wiesbaden. Diese Diskussionen sind abgedruckt im Projektheft 1, *Heinze/Schulte*, Materialien für Lehrer, Ausbildung, Fortbildung. Wiesbaden 1973.

unabhängige Variable ist dann das Unterrichtsgeschehen, die abhängige die jeweiligen interpersonalen Taktiken der Schüler. Das Ziel wäre, durch die Beobachtung dieser Taktiken bestimmte Mängel des Unterrichtsgeschehens aufzudecken. Das Unterrichtsgeschehen soll geändert werden, damit in Folge davon wiederum andere Taktiken des Schülerverhaltens auftreten.

Es ist aber auch möglich und sinnvoll, die Fragestellung anders zu formulieren. Dann erhält die Analyse interpersonellen Verhaltens einen neuen Stellenwert als Unterrichtsgegenstand. Man kann von folgender Überlegung ausgehen: Alles, was in einer Unterrichtssituation geschieht, wird zumindest mitbestimmt oder hergestellt durch bestimmte Taktiken, die die an der Situation Betroffenen verwenden. Die Beteiligten (Schüler/Lehrer) sollten lernen, solche Taktiken beschreiben zu können. Es muß ihnen bewußt werden, welche Taktiken man als einzelner, welche ihr Nachbar oder der Lehrer verwendet. Ziel müßte es sein, eigene Taktiken sinnvoll und *situationssensibel* einzusetzen. Der Unterrichtsgegenstand wäre dann die Frage nach dem persönlichen Verhalten der Schüler und des Lehrers untereinander sowie die Möglichkeit des Veränderns von Situationen durch Veränderung des Verhaltens. Möglicherweise auch die Veränderung des Interessantheitsgrades eines Lerngegenstandes durch Veränderung des kommunikativen Stils.

Beide Wege schließen einander nicht aus. In beiden Fällen würde man den gesamten Unterrichtsprozeß zum Planungs- und Konstruktionsgegenstand der Klasse machen.

Literatur

E. Goffman, Asyle. Frankfurt 1973.

H. G. Homfeldt, Ist die Sonderschule für Lernbehinderte eine ›totale Institution‹? In: Die Deutsche Schule, 11/1973.

Vgl. *Ph. Jackson* und *J. Henry*, Der heimliche Lehrplan. In: b: e 5/1973.

K. Mollenhauer, Theorien zum Erziehungsprozeß. München 1972.

9. Bernd Fittkau/Friedemann Schulz von Thun

Soziales Interaktionsklima und die Möglichkeit des sozialen Lernens in Gruppen

A. Fachübergreifende Lernziele einer demokratischen Sozialerziehung

Die fachübergreifenden Lernziele einer demokratischen Sozialerziehung lassen sich unter dem Zielkomplex »freiheitlich-sozial-demokratisch« zusammenfassen. Solche Lernziele unterstützen die beschriebenen[a] gesellschaftlichen Entwicklungen.

I. Freiheitliche Lernziele/Fähigkeiten sind u. a.:

1. Grundwissen und Fähigkeiten zur Bewältigung der Umwelt

a) Einsicht in die wirtschaftlich-ökonomischen und politischen Zusammenhänge und Abhängigkeiten (z. B. Erkenntnis der Bedeutung ökonomischer Interessen und Verhältnisse für Handeln und Handlungsfreiräume)

b) Technisch-naturwissenschaftliches Grundwissen

c) Kritikfähigkeit, kritisches Denken insbesondere gegenüber sogenannten »Selbstverständlichkeiten«; Vorurteilsfreiheit

d) Flexibilität und Kreativität im Denken und Handeln

e) Fähigkeit der Verbalisierung eigener Interessen und Meinungen gegenüber anderen

2. Psycho-physische Grundlagen und Einstellungen für individuelle Freiheit

a) ausreichendes Selbstwertgefühl, Selbstbewußtsein, persönlicher Mut, psychische Stabilität, Angstfreiheit

b) Selbständigkeit, Autonomie, Selbstbestimmungsfähigkeit

c) Bereitschaft, Verantwortung zu übernehmen, »Mündigkeit«

d) echtes, fassadenfreies, rollendistanziertes Verhalten

e) Besitz von persönlichen Zielen, für die man sich engagiert

f) Frustrationstoleranz, Ambiguitätstoleranz

g) experimentelle Grundhaltung, Ablehnung von Perfektionismus[1]

h) körperliche Gesundheit

II. Soziale Lernziele/Fähigkeiten sind u. a.:

a) Einsicht in die Notwendigkeit sozialer Konflikte in einer dynamischen Gesellschaft

b) Fähigkeit zur gewaltlosen Konfliktregelung

c) Einsicht in die Notwendigkeit (änderbarer) sozialer Ordnungen

d) Kooperationsfähigkeit, Team-Fähigkeit

e) Selbstbeherrschung, Selbstdisziplin

f) Verständnis für Andersdenkende

g) Sensibilität für soziale Ungerechtigkeiten

h) Sensibilität für Auswirkungen des eigenen Verhaltens auf andere sowie des Verhaltens anderer auf einen selbst

i) verantwortungsbewußter Umgang mit der individuellen Freiheit und übertragenen Macht (Privilegien verpflichten!)

j) Respektierung der Gleichheit und Würde aller Menschen

---

[1] »Ablehnung von Perfektionismus« sollte auch bezüglich der hier zusammengestellten Erziehungsziele ernstgenommen werden: kein Erzieher sollte von sich erwarten, alle diese Verhaltensideale in jeder Situation angemessen verwirklichen zu können; er sollte sich aber über diese (durch seine »psycho-soziale Vorstruktur« bestimmten) Unzulänglichkeiten klarer werden und bereiter werden, sie vor sich selbst und anderen (z. B. Schülern) gegenüber zuzugeben und nicht den Perfekten zu spielen (s. Ziel 2 d: echtes Verhalten).

III. Demokratische Lernziele/Fähigkeiten sind u. a.:

a) Einsicht in die Notwendigkeit einer Mitbestimmung bei Entscheidungen über eigene Belange und Fähigkeit hierzu

b) Einsicht, daß Transparenz und Kontrolle von Entscheidung notwendig ist und Ausnutzen der Möglichkeit

c) Einsicht, daß Mehrheitsentscheidungen (mit Minderheitenschutz) auf einem angemessenen Entscheidungsmodell für soziale Fragen beruhen und Beteiligungsfähigkeit an Entscheidungen

d) Einsicht in die Notwendigkeit von Appellationsinstanzen (Gewaltenteilung) und Ausnutzen dieser Möglichkeiten

e) Einsicht in die Notwendigkeit, Organisationen politisch zu unterstützen, die demokratische Interessen und Ziele vertreten und entsprechendes Handeln

Dieser soziale Lernzielkatalog mag in den meisten Punkten eine breite Zustimmung finden. Damit ist jedoch zunächst wenig erreicht. Denn diese Zielbegriffe sind zunächst nicht viel mehr als sprachliche Etiketten. Daran würde sich auch nicht viel ändern, wenn man die individuelle und gesellschaftliche Bedeutung jedes einzelnen Zieles ausführlich begründen würde, was hier wegen Platzmangels unterbleiben mußte. Das Hauptproblem liegt in der Umsetzung theoretischer Zielkonzepte in der Lehr- und Lernpraxis. Daß gerade im Bereich des sozialen Lernens eine große Theorie-Praxis-Diskrepanz besteht, zeigt sich in folgender Erfahrung: Es gibt nur wenige Lehrer, die ›Kooperationsfähigkeit‹ nicht spontan als wesentliches Lernziel ansehen, aber ebenso wenige sind in der Lage, konkrete, selbst erprobte Möglichkeiten anzugeben, wie man im Schulunterricht tagtäglich die Kooperationsfähigkeit der Schüler fördern kann.

Damit die vorliegenden Ziele für den Lehrer in der Praxis Bedeutung gewinnen können, müssen also für jedes Lernziel konkretisierbare Lehrverhaltensweisen erarbeitet werden. Dazu müssen wir zunächst fragen:

Welche Möglichkeiten hat der Lehrer, im Sinne dieser Ziele wirksam zu sein? Der Lehrer ist in mindestens dreierlei Weise ein Auslöser von Lernvorgängen:

1. Der Lehrer als Modell:

Durch Beobachtungslernen (auch: Imitationslernen oder Modell-Lernen) übernehmen Schüler viel von ihren Lehrern. Das reicht von kleinen Verhaltenseigentümlichkeiten bis hin zu ganz komplexen Werthaltungen und Einstellungen. Dieser Lernvorgang geht nicht als bewußte Nachahmung vonstatten, sondern unbewußt und fast automatisch. Wie der Lehrer Probleme angeht, wie er mit anderen Menschen spricht, wie er mit seinen Gefühlen umgeht: dauernd ist er – ob gewollt oder ungewollt – lernwirksam (s. *Tausch* u. *Tausch*, 1971, S. 49ff.[2]).

2. Der Lehrer als selektiver Bekräftiger:

Verhaltensweisen werden gelernt oder verlernt, je nachdem ob sie positive oder negative Konsequenzen nach sich ziehen (»Lernen am Erfolg«). Der Lehrer belohnt

---

[2] Literatur s. S. 109.

(bekräftigt) manches Verhalten, anderes ignoriert er, noch anderes tadelt oder bestraft er.

Das Bekräftigungsverhalten des Lehrers bedarf einer sorgfältigen Analyse: Häufig werden durch Tadel erwünschte Verhaltenskomponenten mitgelöscht; häufig auch werden Tadel oder Strafe vom Schüler als soziale Zuwendung begrüßt und wirken gegenteilig (s. *Tausch* u. *Tausch*, 1971, S. 74 ff.).

3. Der Lehrer als Organisator von äußeren Lernbedingungen: Inhalts-, Methoden-, Materialienauswahl

In welcher Weise Schüler aktiv sind, das hängt weithin von der vom Lehrer gewählten Unterrichtsorganisation ab.

Bei dem einen Lehrer hören die Schüler zu und machen sich Notizen – bei einem anderen diskutieren sie in kleinen Gruppen und erarbeiten den neuen Stoff.

Der eine Lehrer stellt Fragen so, daß die Schüler kurze und richtige Antworten geben sollen. Ein anderer stellt Fragen so, daß die Schüler eigene Ideen und Meinungen artikulieren sollen.

Der eine Lehrer organisiert eine Klassenfahrt und gibt den Schülern die Ziele, den Abreisetermin usw. bekannt. Ein anderer Lehrer bittet die Schüler, die Fahrt zu planen und zu organisieren.

Schüler lernen nur solche Verhaltensweisen, die der Lehrer ihnen zumutet. Häufig besteht die Gefahr, daß der Lehrer immer perfekter im Vortragen, im Planen und Organisieren wird, die Schüler jedoch nur lernen, fertige Lösungen zu empfangen (s. *Tausch* u. *Tausch*, 1971, S. 407 ff.).

Stellt man diese Funktionen des Lehrers als Spalten und die Lernziele als Zeilen einer Matrix dar, so wäre es die Aufgabe für interessierte Lehrergruppen, Zellen dieser Matrix mit lernzielrelevanten Verhaltensweisen und Methoden zu füllen[3]. Am Beispiel des Lernziels ›Kooperationsfähigkeit‹ soll die Arbeit mit dieser ›Operationalisierungsmatrix‹ exemplarisch demonstriert werden (s. S. 102).

Aus dieser Matrix lassen sich dann in einem weiteren Schritt wesentliche lernzielübergreifende Elemente eines freiheitlich-sozial-demokratischen Unterrichtsverhaltens zusammenfassen, die im folgenden zusammengestellt sind.

---

[3] Die Autoren dieses Artikels wären an allen Ergebnissen solcher Operationalisierungsversuche sehr interessiert. Bitte senden Sie uns auch Ihre ersten und vorläufigen Ideenzusammenstellungen. Wir würden sie sammeln, zusammenstellen und unter Angabe Ihres Namens veröffentlichen.

Lernziel – Operationalisierungsmatrix:

Erzieher in seiner Wirkung als:

ERZIEHUNGSZIELE	*Modell* für das ›Imitationslernen‹	*Selektiver Bekräftiger* für das ›Lernen am Erfolg‹	*Organisator* äußerer Lernbedingungen (Inhalte, Methoden, Materialien)	
z. B. Kooperationsbereitschaft und Fähigkeit	– als gleichberechtigter Partner in Schülergruppen mitarbeiten – in Lehrergruppen mitarbeiten – Team-Unterrichtsvorbereitung – Team-Teaching – den Ideen anderer zuhören – auf die Argumente anderer eingehen – Engagement für die Aufgaben und Ziele der Gruppe zeigen – . . .	– Lob für spontane Gruppenbildung und Gruppenarbeit – Hinweis, daß neue Entdekkungen in der Regel nur durch Zusammenarbeit vieler entstehen können – Hinweis, daß man durch solidarisches Gruppenverhalten viel mehr Möglichkeiten der individuellen Interessenvertretung hat – . . .	*Inhalte:*	– Probleme bei der Arbeit in Gruppen (Vor- und Nachteile) – Prozesse in Gruppen (Gruppendynamik) – Solidarität als Element der Arbeiterbewegung – . . .
			Methoden:	– arbeitsgleiche Kleingruppenarbeit während des Unterrichts – fluktuierende Gruppenzusammensetzung im Klassenzimmer – Schülerparlament – Schülerzeitung – Ausschüsse für allgemeine und aktuelle Aufgaben in der Schule bilden – . . .
			Materialien:	– die Gruppe, nicht der einzelne, erhält Aufgaben – Gruppenmitglieder erhalten Teilaufgaben oder Rollen, die von der gesamten Gruppe koordiniert werden müssen (Gruppenspiele) – . . .

B. *Wesentliche Elemente der Lehrer-Schüler-Interaktion zur Förderung eines demokratischen Sozialverhaltens*

Folgende Elemente bestimmen unseres Erachtens in hohem Maße das soziale Interaktionsklima und die Möglichkeiten des sozialen Lernens in Gruppen und sollen deshalb hier kurz erläutert werden:

1. Soziale Gleichgewichtsbeziehung zwischen Lehrern und Schülern
2. Wertschätzung
3. Stimulierende Aktivität statt Lenkung und Kontrolle
4. Offenheit, Echtheit, Abbau von Fassaden, Transparenz
5. Positive Bekräftigungsverhältnisse
6. Positive Erwartungshaltungen
7. Verständlichkeit bei der Wissensvermittlung
8. Demokratische Konfliktregelung
9. Kleingruppenarbeit
10. Gegenseitiges Feedback
11. Metakommunikation – gruppendynamische Selbstreflexion
12. Demokratische Selbstverwaltung

Mit diesen Interaktionselementen wird hauptsächlich das »Wie« der Kommunikation zwischen Lehrern und Schülern, kaum aber das »Was« angesprochen.

Ohne Zweifel sind die Inhalte (das »Was«) zum sozialen Lernen von großer Bedeutung für die rationale, bewußtseinsmäßige Durchdringung und Erfassung dieses Problembereichs. Das »Soziale Lernen« bzw. die »Sozialisation« muß viel mehr als bisher Lerngegenstand des schulischen Unterrichts werden, wie es etwa in den jüngst erarbeiteten Rahmenrichtlinien zum Fach Gesellschaftslehre in Hessen zum Ausdruck kommt: Es ist sehr richtig, den Schülern und Lehrern unter anderem ein »Instrumentarium zu vermitteln, mit dessen Hilfe eine distanzierte Beurteilung der familiären Erziehungssituation erst möglich wird«. So ist zu empfehlen, die oben aufgeführten zwölf Elemente selbst zum Gegenstand des Sozialkundeunterrichts zu machen. Die Frage ist allerdings, ob die Beherrschung eines »Instrumentariums« zur rationalen Analyse gesellschaftlicher Phänomene ausreicht, um das konkrete Sozialverhalten bei sich und anderen positiv zu verändern. Oder allgemeiner gefragt: Ziehen theoretische Überzeugungen und Erkenntnisse im sozialen Bereich entsprechende Konsequenzen im praktischen Verhalten notwendig nach sich? Die Geschichte zeigt, daß zur Erreichung von hohen Zielen, wie beispielsweise Freiheit und Menschlichkeit sehr viel Zwang, Ungerechtigkeiten und Greueltaten verübt worden sind und werden. Gegenüber großen Worten ist offenbar Skepsis angebracht. Zu häufig wurde das Vertrauen, daß auf soziale Worte auch entsprechende Taten folgen würden, enttäuscht; die »Wechsel auf die (goldene oder soziale) Zunkunft«, ausgestellt aufgrund theoretischer Überzeugungen, konnten oft in der Praxis nicht eingelöst werden. Schlechte Mittel machen den guten Zweck unglaubwürdig und bringen ihn in Verruf. Zum Ziel kritischen Denkens sollte deshalb nicht nur die Fähigkeit gehören, bestehende Verhältnisse kritisch analysieren und in Frage stellen zu können, sondern auch die Fähigkeit, theoretische Entwürfe auf ihre konkreten, praktischen Konsequenzen und Verwirklichungsmöglichkeiten für die Menschen zu überprüfen.

Die Beschäftigung mit dem sozialen Lernen auf der rational-inhaltlichen Ebene reicht nicht aus, weil soziales Verhalten in hohem Maße von den Modellen unserer sozialen Umgebung durch ›Imitationslernen‹ übernommen wird und durch praktisches Selbsttun trainiert und verfestigt wird (»learning by doing«). Um also ein demokratisches Sozialverhalten im Unterricht zu fördern, reicht es nicht, darüber zu unterrichten, sondern es muß demokratisches Unterrichtsverhalten praktiziert werden. Anders gesagt: Die angestrebten inhaltlichen Ziele sollten übereinstimmen mit der Art des zwischenmenschlichen Umgangs im Klassenzimmer.

Diese im Schulunterricht sehr stark vernachlässigte Beziehungsebene der Kommunikation (s. *Watzlawick* et al., 1972), zu der auch der kaum erforschte Bereich der nichtverbalen Kommunikation gehört[b], soll im folgenden anhand der obigen demokratischen Unterrichtselemente etwas erläutert werden.

1. Herstellung einer reversiblen, symmetrischen, sozial-gleichberechtigten, partnerschaftlichen Kommunikationsbeziehung zwischen Lehrern und Schülern

Der Lehrer sollte keine Mischung aus »Feldwebel«, »Kriminalbeamter«, »Vorgesetzter«, »Strafrichter«, »Vater« sein, sondern ein Gruppenmitglied, das seinen Informationsvorsprung den übrigen Gruppenmitgliedern als Berater zur Verfügung stellt, die Interessen der Schüler und die eigenen zu klären versucht, Lernsituationen bereitstellt, Entscheidungsprozesse anregt und sich in seinem Sozialverhalten reversibel, das heißt umkehrbar verhält.

Das Kriterium der Reversibilität kann relativ leicht zur Selbstkontrolle von Lehrern herangezogen werden: Bei Tonaufnahmen des eigenen Unterrichts sollte man sich bei jeder Lehrer-Äußerung fragen: »Würde ich es akzeptieren, wenn meine Schüler oder Vorgesetzten so mit mir reden würden« (*Tausch* u. *Tausch*, S. 368 ff.)? – Für viele Lehrer, die in die traditionelle Lehrerrolle hineingewachsen sind, dürfte es zunächst recht schwierig sein, die Überordnungs-Unterordnungs-Beziehung zu den Schülern aufzugeben. Wesentliche Elemente des Lehrerverhaltens zur Erreichung einer sozialen Gleichgewichtsbeziehung werden im folgenden näher beschrieben.

2. Verwirklichung von Wertschätzung

Wertschätzendes Sozialverhalten läßt sich durch ein Bündel anderer Begriffe umschreiben: tolerant, geduldig, achtend, helfend, höflich, ermutigend, erfreut, warmherzig, persönlich, partnerschaftlich lobend. – Untersuchungen legen nahe, daß sich durch ein solches Verhalten die Schüler (Kollegen, Ehefrauen usw.) als Personen akzeptiert, innerlich entspannt und angstfrei fühlen, was positive Auswirkungen auf die innere Sicherheit und das Selbstwertgefühl hat. Ein wertschätzendes Verhalten ist insbesondere für gehemmte, ängstliche, schüchterne Schüler wichtig, aber auch aggressive Schüler würden seltener veranlaßt werden, ihre Interessen aggressiv vorzubringen.

Emotionale Abweisung, Geringschätzung, Entmutigung (»Aus-dir-wird-nie-was!«-Verhalten) führen dagegen zu: Minderwertigkeitsgefühlen, inneren Spannungen, Schulangst, Hemmungen, Verschlossenheit, geheimes Machtstreben, Feindseligkeit, Kriminalität (*Tausch* u. *Tausch*, S. 315 ff.).

Zur Selbstkontrolle kann der Lehrer selbst oder eine Lehrergruppe die mitregistrierten Lehreräußerungen auf einer Schätzskala nach dem Merkmal »Wertschätzung vs.[c] Geringschätzung« beurteilen (*Tausch* u. *Tausch*, S. 320 ff.).

3. Stimulierende, problemstrukturierende Aktivität statt lenkende, kontrollierende, determinierende Aktivität

Häufige Befehle, Aufforderungen, Fragen, einengende »Denkanstöße«, »Satzergänzungs-Angebote« führen bei den Schülern zu geistiger Konsumhaltung, Apathie, Konformismus, Lustlosigkeit, Unselbständigkeit, Abhängigkeit. – Stimulierende, problemstrukturierende Aktivität bedeutet unter anderem: Aktivierung aller Gruppenmitglieder durch ›Brainstorming‹-Aufgaben, arbeitsgleicher Gruppenarbeit s. Element 9), Konkretisierung des Problems durch Anschauungsmaterial, Zerlegung des Gesamtproblems in leichter überschaubare Teilprobleme, Freiräume für Schülerentscheidungen schaffen, Schüler an Unterrichtsplanung und Durchführung beteiligen, Bereitstellung von Arbeitsmaterialien mit Selbstkontrollmöglichkeiten, wirkliches Interesse an den Ideen der Schüler zeigen. Die dringend notwendige Reduktion von dirigierender Aktivität darf nicht zu einer »Laissez-faire-Haltung« führen, sondern muß ersetzt werden durch Aktivierung in Richtung auf mehr Mitbestimmung und Mitverantwortung an den Unterrichtsaktivitäten (*Tausch* u. *Tausch*, S. 234 ff.).

4. Offenheit, Echtheit, Transparenz, Abbau von Fassaden

Wenn der Lehrer offen seine eigenen Schwächen (»Wenn ich mich manchmal über Euch ärgere, dann kann ich mich so wenig beherrschen, daß ich Euch dann anbrülle«), Unsicherheiten (»Diese Frage kann ich im Augenblick auch nicht beantworten«), Schwierigkeiten (»Wenn wir uns so einigen, bekomme ich wahrscheinlich Schwierigkeiten mit unserem Schulleiter«) zugibt, spart er viel psychische Energien, die sonst zur Bemäntelung, zum Überspielen und zum Verdrängen rollenabweichenden Verhaltens notwendig sind. Ein offenes Verhalten löst, entgegen der Befürchtungen vieler Lehrer, bei Schülern oft Gefühle größerer Sympathie, Solidarität und Anerkennung aus: »Gottseidank, er ist auch nur ein Mensch und ist sogar so selbstbewußt, daß er ehrlich sein kann« (*Tausch* u. *Tausch*, S. 396 ff.).

5. Positive Bekräftigungsverhältnisse aufbauen

Das Bild, das ein Schüler von sich selbst hat – zum Beispiel ob er sich etwas zutraut oder ob er von vornherein aufgibt –, hängt in hohem Maße von den Stellungnahmen der sozialen Umwelt zu seiner Person ab. Positive Stellungnahmen führen zu einem positiven Selbstbild, negative zu einem entsprechend negativ gefärbten Selbstbild. In unserer eigenen Sozialisation haben wir kaum gelernt zu loben und andere anzuerkennen, stattdessen haben wir eine erstaunliche Meisterschaft erworben, andere vernichtend zu kritisieren, selbst wenn diese nur einen kleinen Teil nicht »richtig« gemacht haben. Wir verletzen durch diese undifferenzierte Kritik nicht nur das Selbstbild des anderen, sondern löschen mit der Kritik auch die vollkommen richtigen

Teile der Tätigkeit mit aus. Ferner führt solche »Kritik« nicht selten zur Meidung der gesamten Lernsituation. Wir müssen lernen, den positiven Anteil jedes Verhaltens wahrzunehmen und zu betonen und nur auf dieser Basis einen praktischen Korrekturhinweis geben.

Ferner sollten wir uns bemühen, prosoziales Verhalten nicht als selbstverständlich hinzunehmen, sondern wir sollten es so oft wie möglich bekräftigen, um es in unserer Gruppe zu verstärken. Genauso sollten wir die traditionelle Form der intrapsychischen Kommunikation, nämlich ständige Selbstkritik und -bestrafungen, abbauen, zugunsten positiver Stellungnahmen zur eigenen Leistung: »Heute haben wir wieder gut zusammengearbeitet und sind toll vorangekommen.«

Merke: »Eigenlob (self-reinforcement)[d] stinkt nicht« (*Tausch* u. *Tausch*, S. 74 ff.)!

6. Positive, optimistische Erwartungen an die Schüler

Eine positive Grundeinstellung und Erwartung den Entwicklungsmöglichkeiten der Schüler gegenüber (»Ich bin überzeugt, Du schaffst es!«), wirkt sich positiv auf die Schüler aus (sog. Rosenthal-Effekt).[e] Die allzuoft anzutreffenden negativen Erwartungen und Vorurteile wirken sich allerdings ebenfalls in der erwarteten Richtung aus (»self-fullfilling-prophecy«)[f]: man gibt den Schülern keine Chance, sich zu beweisen; man verunsichert sie vorher durch »Du-schaffst-es-doch-nicht«-Verhalten, so daß sie unter so starkem Erfolgsdruck und Angst stehen, daß sie leicht versagen; man nimmt besonders sensitiv alle Anzeichen von Versagen wahr, man erhöht das Anspruchsniveau so stark, daß auch die besten Schüler scheitern müßten u. ä. (*Tausch* u. *Tausch*, S. 128 ff.).

7. Verständliche Wissensvermittlung

Dadurch, daß der Lehrer sich bemüht, Informationen für alle Schüler verständlich weiterzuvermitteln, schafft er eine gleichberechtigtere Lernatmosphäre, weil er sein Informationsmonopol aufgibt und seine Informationen für alle Schüler durchsichtig und kritisierbar macht. Untersuchungen zeigen, daß der Lehrer sich einer möglichst einfachen Sprache bedienen, die Informationen maximal und in sich logisch gliedern, sich auf das Wesentliche beschränken und die Informationen durch konkrete Beispiele und graphische Veranschaulichungen stimulant gestalten sollte. Dann verstehen und behalten alle Schüler mehr. Ein effektives Selbsttrainingsprogramm ist in diesem Zusammenhang entwickelt worden (*Schulz von Thun* et al., 1972).

8. Demokratische Konfliktregelung

In jeder arbeitenden Gruppe kommt es zu Meinungs- und Interessengegensätzen über Ziele, Inhalte und Methoden. Die häufig von Lehrern praktizierte autoritäre Konfliktunterdrückung durch Ausspielen der eigenen Macht mit psychischen und physischen Repressionen verdrängt die Konflikte unter die Oberfläche und verhindert so eine offene Konfliktaustragung. Außerdem übernehmen Schüler dieses Konfliktunterdrückungsverhalten und wenden es gegenüber Schwächeren an. Demokratische Konfliktregelung beinhaltet dagegen folgende drei Aspekte:

a) *Verständnis* für die anders gelagerten Interessen des Konfliktpartners und Verbalisierung dieses Verständnisversuches (hierdurch: Verminderung der Eskalationsgefahr),

b) *Selbstexploration* der eigenen Interessen und eventuellen Zwänge, denen man unterliegt; dadurch liegt der Konflikt »offen auf dem Tisch«,

c) *Kooperative Regelung (Vereinbarung, Vertrag)* anstreben zur aktuellen Konfliktbeilegung und mit Konsequenzen zur Verhinderung ähnlicher Konflikte in der Zukunft. Diese Konsequenzen sollten auch zur Anwendung kommen, da sonst die Unverbindlichkeit von Abmachungen oder Verträgen vermittelt wird.

9. Kleingruppenarbeit

Frontalunterricht verurteilt den Schüler weitgehend zum passiven Rezipieren. Häufige, etwa fünf- bis zehnminütige Kleingruppenarbeit (3–5 Schüler), insbesondere themengleicher Art, hat folgende Vorteile:

a)Förderung der Kooperationsfähigkeit

b) Förderung der Fähigkeit zu verbalisieren

c) Lehrer braucht weniger korrigierend einzugreifen, Schüler lernen Selbstregulierung

d) Wegfall der typischen Plenums-Frustrationen: »Nur die Dominanten kommen zu Wort« oder »Ich trau' mich nicht, in dieser großen Gruppe etwas zu sagen.«

e) Schüler erleben, daß man auch ohne Lehrer sinnvoll arbeiten kann; daraus ergibt sich mehr Selbständigkeit und Selbstbewußtsein, Abbau von Autoritätsfixierungen und Abhängigkeitswünschen

f) Lehrer kann sich um einzelne Schüler kümmern

g) Ausgleich von Leistungsunterschieden zwischen den Schülern

Die Lehrer sollten sich selbst durch Team-Vorbereitung und Team-Teaching[g] zur Gruppenarbeit trainieren (*Tausch* u. *Tausch*, S. 235 ff.).

10. Gegenseitiges Feedback

Effektives Lernen findet statt, wenn man für sein Verhalten eine schnelle Rückmeldung (Feedback) erhält.

Wie kann der Lehrer besser in Erfahrung bringen, wie er sich verhält und welche Wirkung er mit seinem Verhalten auf die Schüler ausübt?

a) Schüler zur Kritik (auch zur positiven!) ermuntern

b) Tonband-Mitschnitte des Unterrichts: Kollegen können wechselseitig ihr Verhalten etwa nach folgenden Merkmalen einschätzen: Wertschätzung, Dirigismus (Lenkung und Kontrolle), Klarheit/Verständlichkeit, soziales Gleichgewicht

c) Zensuren: Jede zensierte Schulleistung ist ein Gemeinschaftsprodukt von Schüler und Lehrer: Lehrer zensiert sein unterrichtsdidaktisches Verhalten mit, wenn er eine Fünf oder eine Eins unter eine Arbeit schreibt

d) systematische Verhaltenseinschätzung durch Schüler; gleichzeitig ist das ein gutes Training für Schüler, die sozialen Situationen ihrer Umwelt differenzierter wahrzunehmen

e) Beurteilungsgespräche (Schüler → Lehrer, Lehrer → Schüler) (*Wieringa*, 1973; *Antons*, 1973, S. 98 ff.).

11. Metakommunikation, gruppendynamische Selbstreflexion

Metakommunikation = Kommunikation über die Kommunikation; konkreter: offenes Gespräch, Reflexion, Prozeßanalyse über das Lerngeschehen in der Klasse und die dabei auftretenden gefühlsmäßigen Probleme, wie Lustlosigkeit, Aggressionen u. ä.; die Gruppe wird zum Lerngegenstand gemacht. Gefühle, die als »nicht zur Sache gehörig« unterdrückt werden müssen, können sich als Lernbarrieren auswirken. Wirkungsvolles, nachhaltiges Lernen findet dann statt, wenn emotionale Reaktionskomponenten mit in den Lernprozeß einbezogen werden.

In dem Schlagwort »Gruppendynamik« kommt das Bemühen zum Ausdruck, die Gefühle, Interessen, Auswirkungen (Dynamik) der anderen und nicht zuletzt die eigenen Gefühle, Interessen und Verhaltensauswirkungen besser kennenzulernen, um auf diese Weise die soziale Wahrnehmung zu schärfen, und das Gruppengeschehen besser zu verstehen (*Antons*, 1973, S. 200ff.).

Folgende wichtige Fragen können dabei beispielsweise thematisiert werden:
- Erleben wir uns (die Schüler) als Rivalen (Konkurrenzdenken)?
- Sind wir darauf aus, beim Lehrer »Punkte zu sammeln«?
- Welche Rolle hat der Lehrer bei uns – welche sollte er haben?
- Was halten wir von uns/vom Lehrer als Menschen?
- Fühle ich mich unsicher, gehemmt? Warum?
- Welche Kommunikationsformen finden bei uns statt?
- Haben wir Abwehrhaltungen gegen den Lehrstoff?
- Müssen wir Aggressionen unterdrücken? Wann? usw.

Gespräche solcher Art können vom Lehrer behutsam initiiert werden – eventuell gelegentlich außerhalb der Schulzeit. Sie machen den gemeinsamen Lernprozeß bewußt. »Learning to learn«[h] ist ein wichtiger Auftrag der Schule – schon heute vermutlich wichtiger als Anhäufung von Wissen.

Auch gruppendynamische Sitzungen im Kollegenkreis wären zum Abbau latenter Spannungen, zur Ermöglichung solidarischen Vorgehens im gemeinsamen Interessenfeld und zur Intensivierung des Lernprozesses der Unterrichtenden ebenfalls dringend zu empfehlen.

Ein Lehrer, der gruppendynamische Sitzungen durchführt, sollte vorher entsprechendes Training erfahren (Übungshinweise: *Antons*, 1973; *Prior*, 1970).

12. Demokratische Selbstverwaltung

Kinder und Jugendliche sollten möglichst früh in der Schule die Probleme demokratischer Selbstverwaltung und Entscheidungen praktisch erfahren: u. a. Bildung eines Selbstverwaltungsrates mit Satzung; Verteilung der Aufgaben durch Delegation der Verantwortung an Einzelpersonen oder Kommissionen; Vertrauensvorschuß und demokratische Kontrolle; Mehrheitsentscheidungen mit Minderheitenschutz; Hilfe bei Konfliktregelung durch neutralen Schlichter; Verhandlungsführung mit Geschäftsordnung, Tagesordnung, Protokoll; Erkennen der Bedeutung kooperationsförderlicher Verhaltensweisen für die Gruppenarbeit.

Ein solches Training in politischem Verhalten ist eine günstige Voraussetzung für qualifizierte Mitbestimmung in Ausbildung und Beruf. Jugendliche lernen durch diese Beteiligung hautnah, daß gewisse Ordnungen und Anforderungen sachlich sinnvoll sind und akzeptiert werden können. Kinder und Jugendliche sind unter bestimmten Bedingungen in erstaunlichem Ausmaß zur Selbstverwaltung fähig (s. ›Naciòn de Muchachos‹ in Spanien; s. auch *Tausch* u. *Tausch*, S. 250 ff.). . . .

Literatur

Antons, K., Praxis der Gruppendynamik. Göttingen 1973.

Fittkau, B., Kommunikations- und Verhaltenstraining für Erzieher. In: Gruppendynamik 3/1972, S. 252–274.

Prior, H. (Hrsg.), Gruppendynamik in der Seminararbeit. In: Blickpunkt Hochschuldidaktik 11/1970.

Sader, M., Clemens-Lodde, B., Keil-Specht, H., Weingarten, A., Kleine Fibel zum Hochschulunterricht. München 1970.

Schulz von Thun, F., Langer, I., Tausch, R., Trainingsprogramm für Pädagogen zur Förderung der Verständlichkeit bei der Wissensvermittlung. Landesverband der Volkshochschulen Schleswig-Holstein e. V. Kiel, 1972.

Tausch, R., und *Tausch, A.*, Erziehungspsychologie. Göttingen 1971.

Watzlawick, P., Beavin, J. H., Jackson, D. D., Menschliche Kommunikation. Bern 1972.

Wieringa, C. F., Feedback. In: Gruppendynamik 1/1973, S. 42–56.

10. Hans-Martin Müller-Wolf

Soziales und affektives Lernen als Grundkomponenten des Curriculum »Internationale Erziehung«

1. Analyse der gegenwärtigen Situation

1.1 Eine kritische Evaluation der »Erziehung zur internationalen Verständigung« im Rahmen des UNESCO-Modellschulprogramms[1]

Im Jahre 1952 faßten die Mitgliedstaaten der UNESCO auf ihrer 7. Generalkonferenz den Beschluß, ein Modellschulprogramm (Associated Schools Project in Education for International Understanding) ins Leben zu rufen. Dies geschah in Übereinstimmung mit den Präambeln und Artikel I der Charta der Vereinten Nationen bzw. der Verfassung der UNESCO sowie gemäß der Präambel und dem Artikel 26 (Ab-

[1] Vgl. Bericht der Section of Education for International Cooperation and Peace, UNESCO Secretariat, Paris (1973): »Evaluation of the Associated Schools Project in Education for International Understanding« (unveröffentlicht).

satz 2) der Allgemeinen Erklärung der Menschenrechte. Von diesen Erkenntnissen und Forderungen her wurden drei Leitthemen formuliert, die Ausgangspunkt von Unterrichtsversuchen in den am Modellschulprogramm beteiligten Schulen sein sollten.

1. *Das Studium fremder Länder, Völker und Kulturen;*
2. *die Allgemeine Erklärung der Menschenrechte;*
3. *die Vereinten Nationen und ihre Sonderorganisationen.*

Das Modellschulprogramm der UNESCO ging von der Überzeugung aus, daß Konflikte zwischen den Völkern auf Unkenntnis, Mißverständnis und Überschätzung erwachsen. Es lebt aus dem Glauben daran, daß die Bereitschaft, Eigenart und Eigenwert des anderen kennenzulernen und seine Leistungen zu achten, ein neues und besseres Verhältnis der Völker zueinander ermöglicht. Deshalb sollten in der Jugenderziehung bereits die Voraussetzungen für Verhaltens- und Einstellungsweisen geschaffen und gefördert werden, die »*ein in Sachwissen begründetes Gespräch zwischen allen Menschen möglich machen*« (Deutsche UNESCO-Kommission 1967, S. 9[2]). Hieraus läßt sich bereits entnehmen, daß die Lernziele des Programms weitgehend *kognitiv* waren und daß weiterhin das Projekt einen vornehmlich appellativen Charakter hatte. Möglicherweise ist also schon in der Themenwahl und in der Entstehung des Projekts ein Grund dafür zu sehen, daß dieses Programm keine entscheidende Veränderung des Schul- und Bildungswesens herbeiführen konnte. Es wurde nämlich vor allem darauf abgezielt, Einsichten zu vermitteln. Von daher ist es indes ein weiter Weg zur Veränderung von Einstellungen und schließlich zur Gewinnung neuer Verhaltensweisen.

Verhalten in seiner Gesamtheit läßt sich – ebenso wie Lernen – in drei Teilaspekte zergliedern, nämlich:

- den kognitiven Bereich (z. B. rationale Einsichten);
- den affektiven Bereich (z. B. Gefühle, Einstellungen);
- den sozialen Bereich (auf andere Menschen bezogenes Verhalten).

»Erziehung zur internationalen Verständigung« müßte *alle* drei Komponenten erfassen; sie beschränkt sich jedoch im Rahmen des UNESCO-Modellschulprogramms *bisher* weitgehend auf den traditionellen Bereich der Schule, den Bereich des Kognitiven, der Appelle und »Lektionen über internationale Verständigung«. Leben und menschliches Verhalten umfaßt indes auch soziales und affektives Lernen als wesentliche Komponenten, die bisher kaum berücksichtigt wurden. Der historisch nachvollziehbare Ansatz der damaligen, unter dem Eindruck zweier Weltkriege stehenden Erziehungsphilosophie der UNESCO (1952) war entsprechend verkürzt. Die Anschauung, »daß Konflikte zwischen den Völkern aus Unkenntnis, Mißverständnissen und Selbstüberschätzung erwachsen«, mußte folgerichtig pädagogische Konzepte der Art hervorbringen, daß die zu fördernde Bereitschaft, »Eigenart und Eigenwert des anderen kennenzulernen und seine Leistungen zu achten, ein neues und besseres Ver-

---

2 DEUTSCHE UNESCO-KOMMISSION (1967): 10 Jahre deutsche UNESCO-Modellschulen. Erfahrungen, Unterrichtsbeispiele, Empfehlungen. 2. Auflage, Köln.

hältnis der Völker zueinander ermöglicht« (Deutsche UNESCO-Kommission 1967). – So stellte sich internationale Verständigung als Problem mangelnder Informationen und sozialpsychologischer Kenntnisse dar; ihre Verwirklichung wurde weitgehend als die Folge entsprechender (*rational* zu vermittelnder) Einstellungsveränderungen aufgefaßt.

Dieser Ansatz ist in seiner Verkürzung auch durch den Rahmen der Schule bedingt: Dort vollziehen sich in der Regel solche ritualisierten (meist kognitiven, informationsbezogenen) Lernprozesse in relativer Abgehobenheit von der Lebenswirklichkeit der Schüler, ihrer näheren Umgebung sowie der gesellschaftlichen Praxis. – Eine technologische Überformung des Lernens kann an der Ineffektivität der Schule im Bereich »Erziehung zur internationalen Verständigung« ebensowenig verändern wie der stärkere Bezug der Lerninhalte zu den Wissenschaftsdisziplinen.

1.2. Ansätze zu einer Neuorientierung im Bereich »Erziehung zur internationalen Verständigung«

Um die Beschränkungen der bisherigen Versuche einer »Erziehung zur internationalen Verständigung« zu überwinden, darf die Schule nicht mehr ein Getto sein, »in dem wenig Gelegenheit besteht, im Alltag des *eigenen* Lebens Alltagsbewußtsein aufzubrechen«. Sie müßte es vielmehr ermöglichen, »die eigene Lebenswirklichkeit als paradigmatische zu verstehen und an ihr – gleichsam stellvertretend – Möglichkeiten der Einlösung von Autonomieansprüchen zu erproben, die als gesamtgesellschaftliche gelten können« (*Zimmer* 1973[3]).

Diese Veränderung der Schulwirklichkeit ist durch eine *Revision der Lehrinhalte* (durch ein neues Curriculum) *sowie der Lehrmethoden* (aufgrund veränderter Lehreraus- und Fortbildung) anzustreben: *Soziales und affektives Lernen* muß dabei in gebührender Weise berücksichtigt werden, wie es in den Empfehlungen und Vorstellungen der UNESCO zum Thema »Learning to Be«[a] zum Ausdruck kommt. Lernen und Erfahren internationaler Verständigung muß in »entschulten« Schulen stärker auf gesellschaftliche Praxis bezogen werden sowie vor allem auch auf die Lebenssituationen in der näheren und weiteren Umgebung des Schülers.

Der *Lehrer* muß auf seine veränderte Aufgabe vorbereitet werden, da er als (von Schülern imitiertes) Modell, als selektiver Bekräftiger und als Organisator von Lernsituationen von entscheidender Bedeutung für eine entsprechend veränderte Schulwirklichkeit ist (vgl. *R.* u. *A. Tausch* 1971[4]).

---

[3] Zimmer, Jürgen (1973): Vorschläge zur Entwicklung eines Curriculum »Internationale Erziehung« an UNESCO-Modellschulen. Deutsche UNESCO-Kommission, Köln.

[4] Tausch, R. und A. (1971) Erziehungspsychologie. 6., gänzl. erneuerte Aufl., Göttingen.

2. *Entwicklung und Realisierung einer Curriculum »Internationale Erziehung«*

Für schulische Reformen jeglicher Art – also auch im Bereich der »Erziehung zur internationalen Verständigung« – ist langfristig eine *Veränderung der Schulstrukturen und Bildungspläne* notwendig; mittelfristig können aber von der Basis der Lehrer- und Schülerinitiativen her bereits wesentliche Veränderungen getroffen werden. Zusammen mit einer Neubegründung von schulischen Lernprozessen, Lerninhalten und -zielen, d. h. einer *Curriculumentwicklung im Bereich der Erziehung zur internationalen Verständigung*, ist ein entsprechendes Lehrerverhalten notwendige Voraussetzung für eine Reform.

2.1 *Ziele und Möglichkeiten eines Curriculum »Internationale Erziehung«*

Anläßlich einer Fragebogenaktion in den UNESCO-Modellschulen der BRD wurde im Rahmen einer Evaluationsstudie folgendes (vgl. *Müller-Wolf* 1972[5]) festgestellt:

Alle Modellschulen teilen die Auffassung, daß eine unbestreitbare Notwendigkeit für eine »Erziehung zu internationaler Verständigung« besteht. Die in diesem Zusammenhang mit den Schülern geführten Gespräche zeigen, daß ein intensives Interesse an einer *projektbezogenen* (und nicht lektionsartigen) Arbeit besteht, die – in den Worten der Schüler – »uns auf praktische Begegnungen vorbereitet, zur konkreten Zusammenarbeit bringt, Verständigung (von der Sprache bis hin zum gefühlsmäßigen Verständnis) fördert« und so letztlich »Kriege verhindert, denn wir kennen uns dann ja und wollen nicht mehr gegeneinander kämpfen«. (Schüler der 9. Klasse einer Hauptschule).

Die vorliegende Evaluation kommt für die Bundesrepublik zu dem Ergebnis, daß die bisherigen Aktivitäten der Modellschulen in ein Innovationsprogramm einzubringen sind. Eine neue theoretische Begründung und eine damit verbundene praktische Reorganisation des UMSP (UNESCO-Modellschulprogramms) erscheint unumgänglich. Es bietet sich daher die Entwicklung eines entsprechenden Curriculum aus dem Bereich »Internationale Erziehung« an, wie es von der Deutschen UNESCO-Kommission inzwischen beantragt wurde. Dabei denkt man an eine Sequenz didaktischer Einheiten, die sich – thematisch unterschiedlichen Schwerpunkten zugeordnet – im Sinne eines *»Spiralcurriculum«* vom Elementarbereich bis über den Sekundarbereich erstrecken. Das Curriculum soll so entwickelt werden, daß es auch unter Bedingungen angewendet werden kann, wie sie außerhalb von Modellschulen gegeben sind (vgl. *Zimmer* 1973).

---

5 Müller-Wolf, Hans-Martin (1972): Entwicklung und Resultate des »Associated Schools Project in Education for International Understanding«. Eine Evaluation des UNESCO-Modellschulprogramms in der BRD. Hamburg und Köln: Deutsche UNESCO-Kommission (mimeographiert).

Anläßlich eines internationalen Werkstattseminars von erziehungswissenschaftlichen Experten aus ca. 15 europäischen, afrikanischen, asiatischen und lateinamerikanischen Ländern im UNESCO-Institut Hamburg wurde ein im wesentlichen von *Zimmer* (in letzter Fassung 1973) konzipierter Ansatz diskutiert und als Vorschlag formuliert. Danach soll »vor Ort«, d. h. an Modellschulen unter der internationalen Beteiligung von Lehrern, Schülern und Wissenschaftlern und bei Mitwirkung von Eltern und anderen Erwachsenen der Gemeinde *ein Curriculum »Internationale Erziehung«* entwickelt werden. Dessen Ziel ist zu versuchen, »Kinder und Jugendliche mit Kenntnissen und Fähigkeiten« (auch im Bereich sozialen und affektiven Verhaltens) »auszurüsten, die notwendig erscheinen, um ihren Anspruch auf Selbstbestimmung – der ja zugleich auch Anspruch aller Menschen ist – und auch so verstanden werden muß – in kompetenter und solidarischer Weise vertreten zu können« (*Zimmer* 1973).

In der gegenwärtigen Diskussion über Curriculumrevision besteht weitgehend Einigkeit darüber, daß wichtige Lebensbereiche (im Sinne von »Learning to Be«) im überlieferten Fächerkanon noch keine zureichende Entsprechung finden und nicht genügend Entwicklungsmöglichkeiten der Schüler zu *autonomem und kompetentem Verhalten* in entsprechenden Situationen gegeben werden.

Man kann von der Annahme ausgehen, daß diese curricularen Defizite sich von fachdidaktischer Seite her allein nicht aufheben lassen. Daher sollte bei der Entwicklung des Curriculum »Internationale Erziehung« unmittelbar von solchen Lebensbereichen und in ihnen enthaltenen fundamentalen gesellschaftlichen Problemstellungen ausgegangen werden, mit denen Absolventen von Bildungseinrichtungen als *Mitglieder ihrer Gesellschaft* konfrontiert werden und auf deren Lösung sie im Sinne einer Autonomisierung der gesamten Gesellschaft mit hinwirken könnten.

Eine Curriculumentwicklung innerhalb des spezifischen Kontextes des UNESCO-Modellschulprogramms soll dabei die Möglichkeit eröffnen, die Behandlung solcher allgemein kontroverser Fragen unter internationalen Perspektiven vorzunehmen. Dabei sind international verfügbare Erfahrungen und damit alternative Vorstellungen hinsichtlich ihrer Lösung einzubeziehen. Die *internationale Bedeutsamkeit* der Handlungssituationen dient als Auswahlkriterium für das zu entwikkelnde Curriculum. Als *relevant* erscheinen somit *gesellschaftliche Bereiche*:

- die nicht nur im nationalen Rahmen, sondern auch international vorkommen und eine Vielzahl ungelöster Fragen enthalten;
- die (aus internationaler Sicht) verschiedene und durchaus kontroverse Wege zur Lösung anstehender Probleme als möglich erscheinen lassen;
- in denen Kontroversen und Konflikte auftreten, die auf unterschiedliche Theorien gesamtgesellschaftlichen Fortschritts zurückgeführt werden können;
- in denen die Lösung der anstehenden Probleme einen wesentlichen Teilabschnitt auf dem Weg zur individuellen und gesellschaftlichen Autonomisierung darstellt.

Die *zentralen Lernziele* dieses Curriculums lassen sich zusammenfassend wie folgt umreißen:

- Entwicklung der Fähigkeit, aktuelle gesellschaftlich-praktische Probleme in ihren internationalen Bezügen zu erkennen;

- internationale Erfahrungen zu ihrer Lösung zu nutzen;
- mit Angehörigen anderer Nationen über solche Probleme zu kommunizieren und
- in sinnvoller Weise Beiträge des eigenen Landes für die Lösung solcher Probleme in anderen Ländern heranzuziehen. (Vgl. zu diesen Ausführungen im einzelnen *Zimmer* 1973).

Internationale Verständigung läßt sich sicherlich nicht auf ein sozialpsychologisches Problem reduzieren; ihre Verwirklichung erfordert mehr als *nur subjektive* (individuelle) Einstellungs- und Bewußtseinsveränderungen: nämlich den Abbau einer sich im nationalen und internationalen Bereich vermittelnden Fremdbestimmung, also objektive (gesellschaftliche) Veränderungen. Durch die Friedensforschung und -pädagogik[b] sowie anhand konkreter Beispiele der jüngeren Geschichte ist deutlich geworden, daß idealistische Akte einer Verständigung oberhalb der Ebene einer Austragung und Lösung existierender Konflikte bestenfalls zu scheinbaren und vorübergehenden Befriedigungen führen können. So lassen sich z. B. die Auseinandersetzungen zwischen erobernden (kolonialisierenden) und unterdrückten (kolonialisierten) oder armen und reichen Gruppen sowie zwischen rassischen und religiösen Mehr- und Minderheiten mit Sicherheit *nicht* zureichend durch die Vorurteilsstrukturen der Beteiligten erklären. Sie haben ihre politischen, sozialen und ökonomischen – also historischen und *objektiven* – Ursachen außerhalb des subjektiven Bewußtseins.

Andererseits erscheint uns ein emanzipatorisches Curriculum im *subjektiven Bereich des Schülers* ansetzen zu müssen, um somit die Voraussetzungen für eine schließlich auch *objektive, die Gesellschaftsstrukturen umfassende Emanzipation* zu schaffen: Beide Komponenten – objektive und subjektive Emanzipation – stehen dabei in einem dialektischen Bezug. So wie eine gesellschaftliche Emanzipation ohne eine entsprechende Emanzipation von Individuen, die sie tragen, nicht erreichbar zu sein scheint, ist eine sogenannte individuelle Emanzipation, die nicht letztlich auch soziale Wirklichkeit emanzipativ verändert, nur ein Trugbild bzw. eine Fluchtstrategie vor den Anforderungen der gesellschaftlichen und politischen Realität.

2.2 *Erfahrungen mit einem Curriculum »Soziales und affektives Lernen in der Schule als Beitrag zu interpersonellen, Inter-Gruppen- und internationalen Beziehungen«*

Aus dieser Erkenntnis heraus wurde am UNESCO-Institut für Pädagogik in Zusammenarbeit mit dem UNESCO-Sekretariat in Paris ein *Entwicklungsversuch eines sozio-affektiven Curriculum* im Bereich *»Education for International Cooperation and Peace«* begonnen. Zu diesem Zweck kamen im Januar 1972 15 Lehrer aus 8 Ländern (Bundesrepublik Deutschland, Dänemark, Großbritannien, Österreich, Tschechoslowakei, Ungarn, USA und Zypern) in Hamburg zu einem Workshop zusammen.

Während des von Dr. *David Wolsk* (Dänisches Pädagogisches Institut, Kopenhagen) und vom Verfasser geleiteten Workshop wurden neue Curriculum-Materialien in Zusammenarbeit mit den 15 Lehrern entwickelt. Die insgesamt 40 Curriculumeinheiten wurden sodann – nach einer ersten experimentellen Phase der Verbesserung zwischen Februar und September 1972 – vom Oktober 1972 bis Mai 1973 von 12 Lehrern, die am Workshop teilgenommen hatten, und 28 Kollegen an insgesamt 20 UNESCO-Modellschulen erprobt. Die Schüler waren 12–17 Jahre alt und von unterschiedlichen Schultypen – der Hauptschule, der Realschule und dem Gymnasium in der BRD entsprechend.

Dieses sozio-affektive Curriculum zur »Internationalen Erziehung« unterscheidet sich insofern von traditionellen Ansätzen, als zunächst das Schwergewicht auf der vom Schüler selbst durchgeführten *Analyse seines eigenen Verhaltens und des seiner Klassenkameraden* liegt: In einer etwa 10 bis 25 Minuten dauernden »Erfahrungssituation« zu Beginn einer Klassenperiode erleben die Schüler ein vereinfachtes Experiment zu Vorgängen der sozialen Wahrnehmung, Kommunikation oder Kooperation – oder aber auch ein Simulations-, Rollen- oder Planspiel, in dem bestimmte Erfahrungen des täglichen Lebens und aus der konkreten Umwelt der Schüler nachgespielt und nachempfunden werden. Neben den persönlichen Erfahrungen und den Reaktionen der Mitschüler wird durch einen Austausch entsprechender Erfahrungen mit denselben Experimenten oder Spielen in Klassen des Auslandes die internationale Komponente in diesen Curriculumansatz eingebracht.

Selbstverständnis dient somit als Grundlage für ein Curriculum »Internationale Erziehung« bzw. eine »Erziehung zur internationalen Verständigung«. Dabei werden folgende Variablen für ein Selbstverständnis als wesentlich betrachtet:

- Verständnis für rationales und irrationales Verhalten;
- Einsicht in und Verständnis für die Quellen individueller Unterschiede;
- Sensitivität und Sensibilität für sich selbst, eigenes Verhalten;
- Verständnis der Wahrnehmungs-und Kommunikationsprozesse;
- Verständnis der Lernprozesse und der damit verbundenen Veränderungen menschlichen Verhaltens;
- Einsicht in und Erleben von Autonomie und Abhängigkeit.

Diese Variablen erleichtern unter »Verständigung« zu fassende Prozesse der Kooperation, Solidarisierung und Kommunikation – zunächst in der Kleingruppe (z. B. in der Familie), dann in größeren Gruppen (z. B. innerhalb einer Schulklasse, zwischen Angehörigen von rassischen und sozialen Mehrheiten und Minderheiten) und schließlich auch zwischen nationalen Gruppen als »Internationale Verständigung«, einem Hauptziel »Internationaler Erziehung«.

Dabei sind folgende Variablen im Zusammenhang mit »Internationaler Verständigung« für die Schüler von Bedeutung:

- Biologische Vererbung als Quelle für Gemeinsamkeiten bei Menschen verschiedener Nationalität.
- Kulturelle, gesellschaftliche und politische »Vererbung«, d. h. »Tradition« als Quelle für Unterschiede zwischen Menschen verschiedener Nationalität.
- Gemeinsame Probleme persönlicher, gesellschaftlicher, wirtschaftlicher oder politischer Art, die für den einzelnen Schüler, seine Klassenkameraden, andere Gruppen in seiner Gesellschaft sowie Menschen anderer Nationalität bestehen.
- Lösungsversuche, die vom einzelnen Schüler, von seinen Klassenkameraden, von anderen

Gruppen seiner Gesellschaft sowie von Menschen anderer Nationalität erwogen und praktiziert werden.

Das Projekt ist also im wesentlichen durch Erfahrungslernen und eine für die traditionelle Schule ungewöhnliche Anordnung von Lernsituationen charakterisiert. Hinzu kommen der Austausch von konkreten Erfahrungen mit Menschen anderer Länder, Kulturen und Gesellschaftssystemen. Insgesamt ist der Ansatz[6] durch 10 Elemente zu beschreiben:

(1) *Sozialwissenschaften* und andere Wissenschaften, die sich auf das Verhalten der Menschen beziehen, werden in das Schulcurriculum einbezogen – jedoch nicht als trockener Lernstoff, sondern als eigene Erfahrung.

(2) Klasse, Schule und Gemeinde – überhaupt das gesamte soziale Umfeld des Schülers – geben den Hintergrund für die Erfahrung individueller und sozialer Prozsse menschlichen Verhaltens ab. *Selbsterfahrung und Praxissimulation* haben eine zentrale Bedeutung.

(3) Erfahrungssituationen bilden die Grundlagen für nicht vorstrukturierte Diskussionen und Folgeaktivitäten. Die Schüler lernen so, *vom beschreibenden zum analytischen Niveau* kognitiver Prozesse zu gelangen, d. h. zu generalisieren, Beziehungen zwischen spezifischen Situationen in der Klasse und allgemeinen Problemen der sozialen Praxis einer bestimmten Gesellschaft herzustellen. Dabei werden die Vorteile von Konzepten direkt erfahrbar, und die Fähigkeit zur Konzeptbildung wird gefördert.

(4) *Analyse von Entscheidungsprozessen:* Die Diskussion nach der Erfahrungssituation ist häufig auf die Vielzahl großer und kleiner Entscheidungen zentriert, aus denen sich Verhalten zusammensetzt und erklären läßt. Unterschiede im Entscheidungsverhalten zwischen einzelnen Schülern, die Rolle der Information bei Entscheidungsprozessen, unterschiedliche Gefühlsreaktionen beim Treffen sicherer oder riskanter Entscheidungen, die Bedeutung positiver und negativer Antworten durch andere (tatsächliche, vorgestellte und vorweggenommene) auf die Sequenz von Entscheidungsprozessen werden erfahrbar gemacht.

(5) *Sensitivität und einfühlendes Verständnis:* Gefühlsmäßige Verbundenheit mit anderen Menschen und Solidarisierung hängen zusammen mit Selbstvertrauen und Selbstakzeptierung, woraus ein Gefühl der Sicherheit und Entspanntheit im Umgang mit Sozialpartnern entsteht. Zugleich handelt es sich dabei um eine Fähigkeit, die gelernt werden kann, indem sich der Schüler z. B. auf die Gesamtheit verbaler und non-verbaler Botschaften konzentriert, die von anderen kommen, und seine Sensitivität dafür erhöht.

(6) Einerseits wird *schon vorhandenes Wissen neu angewendet*. Bei der Diskussion der Erfahrungssituationen entdecken die Schüler z. B. häufig, daß Entscheidungen leichter fallen und mit weniger Angst verbunden sind, wenn sie mehr Informationen und Verständnis für die konkrete Situation haben. Daraus entsteht häufig bei Schülern die Haltung, Informationen nicht mehr losgelöst »für sich« zu lernen, sondern sogleich ihre Anwendbarkeit und Relevanz für sich selbst, die Schule, Familie und das Berufsleben mitzubeachten.
Weiterhin geht es darum, *intrinsische Motivation und forschendes Lernen*[c] beim Schüler zu fördern: Wissen ist nicht als etwas »da draußen«, etwas Erhabenes zu sehen, das nach den Kategorien des Lehrers oder des Schulbuchs kapitelweise geordnet ist, sondern als etwas, was in dem Schüler und für ihn selbst da ist – als ein Mittel für die eigene Entwicklung, als brauchbar für die Entscheidungen, die der Schüler selbst trifft und treffen wird.

---

[6] Beispiele und einzelne Einheiten dieses Curriculumansatzes sind aus einer demnächst erscheinenden englischsprachigen Publikation (Müller-Wolf 1974) zu entnehmen.

(7) Der *Lehrer ist in einer neuen Rolle:* Er ist Lernender, Mituntersucher, Kollege – Mitglied eines »lernenden Systems«, einer lernenden Gruppe. Nur insofern ist er mitunter aus der Gruppe herausgehoben, als er zumindest anfangs die Lernsituationen für die gesamte Gruppe vorbereitet und seine größeren Kenntnisse und Erfahrungen der Gruppe als Berater und Moderator zur Verfügung stellt.

(8) *Transparentes Rollenverhalten* in der Klasse: Der Lehrer kann so im Verlauf der Erfahrungssituationen und der damit verbundenen Diskussions- und Projektarbeit die einschränkende und depersonalisierende Rolle des »Herr Lehrer« fallen lassen. Es entsteht dann eine Klassenatmosphäre, die durch mehr Offenheit und gegenseitiges Vertrauen gekennzeichnet ist. Wenn der Lehrer sich als Mensch in die Klasse einbringt, vergrößert sich zugleich die Lerneffektivität der Gruppe – im Rahmen dieses Ansatzes, aber auch in anderen Fachbereichen (vgl. Evaluationsergebnisse).

(9) *Verbesserung kommunikativer und kooperativer Fähigkeiten:* In Diskussionen und schriftlichen Ausführungen, die den Erfahrungssituationen folgen, lernen die Schüler (über) ihre persönlichen und mit anderen geteilten Erfahrungen zu kommunizieren. Daraus ergibt sich häufig eine Verbesserung der Interaktionen zwischen den Schülern und schließlich auch zwischen Schülern und Lehrer eine verbesserte Kooperation.

(10) *Verbesserung des Gruppenklimas und der Arbeitsatmosphäre:* Wegen der Neuigkeit des Ansatzes sind Schüler bei den ersten Einheiten und Erfahrungssituationen dieses Curriculumansatzes verständlicherweise etwas argwöhnisch gegenüber dem Lehrer. Deshalb ist es erforderlich, daß die Methode dieses Ansatzes selbst in der Klasse diskutiert wird. Diese Art einer gemeinsamen Prozeßanalyse durch Schüler und Lehrer erweist sich als hilfreich dafür, eine lernende Gruppe zu schaffen und die Barrieren zwischen Lehrern und Schülern zu überwinden.

Eine Evaluation des sozio-affektiven Curriculum mit Hilfe sogenannter objektiver Tests (externe Evaluation) sowie durch die beteiligten Schüler und Lehrer selbst (interne Evaluation) ergab wesentliche Verbesserungen. Von 582 Schülern in 20 Klassen aus den genannten sieben europäischen Ländern gaben an, in den Stunden mit den neuen Curriculumeinheiten:

- mehr zu lernen als in normalen Stunden 83% (Lehrerurteil: 95%),
- bessere Schulleistungen insgesamt in dem betreffenden Fach zu erbringen 82% (Lehrerurteil: 85%);
- ein höheres (generelles) Diskussionsniveau in der Klasse zu erreichen 79% (Lehrer: 95%);
- ein höheres Interesse am Unterrichtsgeschehen zu haben 90% (Lehrer: 90%);
- eine bessere (entspanntere) Klassenatmosphäre zu haben 83% (Lehrer: 85%);
- bessere Beziehungen zwischen den Schülern ergaben sich bei 82% (Lehrer: 85%) ebenso wie
- bessere Beziehungen zwischen Lehrern und Schülern bei 82% (Lehrer: 95%);
- die Eigeninitiative der Schüler stieg an (Schüler: 82%; Lehrer: 90%) – auch bei Projektarbeit außerhalb der Schule;
- die Schulangst der Schüler wurde reduziert (86%, Lehrer: 85%);
- die Ausdrucks- und Kommunikationsfähigkeit der Schüler verbesserte sich (78%; Lehrer: 80%);
- das Selbstverständnis der Schüler (84%; Lehrer: 90%) sowie das Verständnis anderer – auch im Sinne von »internationaler Verständigung« – (83%; Lehrer: 85%) scheint sich zumindest bewußtseinsmäßig deutlich verbessert zu haben;
- die Schüler lernen also mehr über sich und menschliches Verhalten generell (90%; Lehrer: 100%).

Die *objektiven Daten* aus dem Test bestätigen diese Befunde: weniger Schulangst, bessere Klassenatmosphäre, Steigerung der Klassendurchschnittsleistung – auch in andern Fächern –, mehr hilfreiche Interaktionen zwischen Schülern sowie zwischen Schülern und Lehrern.

Bei der *Unterrichtsbeobachtung* ergab sich weiterhin:

- daß die Schüler vergleichsweise spontaner, häufiger und insgesamt mehr sprechen als zuvor;
- daß mehr (eigenständige) Kleingruppenarbeit stattfindet;
- daß sich das Unterrichtsklima deutlich verbessert hat (mehr sozialintegrativ, entspannter, gekennzeichnet durch mehr positive Emotionalität etc.).

Gleichzeitig ergab sich eine Verringerung der Lehrersprechzeit (von 53% auf 32% pro Stunde). Im *Lehrerverhalten* zeigten sich deutliche Verbesserungen (auf einer Skala von −3 bis +3) in den Bereichen:

- Aktivität und Engagement (vorher: +1,5; nachher: +2,4);
- Förderung der Selbständigkeit der Schüler (–0,2 und +2,0);
- emotionale Wärme, Wertschätzung (+0,9 und +2,1);
- Verständnis für Schüler, Einfühlung (+0,2 und +1,8);
- Echtheit, rollen-distanziertes Verhalten (+0,3 und +1,5);
- Optimismus hinsichtlich der Leistungsfähigkeit der Schüler; positive Verstärkungen für die Schüler (+0,5 und +2,0).

2.3 Integration des sozio-affektiven Ansatzes in ein Curriculum »Internationale Erziehung«

Mit diesem Curriculumansatz werden durch Förderung sozialer und affektiv-emotionaler Lernprozesse die Grundlagen für die Durchführung eines projektorientierten offenen Curriculum »Internationale Erziehung« etwa im Sinn der Empfehlungen einer internationalen Expertenkommission der UNESCO[7] geschaffen. Als erster didaktischer Schritt auf dieses Ziel hin erscheint eine grundsätzliche Veränderung der Lern- und Interaktionsprozesse in der Klasse notwendig. Anstelle eines lehrerzentrierten Unterrichtsgeschehens und passiv-aufnehmendem Lernen der Schüler (das häufig extrinsisch motiviert ist, also durch »Druck« von Lehrern, Eltern oder bevorstehenden Prüfungen) soll ein *schülerzentrierter Unterricht* herbeigeführt werden: Der Lehrer hat mehr die Rolle eines *Moderators*, der Lernsituationen schafft, in denen die Schüler *aktiv lernen* und selbst weitgehend die Lernziele und Unterrichtsmethoden *(mit-)bestimmen*; daher herrscht dann auch Interesse an den Unterrichtsinhalten und -prozessen selbst vor, d. h. die Schüler sind *intrinsisch motiviert*. Dazu trägt auch

[7] Ein Bericht über die Ergebnisse des von der Deutschen UNESCO-Kommission und dem UNESCO-Institut veranstalteten Werkstattseminars im Dezember 1972 wird demnächst in Buchform erscheinen. I. Classen-Bauer (ed): International Education – A Lifelong Process. UNESCO Institute for Education, Hamburg, 1974 (im Manuskript).

bei, daß die Schüler aufgrund *eigener Erfahrungen* und nicht nur aus Textbüchern lernen und daß sie *selbst* (d. h. *ihr* Verhalten, *ihre* Empfindungen etc.) Gegenstand des Unterrichts werden. – Schließlich werden durch den neuen Ansatz *affektives* und *soziales* Lernen in stärkerem Maße in das schulische Lerngeschehen eingebracht. Die oft kritisierte Diskrepanz zwischen dem schulischen Lernen und dem wirklichen Leben kann dadurch entscheidend verringert werden; die »Tafel-Kreide-Schule« wird überwunden.

Wenn – wie es in der traditionellen Schule die Regel ist – affektives und soziales Lernen nicht ebenfalls als zentrale Lernziele aufgefaßt werden und eine einseitige Förderung rational-kognitiver, für die Praxis häufig folgenloser Fähigkeit stattfindet, wird die Diskrepanz zwischen Schule und Leben weiter bestehenbleiben und der Ruf nach einer »Entschulung der Gesellschaft« (*Illich* 1971) berechtigterweise noch lange zu hören sein: Schulische Lernprozesse müssen einen größeren Praxisbezug aufweisen *und* dabei den Schüler autonom machen.

Der neue Curriculumansatz ist zudem im Sinne eines »offenen«[8] Curriculum mehr auf Lern*prozesse* und *-techniken* zentriert, wenn man die traditionelle Dreiteilung eines Curriculum (in Inhalte-Prozesse-Techniken)zugrunde legt. Der »Inhalt« des neuen Ansatzes ist also nicht eine weitere »Lernstoffsammlung« neuer Themen; das »neue Lernen« erfordert vielmehr neue Vermittlungsformen und eine neuartige Organisation von Lernprozessen, die entsprechend im Vordergrund steht und den »Inhalt« ausmacht.

Zu Beginn einer Klassenperiode steht also eine *Erfahrungssituation*, die Lehrer und Schüler miteinander teilen: Es kann sich ebenso um ein Wahrnehmungsexperiment, ein scheinbar sinnloses Spiel mit bestimmten Regeln zu Fragen der Kommunikation und Kooperation oder um Simulations- und Rollenspiele zur Abbildung und Bearbeitung einer von den Schülern erfahrenen (gesellschaftlichen) Praxis handeln. Langfristiges Ziel ist indes auch dabei stets *konkrete Projektarbeit* (vor allem auch außerhalb der Schule, in der Gemeinde), z. B. mit Gastarbeitern, alten Menschen oder Schülern anderer Nationalitäten über Fragen und Probleme, die sowohl »hautnah« als auch von internationaler Bedeutung sind[9].

Mit einem breiten Spektrum an Techniken und sonst in der Schule kaum üblichen Vorgehensweisen (z. B. Spielen, die Realität abbilden) wird also zunächst ein *Sensibilisierungsprozeß* bei Schülern eingeleitet. Auf der Basis eines veränderten und erweiterten *Selbst*verständnisses kann dann auch *zwischenmenschliches* und schließlich *internationales* Verständnis bzw. internationale Kooperation, Verständigungs- und Friedensbereitschaft erreicht werden.

---

[8] Damit ist ein Curriculum gemeint, bei dem Schülern und Lehrern weitgehende Freiheit gegeben ist, innerhalb eines gewissen Rahmenangebotes von Lerninhalten und -methoden *selbst* deren konkrete Realisierung im Unterrichtsgeschehen zu bestimmen.

[9] Vgl. H.-M. Müller-Wolf: Social and Affective Learning in School – An Innovative Approach to Education for Interpersonal, Intergroup and International Relations. UNESCO-Institute for Education, Hamburg, 1974 (im Manuskript).

Dazu muß allerdings der zugrundeliegende Prozeß einer Sensibilisierung der Schüler in *konkretes Verhalten* eingelöst werden. Sonst entsteht ein individualistisch begrenzter, psychologistischer Ansatz. Deshalb werden in der zweiten Stufe, die bis zu drei Jahre später einsetzen kann, *Projekte* als Bausteine des Curriculum durchgeführt. Curriculumentwicklung wird dann anhand der Realisierung situationsbezogener Projekte zu international relevanten, »hautnahen«, von den Schülern identifizierten Problemen geleistet. Dabei sollte möglichst eine internationale Zusammensetzung der teilnehmenden Schüler und Erwachsenen, z. B. durch Mitwirkung von ausländischen Arbeitnehmern und deren Kindern, gewährleistet sein.

Im UNESCO-Modellschulprogramm eröffnet sich also die Möglichkeit, unmittelbar von den *Lebensbereichen der Schüler* und der in ihnen enthaltenen fundamentalen *gesellschaftlichen Problemstellungen* auszugehen und solche in der Regel kontroverse Fragen im Curriculum zu behandeln. Für eine projektmäßige Behandlung identifizierte die internationale Expertenkommission des UNESCO-Werkstattseminars im Dezember 1972 unter anderem folgende exemplarische Problembereiche (vgl. *Zimmer* 1973):

- Möglichkeiten der Verringerung des Bildungsgefälles zwischen Industrie- und Entwicklungsländern;
- Probleme und Wirkungen von Kapitalinvestitions- und -verwertungsprozessen in Ländern der Dritten Welt;
- Möglichkeiten der Regelung des Eigentums an Grund und Boden sowie die Durchführung von Bodenreformen;
- Möglichkeiten der sozialen Regelung des Eigentums an Produktionsmitteln und der Verfügungsgewalt über sie, insbesondere Möglichkeiten der btrieblichen Mit- und Selbstbestimmung;
- Möglichkeiten der Verringerung sozialstruktureller Ungleichheiten, insbesondere des Abbaus sozialer, kultureller und ökonomischer Privilegien;
- Möglichkeiten der Überwindung öffentlicher Armut bei vorhandenem gesellschaftlichem Reichtum, insbesondere der Aufhebung der relativen Benachteiligung sozialer Dienstleistungsbetriebe;
- Fragen der privaten beziehungsweise gesellschaftlichen Bewirtschaftung von Land;
- Fragen des Schutzes von rassischen und religiösen Minderheiten;
- Fragen der Integration ausländischer Arbeitnehmer.

Durch die *Arbeit an konkreten Projekten* werden den Schülern – neben einer erhöhten Sensibilisierung und Möglichkeit zur Selbstverwirklichung durch den sozioaffektiven Ansatz – also die zentralen Lernziele des Curriculum vermittelt (vgl. *Zimmer* 1973, *Müller-Wolf* 1972):

- die Fähigkeit, selbst aktuelle gesellschaftlich-praktische Probleme zu identifizieren, ihre politisch-ökonomischen und sozialen Ursachen und Wirkungen zu erkennen und ihre internationalen Bezüge wahrzunehmen;
- die Fähigkeit, internationale Erfahrungen der Lösung solcher Probleme heranzuziehen und die dabei möglicherweise kontroversen Wege vor ihrem jeweiligen gesellschaftlichen Hintergrund zu verstehen;
- mit Angehörigen anderer Nationen und Gesellschaftssysteme darüber zu kommunizieren;
- die Fähigkeit, den Bezug zwischen solchen Problemen und den eigenen unmittelbaren Le-

benssituationen herzustellen, Strategien eines auf individuelle und kollektive Selbstbestimmung gerichteten Handelns zu entwickeln und damit aktiv an entsprechenden gesamtgesellschaftlichen Prozessen mitzuwirken.

Da jeden Tag Millionen von Schulkindern der verhaltensverändernden Beeinflussung durch Lehrer ausgesetzt sind, wird den Lehrern zu Recht eine ungemein bedeutsame Rolle für den Sozialisationsprozeß der einzelnen Mitglieder unserer Gesellschaft und damit für die Gesellschaft selbst zugeschrieben. Lehrerverhalten wird tausendfach im kognitiven, sozialen und affektiven Verhalten der Schüler multipliziert. Lange Zeit wurde der Lehrer vor allem als Informationsvermittler begriffen. Diese Auffassung übersieht jedoch, daß kein Lehrinhalt vermittelt werden kann, ohne daß der Lehrer nicht zugleich auch bestimmte Merkmale sozialen und emotional-affektiven Verhaltens zeigt, durch die wiederum die Schüler (über Imitations- und Bekräftigungslernen) beeinflußt werden. Deshalb ist eine *Neustrukturierung der Rolle des Lehrers* (u. a. durch Lehrertraining) notwendig, wenn ein Curriculum »Internationale Erziehung« zum Tragen kommen soll, zumal die traditionelle Lehrerausbildung den Studenten und angehenden Lehrern kein systematisches Training im Bereich des sozialen und affektiven Verhaltens ermöglicht.[d]

Quellennachweise und Anmerkungen des Herausgebers

1. *Friedrich W. Kron:* Der Zusammenhang von sozialem Lernen und Persönlichkeitsbildung
   Dieser Beitrag wurde eigens für den vorliegenden Quellentext geschrieben und dient der Einführung in die Thematik. Er findet eine Ergänzung im Vorwort des Herausgebers.

2. *Jean Piaget:* Die Ausbildung soll die volle Entfaltung der menschlichen Persönlichkeit und die Stärkung der Achtung der Menschenrechte und Grundfreiheiten zum Ziele haben
   Aus: Jean Piaget: Das Recht auf Erziehung und die Zukunft unseres Bildungssystems. Zwei Essays. München: R. Piper & Co. Verlag 1975 = Serie Piper 128, S. 35–55.

Die in dem Piper-Bändchen abgedruckten beiden Essays wurden von Siglinde Summerer und Gerda Kurz aus dem Französischen ins Deutsche übersetzt. Dabei handelt es sich um den Erstdruck der beiden Essays mit dem Titel »Où va l'èducation« im Verlag Denoel/Gonthier 1973. Das erste Essay über das Recht auf Bildung in der heutigen Welt ist zum erstenmal in »Les Droits de l'esprit«, Sammlung »Menschenrechte« von der UNESCO herausgegeben, im Verlag Recueil Sirey Paris 1948, erschienen. Der wiederabgedruckte Beitrag ist ein Auszug aus diesem Essay. Es handelt sich dabei um den Teil IV des Essays. In den ersten drei Teilen, I. »Jeder Mensch hat das Recht auf Bildung«, II. »Der Unterricht . . . muß unentgeltlich sein« und III. »In erster Linie haben die Eltern das Recht, die Art der ihren Kindern zuteil werdenden Bildung zu bestimmen« gibt Piaget eine bildungstheoretische und -politische Interpretation der Absätze (1) und (3) des Artikels 26 der Allgemeinen Erklärung der Menschenrechte. Daran schließt sich die Auslegung des 1. Satzes des Absatzes (3) an, die den gesamten Teil IV des Essays ausmacht, der hier wiederabgedruckt ist. Der Teil V beschließt das Essay, worin der 2. Satz des Absatzes (3) des Artikels 26 ausgelegt wird. Zum besseren Verständnis des inhaltlichen Kontextes wird im folgenden der Artikel 26 der Allgemeinen Erklärung der Menschenrechte wiedergegeben (Quelle: Deutsche UNESCO-Kommission (Hrsg.), 5 Köln 1, Cäcilienstraße 42–44, 3. Aufl. 1972).

»Artikel 26

(1) Jeder Mensch hat das Recht auf Bildung. Der Unterricht muß wenigstens in den Elementar- und Grundschulen unentgeltlich sein. Der Elementarunterricht ist obligatorisch. Fachlicher und beruflicher Unterricht soll allgemein zugänglich sein; die höheren Studien sollen allen nach Maßgabe ihrer Fähigkeiten und Leistungen in gleicher Weise offenstehen.

(2) Die Ausbildung soll die volle Entfaltung der menschlichen Persönlichkeit und die Stärkung der Achtung der Menschenrechte und Grundfreiheiten zum Ziele haben. Sie soll Verständnis, Duldsamkeit und Freundschaft zwischen allen Nationen und allen rassischen oder religiösen Gruppen fördern und die Tätigkeit der Vereinten Nationen zur Aufrechterhaltung des Friedens begünstigen.

(3) In erster Linie haben die Eltern das Recht, die Art der ihren Kindern zuteil werdenden Bildung zu bestimmen.«

a) Zum Zusammenhang von intellektueller und moralischer Entwicklung sowie zu dem Problem von Egozentrismus (Heteronomie) und Autonomie bei Piaget vgl. u. a.
   1. Piaget, J.: Das moralische Urteil beim Kinde. Zürich 1954, wiedererschienen als suhrkamp taschenbuch wissenschaft 27
   2. drs.: Einführung in die genetische Erkenntnistheorie. Frankfurt/M. 1973 = suhrkamp taschenbuch wissenschaft 6
   3. Furth, Hans G.: Intelligenz und Erkennen. Die Grundlagen der genetischen Erkenntnistheorie Piagets. Frankfurt/M. 1972
   4. Ginsburg H./Opper, S.: Piagets Theorie der geistigen Entwicklung. Stuttgart 1975

b) Als Interiorisation bezeichnet Piaget jenen intrapsychischen Vorgang, durch den die Erkenntnis der Dinge der Umwelt, mit denen das Kind auf der Stufe der »praktischen« Intelligenz experimentiert, nur durch den tätigen Umgang und eben nicht durch stupides Lernen von Begriffen auf die Stufe der »operationellen« Intelligenz gehoben werden, auf der die Dinge der Umwelt als Dinge gedacht und im Medium des »handelnden« Denkens repräsentiert werden. Hans G. Furth (s. Anm. a) gibt dazu ein Beispiel: »Das erkennende erwachsene Individuum steht zu dem erkannten Ball in einer anderen Beziehung als das Kind, das den Ball erkennt. Daß das Kind den Ball erkennt, manifestiert sich in seiner externen Reaktion auf den Ball. Im Unterschied zu dieser »praktischen« Erkenntnis reagiert die »operationelle« Intelligenz des Erwachsenen auf den Ball als ein erkanntes Objekt; sie transformiert den äußeren Ball und assimiliert ihn an operationellen Strukturen wie z. B. an die, die ihn als ein besonderes Objekt klassifiziert« (S. 94).

c) numerisch = Zahlen betreffend
metrisch = Maßstruktur von Raum und Zeit betreffend

d) Topologie = Lehre von den Eigenschaften geometrischer Gebilde, die bei beliebiger Verzerrung erhalten bleiben.
Die »euklidische« Geometrie fordert im Unterschied zur »nichteuklidischen« Geometrie als Axiom, daß in einer Ebene durch einen Punkt außerhalb einer gegebenen Graden nur eine einzige Parallele existiert.

e) Ovide Decroly (1871–1932), Belgier, war Begründer der »Ecole pour la Vie par la Vie«, in der Lernen als unmittelbaren Begegnung und Erfahrung mit den Dingen und Problemen der kindlichen Lebenswelt angestrebt wurde. Vergleiche hierzu u. a. L. Hamaide: Die Methode Decroly. 1928. Zu den Reformschulen der zwanziger Jahre, die den Lebens- und Persönlichkeitsbezug zum zentralen Anliegen des Lernens gemacht haben, vergleiche u. a. auch: Th. Schwerdt: Kritische Didaktik in Unterrichtsbeispielen. 18. Aufl. Paderborn 1952.

f) Selfgovernment ist ein Begriff, der aus der amerikanischen Pädagogik stammt und in der Praxis soviel bedeutet wie Selbstregierung des Schullebens und Selbstorganisation des Lernens und des Unterrichts. Vergleiche hierzu u. a.:
   1. J. Dewey: Demokratie und Erziehung. Eine Einleitung in die philosophische Pädagogik. Deutsch v. E. Hylla. 3. Aufl. Braunschweig 1964.
   2. J. Dewey/O. Handling/W. Correl: Reform des Erziehungsdenkens. 2. Aufl. Weinheim 1966
   3. A. Reble (Hrsg.): Die Arbeitsschule. Texte zur Arbeitsschulbewegung. 3. durchges. Aufl. Bad Heilbrunn/Obb. 1969 = Klinkhardts pädagogische Quellentexte

g) Kinderdörfer sind Siedlungen, in denen verwaiste oder heimatlose Kinder in eigenen Häusern in »Familien« mit 8–10 Mitgliedern unter der Leitung von »Eltern« oder »Müttern« zusammenleben. Pädagogisch bedeutsam ist die Gemeinschaftserziehung im Sinne der »Familie« und der gesamten Siedlung. Kinderdörfer gibt es überall in der Welt; z. B. »SOS-Kinderdörfer« (Gmeiner) oder »Pestalozzi-Kinderdörfer« (Codignola).

h) Die Begriffe Liebesbedürfnis, Gefühl der Furcht und Respekt sind von Piaget nicht alltagssprachlich oder im Sinne einer idealistischen oder normativen Anthropologie gebraucht. Vielmehr sind es Begriffe der von ihm beschriebenen Entwicklung der moralischen Urteilsbildung (vgl. Anm. a) Nr. 1)

i) Piaget bezieht sich hier auf Immanuel Kants »kategorischen Imperativ«. In einer Kurzformel besagt dieser, daß das Individuum stets so handeln solle, daß die Maxime seines Willens jederzeit zugleich als Prinzip einer allgemeinen Gesetzgebung gelten könne. Die Realisierung dieses Imperativs kann als eine sehr hohe, differenzierte und elaborierte Form des moralischen Bewußtseins angesehen werden. Vgl. hierzu: Kant, I.: Grundlegung zur Metaphysik der Sitten. In: Werke in zehn Bänden. Hrsg. v. Wilhelm Weischedel. Bd. 6. Darmstadt 1968, S. 81 ff.

k) Emile Durkheims Kategorie der Achtung der Disziplin ist im Zusammenhang mit seiner Auffassung von Moral zu sehen. Vgl. hierzu: Durkheim, E.: Erziehung, Moral und Gesellschaft. Vorlesung an der Sorbonne 1902/03, eingeleitet von Paul Fauconnet, übertragen und eingerichtet von Ludwig Schmidt. Neuwied 1973

l) Vgl. hierzu u. a.:
   1. Lewin, K./Lippitt, R./White, R.: Patterns of Aggressiv Behavior in Experimentally Created »Social Climates«. In: Journal of Soc. Psych. 1939, 10 p. 271–299
   2. Kohlberg, L.: Zur kognitiven Entwicklung des Kindes. Drei Aufsätze. Frankfurt/M. 1974
   3. Adorno, Th.: Studien zum autoritären Charakter. Aus dem Amerikanischen von Milli Weinbrenner. Vorrede von Ludwig v. Friedeburg. Frankfurt/M. 1973 = suhrkamp taschenbuch 107
   4. Erikson, E.: Kindheit und Gesellschaft. Zürich/Stuttgart 1957
   5. Oerter, R.: Struktur und Wandlung von Werthaltungen. Mit 40 Abbildungen und 65 Tabellen. München 1970.

3. *Heinrich Roth:* Soziale Lernprozesse als schulische Voraussetzung für spätere gesellschaftliche und gesellschaftspolitische Lernprozesse
   Aus: Heinrich Roth: Pädagogische Anthropologie Band II. Entwicklung und Erziehung. Grundlage einer Entwicklungspädagogik. Hannover/Berlin/Darmstadt/Dortmund: Hermann Schroedel Verlag KG 1971, S. 524–530.

Dieser Auszug ist dem Kapitel über »Soziale Erziehung in Familie, Schule und Altersgruppen« (S. 519–539) entnommen. Es empfiehlt sich bei der Bearbeitung des wiederabgedruckten Beitrags diesen Kontext mitzulesen und mitzubedenken.

a) vgl. hierzu den Beitrag von Piaget.
b) dezisionistisch meint, daß nur dasjenige als rechtmäßig und gerecht angesehen, behauptet und durchgesetzt wird, was auf der gesetzten Ordnung (z. B. Schulordnung) und auf vorgegebener Gesetzgebung (z. B. Schulgesetz) beruht.
c) vgl. hierzu neuerdings u. a. auch:
   1. Gudjons, H.: Praxis der Interaktionserziehung. 180 Übungen und Spiele zum Gruppentraining in Schule, Jugendarbeit und Erwachsenenbildung. Bad Heilbrunn/Obb. 1978
   2. Klippstein, E./Klippstein, H.: Soziale Erziehung mit kooperativen Spielen. Regelspiele für Vorschule und Schule. Bad Heilbrunn/Obb. 1978

4. *Rolf Oerter:* Zur emotionalen Dimension in Unterricht und Erziehung
   In: Pädagogische Welt 28 (1974). S. 578–593.
   Der hier wiedergegebene Beitrag ist ein Auszug aus der vorgenannten Abhandlung und umfaßt die Seiten 581–593.

Oerters Aufsatz hat ursprünglich vier Teile. Den drei wiederabgedruckten Teilen ging in der Ursprungsfassung ein Teil I voraus. In diesem ersten Teil mit der Überschrift »1. Emotion als Basis für die Entwicklung«, wird die Bedeutung des Zusammenhangs von emotionaler und intellektueller Entwicklung in der frühen Kindheit, der frühen Mutter-Kind-Beziehungen sowie des Moments der Ich-Stärke als Faktor emotionaler Stabilität herausgearbeitet. Um diese mehr entwicklungspsychologische Darstellung von ca. 3 Seiten wurde die wiederabgedruckte Abhandlung gekürzt. Desgleichen wurden im Text einige, jedoch den Sinn nicht entstellende Kürzungen vorgenommen. Abbildungen wurden weggelassen.

a) Vgl. hierzu u. a.: Bittner, G./Schmid-Cords, E. (Hrsg.): Erziehung in früher Kindheit. Pädagogische, psychologische und psychoanalytische Texte. München 1970 = Erziehung in Wissenschaft und Praxis 6 (Piper)
b) Valenz = Wertigkeit

c) Zum orientierenden Reflex sagt Oerter in Teil I seiner Ausführungen (S. 578/579): »Die ersten kognitiven Erfahrungen sammelt das Neugeborene durch einen Reflexmechanismus, der das ganze Leben über fortbesteht und die Voraussetzung für Erkennen abgibt. Wenn nämlich eine Reizveränderung eintritt, kommt es zur sogenannten orientierenden Reaktion oder zum orientierenden Reflex (OR). Es handelt sich dabei um Veränderungen, die die Wahrnehmung und Verarbeitung von Reizen erst in Gang setzen. Die orientierende Reaktion ist durch eine Vielzahl von Prozessen gekennzeichnet, wie Fixierung des neuen Reizes, Pupillenerweiterung, Veränderung der Pulsfrequenz, Absinken des elektrischen Hauptwiderstandes und Veränderung der Gehirnströme. Insgesamt besteht die Wirkung des OR in einer allgemeinen Erregungszunahme, die von ihrer Funktion her als Aufnahmebereitschaft für Reizinformation gedeutet werden kann. Der orientierende Reflex ist also eine bestimmte, sehr basale Form emotionaler Erregung, die die Voraussetzung für Informationsaufnahme und Lernen bildet. Alle höheren Formen der Zuwendung und des Interesses lassen sich besser verstehen, wenn man sie in analoger Form als emotionale Auslöser bzw. Einbettungsfaktoren für kognitive Prozesse versteht.

d) Dissoziation = Zerfall

e) Zur unterrichtlichen und schulischen Praxis des Spiels vgl. u. a.:
   1. Hielscher, H. (Hrsg.): Sozialerziehung konkret. Spiele, Texte und Praxishilfen für eine systematische soziale und emotionale Erziehung in Kindergarten, in der Schuleingangsstufe, in Elternhaus sowie in Beratung und Therapie. Bd. 1 Hannover 1977
   2. Klippstein, E./Klippstein, H.: Soziale Erziehung mit kooperativen Spielen. Regelspiele für Vorschule und Schule. Bad Heilbrunn/Obb. 1978

5. *Helmut Fend:* Wie kann die Schule Erziehung im Sinne der ›Charakterbildung‹, der Persönlichkeitsentwicklung und der Individuation organisieren?
   Aus: Helmut Fend: Perspektiven der Forschung zum sozialen Lernen im Kontext der Schule. In: Heinrich Roth und Dagmar Friedrich (Hrsg.): Bildungsforschung. Probleme – Perspektiven – Prioritäten. Im Auftrag der Bildungskommission herausgegeben. Teil 1 (Band 50) Stuttgart: Ernst Klett Verlag 1975. S. 153–213. Auszug hier: S. 203–213.

Bei dem wiederabgedruckten Beitrag von Helmut Fend handelt es sich um das »Prioritäten« überschriebene Schlußkapitel seines Forschungsberichtes. In dem Bericht stellt Fend theoretische Perspektiven für soziale Lernprozesse im Schulbereich dar. Dabei will er u. a. auf strukturelle und inhaltliche Gegebenheiten aufmerksam machen, die es ermöglichen, auf dem Hintergrund der Theorie vom symbolischen Interaktionismus den Sozialisationsprozeß stärker als in der bisherigen Forschung aus der Sicht der handelnden Subjekte her zu erforschen. Für diese Forschungsaufgabe formuliert er Ansätze und Prioritäten. Bei der Bearbeitung des hier wiederabgedruckten Schlußteils »Prioritäten« sollte der gesamte Beitrag von Fend studiert werden.

a) Friedrich D. E. Schleiermacher (1768–1834). In seinen Vorlesungen von 1826 spricht er als erster in der Geschichte der Theorie von Erziehung und Unterricht den gesellschaftlichen und dialektischen Zusammenhang der Persönlichkeitsbildung im sogenannten »Generationenverhältnis« an. Dabei macht er auch auf zentrale Prinzipien der Erziehung aufmerksam, zu denen u. a. die Unterstützung des Guten im heranwachsenden Menschen oder die Gegenwirkung im Falle nicht erwünschter Äußerungen gehören. Als drittes Prinzip nennt er die die negativen Einflüsse verhütende erzieherische Tätigkeit. Vgl. hierzu: Friedrich Schleiermacher: Pädagogische Schriften. Unter Mitwirkung von Theodor Schulze herausgegeben von Erich Weniger. 2 Bde. Düsseldorf und München 1957. S. 66 ff.

b) Commitment (engl.) = Bindung, Verpflichtung

c) Bei dem wiedergegebenen Literaturverzeichnis handelt es sich um eine Kürzung des Originals, das lediglich diejenige Literatur präsentiert, die sich auf den wiederabgedruckten Ausschnitt bezieht. Eine wissenschaftliche Bearbeitung des Beitrags sollte jedoch dem gesamten Literaturverzeichnis Beachtung schenken.

6. *Gerold Becker:* Versuch einen Katalog von Zielen sozialen Lernens aufzustellen
Aus: Gerold Becker: Soziales Lernen als Problem der Schule. Zur Frage der Internatserziehung. In: Walter Schäfer/Wolfgang Edelstein/Gerold Becker: Probleme der Schule im gesellschaftlichen Wandel. Das Beispiel Odenwaldschule. Frankfurt/M.: © Suhrkamp Verlag 1971 = es 496. S. 95–148. Auszug hier: S. 115–128.

Der wiederabgedruckte Ausschnitt bezieht sich lediglich auf die Darstellung von möglichen Zielen sozialen Lernens. Die im Originaltext unmittelbar davor liegenden Erörtertungen über gesellschaftliche Normen- und Werttrends haben keine Berücksichtigung gefunden, sollten aber bei der Interpretation ebenso hinzugezogen werden wie die Ausführungen von Hartmut von Hentig: Systemzwang und Selbstbestimmung. 2. Aufl. Stuttgart 1969 S. 79ff. und drs.: Allgemeine Lernziele der Gesamtschule. In: Bildungskommission des Deutschen Bildungsrates (Hrsg.): Lernziele der Gesamtschule. 3. Aufl. Stuttgart 1971. S. 13–43.

a) Unter »induktivem« Verfahren der Gewinnung von Lernzielen versteht G. Becker die Herbeiführung eines gesellschaftlichen Konsenses über geltende soziale Werte und Ziele. Dadurch sieht Becker eine starre Axiomatik als positiv überwunden an, aus der in der Tradition Ziele abgeleitet, also »deduziert« worden sind. Auf Vereinbarung beruhende Ziele entsprechen nach Becker einer offenen demokratischen Gesellschaft. Sie sind durch Beobachtung und Beteiligung von Wissenschaft gewonnen und sie sind kritisierbar und überholbar. Folgende Forderungen stellt Becker an Ziele:
1. Sie müssen die Dialektik von Individuum und Gesellschaft berücksichtigen; 2. sie müssen in eine Hierarchie gebracht werden; 3. an ihrer Bestimmung sind die Betroffenen mitzubeteiligen; 4. die Wertentscheidungen, auf denen soziale Lernziele aufruhen, müssen offengelegt werden (vgl. S. 106–114).
b) Defaitismus = Mutlosigkeit, Hoffnungslosigkeit, Resignation
c) Vgl. hierzu grundlegend: Otto Friedrich Bollnow: Existenzphilosophie und Pädagogik. Versuch über unstetige Formen der Erziehung. 3. Aufl. Stuttgart/Berlin/Köln/Mainz 1959 = Urban Bücher 40
d) Vgl. hierzu L. Festinger: A Theory of Cognitive Dissonance. Evanston 1957
e) Die Wertentscheidung fällt Becker wie folgt: »(Es) kommen . . . Wertentscheidungen ins Spiel, deren Richtigkeit oder Falschheit genausowenig empirisch zu ›beweisen‹ ist wie das der Medizin zugrunde liegende Axiom, daß Gesundheit besser sei als Krankheit, daß Schmerzlosigkeit besser als Schmerz zu erleiden. – Die Wertentscheidungen der Pädagogik können heute wohl nur von ähnlich grundsätzlicher (und zugleich scheinbar naiver) Art sein wie in der Medizin. Es muß unentschieden bleiben, ob eine Welt ohne Angst, Feindseligkeit, Einsamkeit, Unglück, Leid, Hunger und physischen Schmerzen denkbar und möglich ist. *Aber es ist notwendig, soweit es Pädagogik vermag, durch Erziehung dafür zu sorgen, daß es in der Welt weniger von all diesem gibt, daß dafür mehr Freundlichkeit, Zuversicht, Freundschaft, Mut, Glück, Sättigung und Freiheit von Schmerzen für den Einzelnen und im Zusammenleben der Einzelnen möglich ist.«* (a.a.O., S. 109/110/ Hervorhebung d. d. Herausgeber)
f) Vgl. hierzu auch den Beitrag von Rolf Oerter.
g) Vgl. zu diesem und den mit ihm zusammen gebrauchten Begriffen »Ambiguitätstoleranz« und »Rollendistanz«:
   1. Jürgen Habermas: Stichworte zur Theorie der Sozialisation. In: Jürgen Habermas: Kultur und Kritik. Verstreute Aufsätze. Frankfurt/M. 1973 = suhrkamp taschenbuch 125, S. 118–194

2. Lothar Krappmann: Neuere Rollenkonzepte als Erklärungsmöglichkeit für Sozialisationsprozesse. In: betrifft: erziehung 4 (1971) 3, S. 27–34
h) civil disobedience (engl.) = ziviler Ungehorsam
i) Vgl. hierzu u. a. Friedrich W. Kron (Hrsg.): Antiautoritäre Erziehung. Bad Heilbrunn/Obb. 1973 = Klinkhardts Pädagogische Quellentexte

7. *Gerhard Velthaus:* Didaktische Leitvorstellungen des sozialen Lernens
Aus: Gerhard Velthaus: Didaktische Leitvorstellungen des sozialen Lernens in der Grundschule. In: Werner Loch (Hrsg.): Modelle pädagogischen Verstehens. Essen: Neue Deutsche Schule Verlagsgesellschaft mbH 1978 = neue pädagogische bemühungen 77, S. 103–140
Auszüge hier: S. 103–116 und 126; von der Gesamtabhandlung wurde der erste, grundsätzlichere Teil wieder abgedruckt. Bei der Kürzung des Beitrags an wenigen Stellen wurde darauf geachtet, daß die Sinnmitte des Gesamtbeitrags erhalten bleibt. Die Beispiele wurden nicht zum Wiederabdruck gebracht, um stärker die Grundsätzlichkeit des Beitrags hervortreten zu lassen. Es erscheint daher sinnvoll, den Gesamtbeitrag von Gerhard Velthaus zur Textinterpretation heranzuziehen.
a) Vgl. hierzu Martin Wagenschein: Ursprüngliches Verstehen und exaktes Denken. 2. Aufl. Stuttgart 1965
b) Vgl. hierzu: Hans-Rolf Lückert: Begabungsforschung und basale Bildungsförderung. In: Die Grundschule 2 (1968)
c) Im folgenden sind einige Überlegungen zur Grundschule sowie zum Problem der Verfrühung und Überforderung durch die sogenannte Konfliktpädagogik weggelassen worden. Dadurch entfällt auch die Anmerkung Nr. 10.
d) Im Original heißt es: Grundschule
e) Im Original heißt es: Sachunterricht
f) Im Original heißt es im nachfolgenden Text stets »Kinder« anstelle von »Schüler«. Der Begriff Schüler wurde gewählt, um die Textstellen dem grundsätzlichen Anspruch zu unterstellen.
g) Im Originaltext folgen nun Beispiele für »Belehrung« und »Bewußtmachung«, die hier weggelassen worden sind.
h) Dieser Punkt entfällt durch die Streichung des Textes (vgl. Anm. c).

8. *Roswitha Heinze-Prause/Thomas Heinze:* Soziale Interaktion in der Schulklasse. Versuch der Beschreibung, Interpretation und Konstruktion sozialer Lernprozesse. Lernziel: Soziale Kompetenz
In: Westermanns Pädagogische Beiträge 26 (1974) 5, S. 265–274
a) Apriori = Grundsatzregeln
b) Déshabillé (franz.) = eleganter, dekolletierter Morgenrock. In dem vorliegenden Kontext ist mit »situationellem Déshabillé« wohl die situative Offenheit der handelnden Individuen gemeint.
c) digitalisieren = Daten und Informationen in Ziffern darstellen
d) Manifestation = Offenbarwerden
e) inadaequat = unangemessen
f) Indikator = verursachendes Anzeichen

9. *Bernd Fittkau/Friedemann Schulz von Thun:* Soziales Interaktionsklima und die Möglichkeit des sozialen Lernens in Gruppen
Originaltitel: Über Alternativen zum autoritären Unterricht. In: Westermanns pädagogische Beiträge. 25 (1973) 8, S. 422–430. Auszüge hier: S. 423–429 und S. 430 Spalte 2.
Die Kürzung des Beitrags betrifft die Kapitel 1 und 2, in denen die gesellschaftliche Entwicklung

in Bezug auf autoritäre Erziehungstendenzen geschildert wird sowie den kleinen Teil ›Schlußbemerkung‹.

a) siehe den obigen Kurzkommentar, vgl. auch den Beitrag von Gerold Becker
b) Vgl. hierzu auch den Beitrag von Roswitha Heinze-Prause und Thomas Heinze
c) vs (Abk.) bedeutet versus = gegen
d) »self-reinforcement« = Selbstverstärkung oder -bestärkung
e) Vgl. hierzu Robert Rosenthal: Experimenter Effects in Bahavioral Research. New York 1966
f) »self-fullfilling-prophecy« = selbsterfüllende Prophezeiung; dieses Phänomen sowie die damit verbundenen Versuche von Robert Rosenthal (vgl. Anm. g) sind gut beschrieben bei Paul Watzlawick/Janet H. Beavan/Don D. Jackson: Menschliche Kommunikation. Formen, Störungen, Paradoxien. 3. unveränderte Aufl. Bern, Stuttgart, Wien 1972, S. 64 f. und 95 ff.
g) Vgl. hierzu u. a.:
   1. Helmut Glaser (Hrsg.): Teamteaching konkret. Freiburg/B. 1968
   2. Hans Werner Dechert: Team-Teaching in der Schule. München 1972
h) learning to learn (engl.) = das Lernen lernen

10. *Hans-Martin Müller-Wolf:* Soziales und affektives Lernen als Grundkomponenten des Curriculum ›Internationale Erziehung‹
In: Die Deutsche Schule. 66 (1974) 6, S. 437–448

In der Überschrift wurde der bestimmte Artikel »des« anstelle des unbestimmtes Artikels »eines« eingesetzt.

a) Learning to Be (engl.) = Lernen zu sein oder zu leben
b) Vgl. hierzu u. a. Christoph Wulf (Hrsg.) Kritische Friedenserziehung. Frankfurt/M. 1973
c) Vgl. hierzu u. a. Heinz Weber (Hrsg.): Entdeckendes Lernen. Weinheim und Basel 1973; siehe auch die Beiträge von Gerhard Velthaus und Rolf Oerter
d) Vgl. hierzu auch den Beitrag von Bernd Fittkau/Friedemann Schulz von Thun

Bibliographie (Auswahl)

Aebli, H.: Soziales Lernen in der Schule. In: Aebli, H. und Steiner, G. (Hrsg.): Probleme der Schulpraxis und die Erziehungswissenschaften. Stuttgart 1975

Aebli, H./Steiner, G.: Probleme der Schulpraxis und die Erziehungswissenschaften. Leistung, Kreativität, Hausaufgaben, Disziplin, soziales Lernen, Gastarbeiterkinder. Stuttgart 1975

Anger, H.: Hauptformen des sozialen Lernens. In: Haseloff, O. W. (Hrsg.): Lernen und Erziehung. Berlin 1969 = Forschung und Information Bd. 4

Apel, H.-J./Schwarzer, Chr.: Schulschwierigkeiten und pädagogische Interaktion. Bad Heilbrunn/Obb. 1978 = Klinkhardts Pädagogische Quellentexte

Arbeitsgruppe Peter Petersen-Schule Hannover: Unterrichtsorganisation zur Erweiterung der Möglichkeiten sozialen und selbstorganisierten Lernens – Erkenntnisse praktischer Schularbeit. In: Schwartz, E. (Hrsg.): Beiträge zur Reform der Grundschule. Bd. 22/23: Soziales und emanzipatorisches Lernen. Frankfurt 1975. S. 145–160

Arbeitsgruppe »Soziale Organisation«: Soziale Organisation, soziales Lernen und Differenzierung. In: Die Deutsche Schule 67 (1975) 7/8. S. 489–512

Argyle, M.: Soziale Interaktion. Köln 1972

Baer, U./Tillmann, K.-J.: Strategisches Lernen im schulischen Freizeitbereich. In: Rolff, H.-G. u. a.: Strategisches Lernen in der Gesamtschule. Hamburg 1974. S. 192–214

Bahr, H. E./Seippel, A. S. (Hrsg.): Soziales Lernen. Gruppenarbeit für den Frieden. Stuttgart/Berlin/Köln/Mainz 1975

Baldwin, A. L.: Theorien primärer Sozialisationsprozesse. 2 Bde. Weinheim und Basel 1974

Ballauff, Th.: Antithesen zur Lerntheorie. In: Pädagogische Rundschau 32 (1978) 4. S. 308–316

Bandura, W.: Social Learning Theory. New York 1977

Bandura, A./Walters, R. H.: Social Learning and Personality Development. New York 1963

Bartnitzky, H.: Konfliktspiele im Unterricht. Essen 1975

ders.: Soziales Lernen durch Konfliktspiele. In: Die Grundschule 7 (1975) 9. S. 491–495

Bastine, R./Jacobi, J. R.: Sozialpsychologische Erklärungsmodelle. In: Deutsches Institut für Fernstudien an der Universität Tübingen (Hrsg.): Funkkolleg Beratung in der Erziehung. Studienbegleitbrief 3. Weinheim und Basel 1975. S. 27–61

Bayerisches Staatsministerium für Unterricht und Kultus (Hrsg.): Sozialerziehung und Persönlichkeitsbildung. 10. neubearbeitete und erweiterte Auflage. München 1978

Beck, G.: Soziales Lernen in der Grundschule. In: Die Deutsche Schule 67 (1975) 2. S. 87–97

dies.: Sozialerziehung – Soziales Lernen. Gedanken zur begrifflichen und theoretischen Differenzierung. In: Die Grundschule 7 (1975) 1. S. 15–18

dies.: Soziales Lernen. Fachdidaktische Trendberichte. In: betrifft: erziehung (1978) 11. S. 61–65

Becker, H. u. a.: Arbeitspapier der Arbeitsgruppe »Soziale Organisation und Differenzierung«. In: Gemeinnützige Gesellschaft Gesamtschule e. V.: Gesamtschule im Flächenversuch. Bochum 1975. S. 131–179

Benden, M. (Hrsg.): Zur Zielproblematik in der Pädagogik. Bad Heilbrunn/Obb. 1977 = Klinkhardts Pädagogische Quellentexte

Berger, P. L./Luckmann, T.: Die gesellschaftliche Konstruktion der Wirklichkeit. Eine Theorie der Wissenssoziologie. 5. Auflage. Frankfurt/M. 1977

Bernhardt, M.: Soziales Lernen in der integrierten Gesamtschule. Bericht über eine Fallstudie an der Ernst Reuter-Schule, Gesamtschule in der Frankfurter Nordweststadt. In: Zeitschrift für Pädagogik 19 (1973) 4. S. 517–526

dies.: Soziales Lernen in der Gesamtschule. Eine empirische Studie. München 1974

betrifft: erziehung extra IV: Der heimliche Lehrplan. Was wirklich gerlernt wird. 6 (1973) 22. Oktober
Bildungskommission des Deutschen Bildungsrates (Hrsg.): Spiel und Kommunikation in der Sekundarstufe II. Beiträge zu Fragen eines kreativen, ästhetischen und sozialen Lernens. Stuttgart 1974 = Deutscher Bildungsrat. Gutachten und Studien der Bildungskommission. Bd. 40
dies.: (Hrsg.): Die Eingangsstufe des Primarbereichs. Bd. 2/1 Spielen und Gestalten. Stuttgart 1975 = Deutscher Bildungsrat. Gutachten und Studien der Bildungskommission Bd. 48/1
dies.: (Hrsg.): Die Eingangsstufe des Primarbereichs. Bd. 2/2. Soziales Lernen und Sprache. Stuttgart 1975 = Deutscher Bildungsrat. Gutachten und Studien der Bildungskommission Bd. 48/2
Böhm, W. (Hrsg.): Der Schüler. Bad Heilbrunn/Obb. 1977 = Klinkhardts Pädagogische Quellentexte
Bönsch, M.: Ansätze zu einer Theorie sozialen Lernens. In: Neue Unterrichtspraxis 5 (1972) 6. S. 419–425
ders.: Soziales Lernen in der Gesamtschule. In: Neue deutsche Schule 17 (1972) S. 362–366
ders.: Konzept einer Schule mit dem Schwerpunkt »Soziales Lernen«. Zur Weiterentwicklung des Jenaplans. In: Neue Unterrichtspraxis 6 (1973) 3. S. 171–175
ders.: Literaturliste: Soziales Lernen. In: Neue Unterrichtspraxis 7 (1974) 6. S. 366–369
ders.: Bedingungen und Dimensionen des sozialen Lernens in der Sekundarstufe I. Essen 1975
ders.: Dimensionen sozialen Lernens. In: aus politik und zeitgeschichte. beilage zur wochenzeitung das parlament 25 (1975) 29. S. 21–29
ders.: Zur Gestaltung des Schullebens oder zur Planung sozialen Lernens in der Schule. In: Welt der Schule 29 (1976) 4. S. 214–224
Bötticher, M./Weigelt, K. G.: Soziales Lernen und Interaktionsstrukturen – untersucht am Beispiel einer integrierten Gesamtschule. In: Hurrelmann, K. (Hrsg.): Soziologie der Erziehung. Weinheim und Basel 1974
Bolscho, D. u. a.: Grundschule und soziales Lernen. Braunschweig 1977
Braun, F.: Soziales Lernen. Berlin 1972
Brocher, T.: Schule ohne Sozialerziehung. In: Neue Sammlung 7 (1967) 5. S. 429–435
Brumlik, M.: Der symbolische Interaktionismus und seine pädagogische Bedeutung. Frankfurt 1973
Brusten, M./Hurrelmann, K.: Abweichendes Verhalten in der Schule. München 1973
Cachay, C./Kleindienst, C.: Soziales Lernen im Sport. In: Sportwissenschaft. 5 (1975) 3 und 4. S. 339–367
dies.: Soziales Lernen im Sportspiel. In: Sportwissenschaft 6 (1976) 3. S. 291–310
Callies, E. u. a.: Sozialwissenschaft in der Schule. Stuttgart 1974
Claußen, B.: Soziales Lernen ohne politische Kompetenz? In: Die Deutsche Schule 66 (1974) 10. S. 682–689
ders.: Didaktische Konzeptionen des Sozialen Lernens. Übersicht und Vorbereitungen zur Integration. Ravensburg 1978
Cohn, R. C.: Prüfungen als Feiertage. In: Die Deutsche Schule 68 (1976) 4. S. 221–223
Daublebsky, B.: Spielen in der Schule. Stuttgart 1973
Dechert, H. W.: Team-Teaching in der Schule. München 1972
Deutscher Bildungsrat: Empfehlungen der Bildungskommission. Einrichtung von Schulversuchen mit Gesamtschulen. Verabschiedet auf der 19. Sitzung der Bildungskommission am 30./31. Januar 1979. Bonn o. J.
Dewey, J.: Demokratie und Erziehung. 3. Aufl. Braunschweig 1964
Dietrich, G.: Bildungswirkungen des Gruppenunterrichts. München 1969

Döbert, R./Habermas, J./Nunner-Winkler, G. (Hrsg.): Entwicklung des Ichs. Köln 1977
Dürr, O.: Erziehung in der Schule – Fehlanzeige? In: Zeitschrift für Religionspädagogik 28 (1973) 9. S. 259–267
Eckert, R./Kolbe-Gutmann, E./Westphal, U.: Soziales Lernen im naturwissenschaftlichen Fachunterricht. In: Gemeinnützige Gesellschaft Gesamtschule e. V. (Hrsg.): Gesamtschule 77. Soziales Lernen im Fachunterricht. Ammersbeck o. J. S. 66–91
Empfehlungen der Bildungskommission des Deutschen Bildungsrates: Strukturplan für das Bildungswesen. 3. Auflage. Stuttgart 1971
Evers, C.-H.: Modelle moderner Bildungspolitik. Frankfurt/Berlin/Bonn/München 1969
Fehrenbacher, S.: Unterrichtsbeispiele »Sich beschweren«. Arbeitsmaterialien des Schulpädagogischen Zentrums der Pädagogischen Hochschule Freiburg. 1975
Feldmann-Duda, S./Feldmann, K.: Emotionale Erziehung in der Schule. In: Westermanns pädagogische Beiträge 24 (1972) 1. S. 19–27
Fend, H.: Konformität und Selbstbestimmung. Mündigkeit und Leistungsmotivation in sozialisationstheoretischer Sicht. Weinheim/Berlin/Basel 1971
ders.: Sozialisierung und Erziehung. Eine Einführung in die Sozialisationsforschung. 4. Auflage. Weinheim/Berlin/Basel 1971
ders.: Gesellschaftliche Bedingungen schulischer Sozialisation. Soziologie der Schule I. 4. Auflage. Weinheim und Basel 1977
ders. u. a.: Sozialisationseffekte der Schule. Soziologie der Schule II. Weinheim und Basel 1976
Fibry, G.: Gruppendynamische Probleme kooperativer Unterrichtsplanung und -arbeit. In: Neue Sammlung 10 (1970) 4. S. 415–423
Flavell, J. H. u. a.: Rollenübernahme und Kommunikation bei Kindern. Weinheim 1975
Foster, J.: Aktives Lernen. Konzepte des entdeckenden Lernens im Primarbereich. Ravensburg 1974
Fritz, J.: Interaktionspädagogische Methoden und Modelle. München 1975
ders.: Soziales Lernen – Interaktionspädagogik (1). In: Gesamtschule 8 (1976) 4. S. 27–29.
ders.: Methoden des sozialen Lernens. München 1977
Frohn, H.: Kooperation mit den Eltern: Chance für einen demokratischen Unterricht. In: betrifft: erziehung. 5 (1972) 1. S. 37–39
Frommelt, B.: »Soziale Integration« – Anmerkungen zu einem Schlagwort. In: Frommelt, B./ Rutz, G. (Hrsg.): Gesamtschulen in Hessen. Hannover 1972. S. 27–32
Fuhr, R. u. a.: Soziales Lernen, innere Differenzierung, Kleingruppenunterricht. Modelle zur Überwindung herkömmlicher Unterrichtskonzeption. Braunschweig 1977
Garbers, A. u. a.: Projektunterricht in der Orientierungsstufe. In: Kaiser, A./Kaiser, F. J. (Hrsg.): Projektstudium und Projektarbeit in der Schule. Bad Heilbrunn/Obb. 1977. S. 203–213
Geckeler, E.: Überlegung zur Erziehung aggressiver Schüler. In: Halbfas, H./Maurer, F./ Popp, W. (Hrsg.): Lernen und soziale Erfahrung. Bd. 2 Stuttgart 1974 = Neuorientierung des Primarbereichs
Geese, K.: Elternarbeit an der Gesamtschule. In: Gemeinnützige Gesellschaft Gesamtschule (Hrsg.): Soziales Lernen in der Gesamtschule. Bochum 1977. S. 105–108
Gemeinnützige Gesellschaft Gesamtschule e. V. (Hrsg.): Soziale Organisation, Soziales Lernen und Differenzierung. Arbeitspapiere der Kongresse in Kassel (1974) und Wetzlar (1975). Bochum o. J.
dies.(Hrsg.): Gesamtschule 77. Soziales Lernen im Fachunterricht. Bundeskongreß Gesamtschule 19.–21.5. 77 Hannover. Referate – Berichte der Arbeitsgruppen. Ammersbeck o. J.
dies. (Hrsg.): Soziales Lernen in der Gesamtschule. Bedingungen, Erfahrungen, Perspektiven. Bericht über den 5. Norddeutschen Gesamtschulkongreß. Bochum 1977

Gewecke, U./Röschmann-Asmussen, I.: Teamarbeit in der Gesamtschule – Beispiel Soziales Lernen. In: Hamburger Lehrerzeitung 29 (1976) 16. S. 581–586

Giel, K./Hiller, G. G./Krämer, H.: Stücke zu einem mehrperspektivischen Unterricht. Aufsätze zur Konzeption 1. Stuttgart 1974

Giel, K. u. a.: Stücke zu einem mehrspektivischen Unterricht. Aufsätze zur Konzeption 2. Stuttgart 1975

Göppner, H.-J.: Sozialisation durch Sprache. Interdisziplinäre Aspekte erzieherischen Handelns. Bad Heilbrunn/Obb. 1978

Gordon, L. V.: Die Schulklasse als soziales System. In: Kölner Zeitschrift für Soziologie und Sozialpsychologie 1959. Sonderheft 4. S. 131–160

Gottschalch, W. u. a.: Soziales Lernen und politische Bildung. Frankfurt 1969

Graumann, C. F.: Interaktion und Kommunikation. In: ders. (Hrsg.): Sozialpsychologie. Handbuch der Psychologie. Bd. VII/2. Göttingen 1972

Grell, J.: Techniken des Lehrerverhaltens. 2. Auflage. Weinheim und Basel 1974

Grimm, W.: Simulationsgebundene Unterrichtsformen. In: Neue Unterrichtspraxis. 1 (1968) 4. S. 225–230 und 5. S. 269–279

Groddeck, N.: Soziales Lernen, Schulorganisation und Ich-Identität. In: Die Grundschule 6 (1976) 2. S. 77–82

Gross, W.: Gruppendynamik im Schulunterricht. In: Neue Unterrichtspraxis 7 (1974) 4. S. 224–231

Gutte, R.: Gruppenarbeit: Theorie und Praxis des sozialen Lernens. Frankfurt/M./Berlin/München 1976

Habermas, J.: Vorbereitende Bemerkungen zu einer Theorie der kommunikativen Kompetenz. In: Habermas, J./Luhmann, N.: Theorie der Gesellschaft oder Sozialtechnologie. Frankfurt 1971

ders.: Stichworte zur Theorie der Sozialisation (1968). In: Habermas, J.: Kultur und Kritik. Verstreute Aufsätze. Frankfurt/M. 1973

ders.: Zur Entwicklung der Interaktionskompetenz. Frankfurt 1975

Haeberlin, U./Niklaus, U.: Identitätskrisen. Theorie und Anwendung am Beispiel des sozialen Aufstiegs durch Bildung. Bern 1978

Hahne, K./Waechter, H.: Findung von Lernzielen und Lerninhalten im fächerübergreifenden Schulunterricht am Beispiel von fächerübergreifenden Materialien. In: Frey, K.: Curriculum-Handbuch Bd. II. München 1975. S. 367–373

Halbfas, H./Maurer, F./Popp, W. (Hrsg.): Neuorientierung des Primarbereichs.
Bd. 1: Entwicklung der Lernfähigkeit. Stuttgart 1972
Bd. 2: Lernen und soziale Erfahrung. Stuttgart 1974
Bd. 3: Sprache, Umgang und Erziehung. Stuttgart 1975
Bd. 4: In Modellen denken. Stuttgart 1976

Halbfas, H.: Soziales Lernen im schulischen Konkurrenzsystem. In: Halbfas, H. u. a. (Hrsg.): Neuorientierung des Primarbereichs. Bd. 2: Lernen und soziale Erfahrung. Stuttgart 1974. S. 188–201

Haller, H. D.: Zur Integration sozialer und kognitiver Lernprozesse. In: Halbfas, H. u. a. (Hrsg.): Neuorientierung des Primarbereichs. Bd. 1. Entwicklung und Lernfähigkeit. Stuttgart 1972. S. 145–166

Hanke, B. u. a.: Soziale Interaktion im Unterricht. München 1973

Hargreaves, D. H.: Interaktion und Erziehung. Pädagogische Aspekte zu zwischenmenschlichen Beziehungen. Wien/Köln/Graz 1976

Hartley, E. L. u. R. E.: Die Grundlagen der Sozialpsychologie. 2. Auflage. Berlin 1969

Haseloff, O. W. (Hrsg.): Lernen und Erziehung. Berlin 1969 = Forschung und Information Bd. 4

ders.: Kommunikation. 2. Auflage. Berlin 1971
Heinze, T.: Unterricht als soziale Situation. Zur Interaktion von Lehrern und Schülern. München 1976
Heinze, T./Schulte, H.: Analyse von Unterrichtssituationen im Kontext praxisnaher Curriculumentwicklung. In: Die Deutsche Schule 66 (1974) 7/8. S. 534–550
Helbing, B.: Zielorientiertes Lernen und soziale Interaktion. In: Westermanns pädagogische Beiträge 25 (1973) 9. S. 471–475
Hentig, H. v.: Systemzwang und Selbstbestimmung. 2. Auflage. Stuttgart 1969
ders.: Spielraum und Ernstfall. Stuttgart 1969
ders.: Allgemeine Lernziele der Gesamtschule. In: Bildungskommission des Deutschen Bildungsrates (Hrsg.): Lernziele der Gesamtschule. 3. Auflage. Stuttgart 1971. S. 13–43
ders.: Schule als Erfahrungsraum? Eine Übung im Konkretisieren einer pädagogischen Idee. Stuttgart 1972
Heyn, E.: Lerngegenstand: Ich. Gedanken und Einsichten zum Begriff und zur Organisation sozialen Lernens. In: »elemente« 33 (1978). S. 5–10
Hielscher, H. (Hrsg.): Materialien zur sozialen Erziehung in der Kindheit. 2. durchges. Auflage. Heidelberg 1974
ders.: Zum Begriff des »sozialen Lernens«. In: Westermanns pädagogische Beiträge 27 (1975) 5. S. 239–243
ders. (Hrsg.): Sozialerziehung konkret. Spiele, Texte und Praxishilfen für eine systematische soziale und emotionale Erziehung im Kindergarten, in der Schuleingangsstufe, im Elternhaus sowie in Beratung und Therapie. Bd. 1. Grundlegung des Programms, Grundlagen der Sozialerziehung, Kinder lösen Konflikte, Entwicklung flexibler Gesellschaftsrollen. 244 Spiele. Zugleich Handbuch für Erzieher. Hannover/Dortmund/Darmstadt/Berlin 1977
Hilgard, E. R./Bower, G. H.: Theorien des Lernens. Bd. 1. 2. Auflage. Stuttgart 1971
Holtkamp, U.: Soziales Lernen an der Gesamtschule Kamen. In: Bechert, G. (Hrsg.): Gesamtschulen in Nordrhein-Westfalen. Weinheim 1971. S. 71–86
Homfeldt, H. G.: Stigma und Schule. Abweichendes Verhalten bei Lehrern und Schülern. Düsseldorf 1974
Hurrelmann, K.: Erziehungssystem und Gesellschaft. Hamburg 1975
ders. (Hrsg.): Sozialisation und Lebenslauf. Empirie und Methodik sozialwissenschaftlicher Persönlichkeitsforschung. Hamburg 1976
Huschke, P.: Findung von fächerübergreifenden Lernzielen und -inhalten am Beispiel von Leistungsmotivation und sozialem Lernen. In: Frey, K. (Hrsg.): Curriculum-Handbuch. Bd. II. München 1975. S. 348–367
Jackson, Ph. W.: »Was macht die Schule?« Die Lebenswelt des Schülers. In: betrifft: erziehung 6 (1973) 5. S. 18–22
Kassner, P.: Die Gesamtschule – ein Ort sozialen Lernens? In: Die Deutsche Schule 66 (1974) 6. S. 401–413
Keim, W. (Hrsg.): Gesamtschule. Bilanz ihrer Praxis. Hamburg 1973
ders.: Soziales Lernen in der Gesamtschule. Verwendung des Begriffs Soziales Lernen in der gegenwärtigen pädagogischen Diskussion. In: Neue Unterrichtspraxis 6 (1973) 3. S. 176–180
ders.: Soziales Lernen zwischen »angstfreier Erziehung« und »politischer Sozialisation« – Vorüberlegungen zu einer Didaktik des sozialen Lernens in der Gesamtschule. In: Keim, W. (Hrsg.): Gesamtschule. Bilanz ihrer Praxis. Hamburg 1973. S. 297–325
Kern, H. J.: Verhaltensmodifikation in der Schule. Stuttgart 1974
Kirsten, R. E.: Gruppentraining. Ein gruppendynamisches Übungsbuch. Stuttgart 1973
ders.: Lehrerverhalten. Stuttgart 1973
Kochan, B. (Hrsg.): Rollenspiel als Methode sprachlichen und sozialen Lernens. Kronberg 1974

Kösel, E.: Sozialformen des Unterrichts. 4. Auflage. Ravensburg 1974
ders.: Soziale Lernziele in der Schule. In: Schulanzeiger 10 (1976) 2. S. 48–53
Kopp, F. (Hrsg.): Erziehung hat Zukunft. Donauwörth 1975
Krappmann, L.: Neuere Rollenkonzepte als Erklärungsmöglichkeit für Sozialisationsprozesse. In: Familienerziehung, Sozialstatus und Schulerfolg. Hrsg. betrifft: erziehung Redaktion. Weinheim 1971
ders.: Soziologische Dimensionen der Identität. 3. Auflage. Stuttgart 1973
ders.: Soziale Kommunikation und Kooperation im Spiel und ihre Auswirkungen auf das Lernen. In: Daublebsky, B. (Hrsg.): Spielen in der Schule. 3. Auflage. Stuttgart 1975. S. 190–226
ders.: Konsequenzen der Sozialisationsforschung für das Lernen in der Schule. In: Neue Sammlung 15 (1975) 1. S. 15–34
Kron, F. W. (Hrsg.): Antiautoritäre Erziehung. Bad Heilbrunn/Obb. 1973 = Klinkhardts Pädagogische Quellentexte
Kuhnen, J.: Sozialarbeit in der Gesamtschule. Bochum 1972
Lang, K.: Die Problematik des sozialen Lernens in Schulreformplänen in der Bundesrepublik Deutschland von 1965–1975. Berlin/München: 1978 = Soziologische Schriften Bd. 24
Langeveld, M. J.: Einführung in die Theoretische Pädagogik. 5. neubearbeitete Auflage. Stuttgart 1965
ders.: Die Schule als Weg des Kindes. Versuch einer Anthropologie der Schule. Braunschweig 1966
Lohmann, Ch. (Hrsg.): Schule als soziale Organisation. Bad Heilbrunn 1978 = Klinkhardts Pädagogische Quellentexte
Lohmann, Ch./Prose, F.: Organisation und Interaktion in der Schule. Möglichkeiten und Grenzen des Diskurses. Köln 1975
Lorenz, G.-E.: Soziales Lernen in der Schule? In: Pädagogische Rundschau 28 (1974) 11. S. 888–904
Lunzer, E. A./Morris, J. F. (Hrsg.): Das menschliche Lernen und seine Entwicklung. Stuttgart 1971
März, F. (Hrsg.): Soziale und politische Erziehung. Bad Heilbrunn/Obb. 1970 = Klinkhardts Pädagogische Quellentexte
Maibaum, D.: Lernkontrolle und soziales Lernen. In: Gemeinnützige Gesellschaft Gesamtschule (Hrsg.): Soziales Lernen in der Gesamtschule. Bochum 1977. S. 20–39
Marmet, O.: Soziales Lernen. Das Problem der Lerntheorien in der Sozialpsychologie. Dissertation. Zürich 1968
Mc Call, G./Simmons, J. L.: Identität und Interaktion. Untersuchungen über zwischenmenschliche Beziehungen im Alltagsleben. Düsseldorf 1974
Mead, G. H.: Geist, Identität und Gesellschaft aus der Sicht des Sozialbehaviorismus. 2. Auflage. Frankfurt/M. 1975
Mertens, H.: Erziehung zur Konfliktfähigkeit. München 1974
Mönks, F. J./Hendriks, A. F.: Erziehung als sozialer Prozeß. Stuttgart 1973
Mohrhart, D.: Wem nützt »Strategisches Lernen«? In: Die Deutsche Schule 68 (1976) 4. S. 255–259
Mollenhauer, K.: Theorien zum Erziehungsprozeß. München 1972
Morris, J. F.: Probleme des sozialen Lernens im Jugendalter. In: Lunzer, E.-A./Morris, J. F.: Das menschliche Lernen und seine Entwicklung. Stuttgart 1971. S. 352–405
Moser, H.: Handlungsorientierte Curriculumforschung. Weinheim 1974
Müller, E. H. (Hrsg.): Sozialkunde und soziales Lernen in der Grundschule. Ulm 1974
Müller, W.: Studentengemeinde – Ein Modell integrierten sozialen Lernens. In: »elemente« 1978, H. 33, S. 13–17

Müller-Krefting, A./Schreiner, G.: Leistungsdifferenzierung und soziale Erfahrung. Teil I und II. In: Die Deutsche Schule 68 (1976) 4. S. 224–235 und 5. S. 292–299
Neber, H. (Hrsg.): Entdeckendes Lernen. Weinheim und Basel 1973
Negt, O.: Soziologische Phantasie und exemplarisches Lernen. 5. Auflage der überarbeiteten Neuausgabe. Frankfurt 1975
Oerter, R./Weber, E. (Hrsg.): Der Aspekt des Emotionalen in Unterricht und Erziehung. 2. Auflage. Donauwörth 1975
Olbrich, P.: Soziales Lernen in der Schule. In: Die Deutsche Schule 67 (1975) 2. S. 80–86
Osterwald, U.: Zur Problematik des sozialen Lernens in der Institution Schule. In: Wiederhold, K. A. (Hrsg.): Soziales Lernen in der Grundschule. Ratingen/Kastellaun/Düsseldorf 1976. S. 55–74
Ott, E. H. (Hrsg.): Aktive Spiele und soziales Lernen. Ravensburg 1977
Pädagogisches Zentrum Berlin, Informationsstelle Gesamtschulen (Hrsg.): Gesamtschulinformationen. Formen und Probleme der Differenzierung. Soziales Lernen in der Gesamtschule. Berlin 1973
Pesch, W.: Soziales Lernen und Sitzordnung. In: Die Grundschule 7 (1975) 1. S. 47–49
Peter, H.-U.: Die Schule als soziale Organisation. 2. Auflage. Weinheim 1975
Petersen, P.: Der kleine Jena-Plan. 52./53. Auflage. Weinheim und Basel 1965
Petry, Ch.: »Einfach unkollegial!« Erziehung und soziales Lernen in der Schule. In: Die Gesamtschule 6 (1974) 1. S. 7–8
Piaget, J.: Theorien und Methoden der modernen Erziehung. Wien/München/Zürich 1972
Pikas, A.: Rationale Konfliktlösung. Heidelberg 1974
Popp, W.: Wissenschaftsorientierter Unterricht und soziales Lernen. In: Halbfas, H. u. a. (Hrsg.): Neuorientierung des Primarbereichs. Bd. 1. Entwicklung der Lernfähigkeit. Stuttgart 1972. S. 167–179
ders.: Orientierungsrahmen für die Analyse und Planung sozialen Lernens in der Schule. In: Halbfas, H. u. a. (Hrsg.): Neuorientierung des Primarbereichs. Bd. 4: In Modellen denken. Stuttgart 1976
ders. (Hrsg.): Kommunikative Didaktik. Soziale Dimensionen des didaktischen Feldes. Weinheim und Basel 1976
Preuss-Lausitz, U.: Politisches Lernen. In: betrifft: erziehung Redaktion (Hrsg.): Politische Bildung – politische Sozialisation. Weinheim und Basel 1973
Prior, H.: Soziales Lernen und Tutorenarbeit in der Gesamtschule. In: Hamburger Lehrerzeitung 26 (1973) 26. S. 317–326
ders.: Soziale Organisation der Gesamtschule und soziales Lernen. In: Die Deutsche Schule 67 (1975) 2. S. 100–115
ders. (Hrsg.): Soziales Lernen. Düsseldorf 1976
ders. (Hrsg.): Soziales Lernen in der Praxis. München 1978
Rang, A.: Die Gesamtschule Weinheim. In: Rang. A./Schulz, W. (Hrsg.): Die differenzierte Gesamtschule. München 1969
Reichwein, R.: Hans Bohnenkamp zum 80. Geburtstag: Ein Plädoyer für die soziale Dimension der Bildung. In: Neue Sammlung 13 (1973) 4. S. 481–485
Richter, H. E.: Lernziel Solidarität. 4. Auflage. Hamburg 1975
Ritter, J.: Vom direktiven zum nicht-direktiven Unterricht. Vorschläge, wie der Lehrer neue Interaktionsformen praktizieren kann. In: Westermanns pädagogische Beiträge 25 (1973) 9. S. 476–481
Röhm, H.: Aggressionen – ein Problem sozialer Erziehung. In: Westermanns pädagogische Beiträge 25 (1973) 1. S. 37–43
Rogers, C. R.: Die klient-bezogene Gesprächstherapie. München 1972

ders.: Die nicht-direktive Beratung. München 1972
Rolff, H.-G. u. a.: Strategisches Lernen in der Gesamtschule. Hamburg 1974
Roth, Hrch.: Pädagogische Anthropologie. Bd. 2. Entwicklung und Erziehung. Hannover/Berlin/Darmstadt/Dortmund 1971
ders. (Hrsg.): Begabung und Lernen. Ergebnisse und Folgerungen neuer Forschungen. 8. Auflage. Stuttgart 1972 = Deutscher Bildungsrat (Hrsg.): Gutachten und Studien der Bildungskommission. Bd. 4
Ruhloff, J.: Ein Schulkonflikt wird durchgespielt. Heidelberg 1970
Schade, B.: Psychologie des sozialen Lernens. In: Wiederhold, K. A. (Hrsg.): Soziales Lernen in der Grundschule. Ratingen/Kastellaun/Düsseldorf 1976. S. 75–89
Schäfer, K.-H./Schaller, K.: Kritische Erziehungswissenschaft und kommunikative Didaktik. Heidelberg 1971
Schäfer, W./Edelstein, W./Becker, G.: Probleme der Schule im gesellschaftlichen Wandel. Das Beispiel Odenwaldschule. Frankfurt 197. = edition suhrkamp 496
Schaffer, H. R.: Soziales Lernen und Identifikation. In: Lunzer, E. A./Morris, J. E. (Hrsg.): Das menschliche Lernen und seine Entwicklung. Stuttgart 1971. S. 59–84
Schell, Ch.: Partnerarbeit im Unterricht. München 1972
Schlömerkemper, J.: Lernorganisation ohne äußere Leistungsdifferenzierung. In: Gemeinnützige Gesellschaft Gesamtschule (Hrsg.): Soziales Lernen in der Gesamtschule. Bochum 1977. S. 84–94
Schraml, W. J.: Das soziale Verhalten in der Schule. In: Halbfas, H./Maurer, F./Popp, W. (Hrsg.): Neuorientierung des Primarbereichs. Bd 2: Lernen und soziale Erfahrung. Stuttgart 1974. S. 180–187
Schreiner, G.: Schule als sozialer Erfahrungsraum – Überlegungen und Untersuchungen zum Phänomen des Schulklimas. Frankfurt 1973
ders.: Soziales Lernen in der Schule. In: Westermanns pädagogische Beiträge 25 (1973) 8. S. 425–431
ders.: Soziales und politisches Lernen. 1. und 2. Teil. In: Die Deutsche Schule 66 (1974) 1. S. 23–34 und 2. S. 89–95
ders.: Was kann in der Schule im Bereich des sozialen Lernens erreicht werden? In: Die Deutsche Schule 67 (1975) 2. S. 116–120
ders.: Soziales Lernen – Ja! Aber mit welchen Zielen eigentlich? In: Gesamtschule 9 (1977) 3. S. 16–18
Schütz, A.: Der sinnhafte Aufbau der sozialen Welt. Eine Einleitung in die verstehende Soziologie. Frankfurt/M. 1974
Schwäbisch, L./Siems, M.: Anleitung zum sozialen Lernen für Paare, Gruppen und Erzieher. Reinbek 1974
Singer, K.: Verhindert die Schule das Lernen? München 1973
Skowronek, H.: Lernen und Lernfähigkeit. 3. Auflage. München 1971
Stange, W./Tiemann, D. (Hrsg.): Materialien zur sozialen Erziehung im Kindesalter 2. Modelle – Spiele – Praxishilfen. Heidelberg 1977
Steinert, H. (Hrsg.): Symbolische Interaktion. Arbeiten zu einer reflexiven Soziologie. Stuttgart 1973
Stendenbach, F. J.: Soziale Interaktion und Lernprozesse. Köln und Berlin 1963 = Beiträge zur Soziologie und Sozialpsychologie. Bd. 12
Strobel, H.: »Family -Grouping« – Schulform sozialen Lernens. In: Die Grundschule 9 (1975) 9. S. 485–490
Stubenrauch, H.: »Chancengleichheit« – »soziale Integration« – »Differenzierung«: Dissonanzen auf der Reformorgel – Gesichtspunkte und Erfahrungen zur fächerübergreifenden thema-

tischen Differenzierung. In: Keim, W. (Hrsg.): Gesamtschule. Bilanz ihrer Praxis. Hamburg 1973. S.258–276
Tausch, A.-M./Tausch, R./Fittkau, B.: Das Erzieherverhalten. Grundbedingung für soziales, emotionales und kognitives Lernen Drei- bis Achtjähriger. In: Westermanns pädagogische Beiträge 24 (1972) 1. S.13–18
Tausch, R./Tausch, A.-M.: Wesentliche Verhaltensdimensionen von Lehrern, Dozenten, Erziehern in Erziehung und Unterricht. In: Die Deutsche Schule 67 (1975) 2. S.121–129
Teschner, W. P.: Differenzierung und Individualisierung des Unterrichts. Göttingen 1971
Tillmann, K.-J.: Sozialpädagogische Arbeit in der Gesamtschule. In: Die Deutsche Schule 64 (1972) 12. S.806–816
ders.: Soziale Erfahrung im Schulunterricht. In: betrifft: erziehung. Sonderdruck Oktober 1974. S.24–30
ders.: Unterricht als soziales Erfahrungsfeld. Frankfurt 1976
Ulich, D.: Konflikt und Persönlichkeit. München 1971
ders.: Soziale Beziehungen und Probleme der Macht in Pädagogischen Interaktionen. In: Halbfas, H. u. a. (Hrsg.): Neuorientierung des Primarbereichs. Bd 2: Lernen und soziale Erfahrung. Stuttgart 1974. S.110–136
ders.: Pädagogische Interaktion. Theorien erzieherischen Handelns und sozialen Lernens. Weinheim und Basel 1976
ders.: Soziales Lernen und Persönlichkeitsentwicklung. In: Ulich, D.: Pädagogische Interaktion. Theorien erzieherischen Handelns und sozialen Lernens. Weinheim und Basel 1976. S.155–191
Vogel, U.: »Soziales Lernen« als Element soziologischer Sozialisationstheorie. In: Kölner Zeitschrift für Soziologie und Sozialpsychologie 29 (1977) 1. S.32–44
Vorsmann, N.: Methodische Voraussetzungen des sozialen Lernens im Unterricht. In: Wiederhold, K. A. (Hrsg.): Soziales Lernen in der Grundschule. Ratingen/Kastellaun/Düsseldorf 1976. S.91–122
Wagenschein, M.: Verstehen lehren. Genetisch-Sokratisch-Exemplarisch. Weinheim 1973
Walter, H.: Sozialisationsforschung. 3 Bde. Stuttgart und Bad Cannstatt 1973 und 1975
Watzlawik, P./Beavin, J. H./Jackson, D. D.: Menschliche Kommunikation. Formen, Störungen, Paradoxien. 3. unveränderte Auflage. Bern/Stuttgart/Wien 1972
Weber, M.: Wirtschaft und Gesellschaft. Grundriß einer verstehenden Soziologie. 5. revidierte Auflage. Studienausgabe. Tübingen 1972
Wellendorf, F.: Schulische Sozialisation und Identität. 2. Auflage. Weinheim und Basel 1974
Wiederhold, K. A. (Hrsg.): Soziales Lernen in der Grundschule. Saarbrücken und Kastellaun 1976 = Henn Studientexte
Wilhelm, Th.: Sozialisation und soziale Erziehung. Pädagogische Überlegungen zu einer soziologischen Fragestellung. In: Wurzbacher, G. (Hrsg.): Sozialisation und Personalisation. Beiträge zu Begriff und Theorie der Sozialisation. 3. ergänzte Auflage. Stuttgart 1974. S.127–171
Wilson, T. P.: Theorien der Interaktion und Modelle soziologischer Erklärung. In: Arbeitsgruppe Bielefelder Soziologen (Hrsg.): Alltagswissen, Interaktion und gesellschaftliche Wirklichkeit. Bd.1. Hamburg 1973
Wurzbacher, G. (Hrsg.): Sozialisation und Personalisation. Beiträge zu Begriff und Theorie der Sozialisation. 3. ergänzte Auflage. Stuttgart 1974
Zetzel, E.: Die Fähigkeit zum emotionalen Wachstum. Stuttgart 1974
Zinnecker, J. (Hrsg.): Der heimliche Lehrplan. Weinheim und Basel 1975